Walter Homolka, Juni Hoppe, Daniel Krochmalnik

Der Messias kommt nicht

Walter Homolka, Juni Hoppe,
Daniel Krochmalnik

Der Messias kommt nicht

Abschied vom jüdischen Erlöser

Mit einem Nachwort von Magnus Striet

HERDER

FREIBURG · BASEL · WIEN

MIX
Papier aus verantwortungsvollen Quellen
FSC® C014496

www.herder.de

Satz: Carsten Klein, Torgau
Herstellung: GGP Media GmbH, Pößneck

Printed in Germany

ISBN Print 978-3-451-38996-2
ISBN E-Book (EPUB) 978-3-451-81584-3
ISBN E-Book (PDF) 978-3-451- 82741-9

Rabbiner Prof. Dr. Andreas Nachama,
Vorsitzender der Allgemeinen Rabbinerkonferenz,
zum 70. Geburtstag

Inhalt

»Jeder Messias, der in der Gegenwart kommt, ist ein falscher Messias« (Walter Homolka) ... 9

Messias-Prätendenten: historische Beispiele ... 11

Wissenschaftliche Verortungen ... 13

Zur Begriffsgeschichte ... 16

I. Messiasvorstellungen im antiken Judentum (Juni Hoppe) ... 23

1. Die Salbung als monarchischer Inthronisationsritus ... 26
2. Der »Gesalbte« als Spiegel der Herrschaft Gottes ... 30
3. Der Retter in der Not ... 32
4. Das »Licht der Völker« ... 48
5. Der Messias – vom Realis zum Irrealis ... 55
6. Vom Messias zum Messianismus ... 59

Fazit ... 70

II. Der Messias im rabbinischen Judentum (Daniel Krochmalnik) ... 73

1. Biblische Wurzeln in rabbinischer Deutung ... 80
2. Talmudische Debatten ... 89
3. Halachische Entscheidungen – im Licht des Messianismus ... 132
4. Liturgische Niederschläge ... 158

III. Die Messiasvorstellungen im Judentum der Neuzeit (Walter Homolka) ... 169

1. »Restaurativer« und »utopischer« Messianismus ... 173
2. Messianische Euphorie und pseudomessianische Bewegungen ... 177
3. Der Messiasgedanke im Chassidismus ... 182

4. Die Universalisierung der Messiasvorstellung nach der Emanzipation 191
5. Die Rückkehr aus dem Exil und Sammlung im Land Israel 199
6. Die Messiasidee im späten 19. und frühen 20. Jahrhundert 203
7. Die Messiaskonzeption nach der Schoa. 210
8. Die Messiasvorstellung heute 221

Nachwort: Am Messias scheiden sich die Geister – christliche Reflexionen (Magnus Striet) 229
Wiederentdeckung des Judeseins Jesu 230
Vom Juden Jesus zum Messias und einem bleibenden Zeitindex 235
Notwendige Korrekturen an theologischen Weichenstellungen........................ 243

Danksagung 248

Zu den Autoren 249

Glossar 250

Bibliographie 261

»Jeder Messias, der in der Gegenwart kommt, ist ein falscher Messias«[1]

2014 erschien mit *Die Jakobsbücher* Olga Tokarczuks bisher ehrgeizigstes Werk.[2] Sechs Jahre schrieb sie an einem Roman von fast 900 Seiten, den das Nobelpreiskomitee als ihr »magnum opus« pries – und ihr dafür 2018 den Literaturnobelpreis verlieh.

Die Jakobsbücher beschreibt die fantastisch anmutende Reise des Kaufmanns Jakob Joseph Frank (1726–1791), der behauptete, eine Reinkarnation des Kabbalisten Sabbatai Zwi aus dem 17. Jahrhundert zu sein. Die etwa fünf Jahrzehnte, die sich zwischen den Buchdeckeln dieses umfangreichen Romans abspielen, bilden den Rahmen für den Aufstieg und Fall von Jakob Joseph Frank und seiner Gefolgschaft von »wahren Gläubigen«.

Von ekstatischen Visionen heimgesucht, bekennt er sich abwechselnd zum Islam, zum Judentum und zum Christentum, mal von seinen Gegnern als Ketzer denunziert, mal von seinen Anhängern als Messias verehrt. Die konventionellen Vorstellungen von Gut und Böse stellt er auf den Kopf, wenn er der immer eifriger werdenden Schar seiner Jünger befiehlt, die Welt mit Sünde zu überschwemmen, um so das Ende der Zeit zu beschleunigen.

1 Yeshayahu Leibowitz, siehe Dalia Marx, Durch das Jüdische Jahr, Berlin 2021, 345.

2 Olga Tokarczuks, Księgi Jakubowe; Die Jakobsbücher. Aus dem Polnischen von Lisa Palmes und Lothar Quinkenstein, Zürich 2019.

Seine in Verruf geratene Religion ist wahrhaftig eine »Endzeitreligion, die alle drei Religionen [...] in sich vereint«. Charismatisch und mit mehr als einer Prise Psychopathie bietet Frank eine unendlich faszinierende Charakterstudie, und es ist leicht zu erkennen, warum er eine so großzügige romanhafte Behandlung verdient hat. »Er ist ein Betrüger«, sagte Tokarczuk über ihn, »ein Charmeur und ein Betrüger.«[3]

Es ist schon erstaunlich: Die Erwartung eines Messias zur Errettung Israels aus dem Unheil dieser Welt kann ein so erfolgreiches Romanthema sein, dass es mit dem Literaturnobelpreis ausgezeichnet wird. Bekräftigt wird: Die Aufgabe des Messias besteht im Judentum darin, das Volk Israel aus seinem Leid und der Bedrängnis zu erlösen. Das heißt, dass alle Verfolgung, Entwürdigung und Verachtung aufhören und das Volk Israel zu seinem Recht in dieser Welt finden wird. Mit Erlösung ist nicht die von Sünde und Schuld gemeint. Denn das Judentum kennt – anders als das Christentum – keine Vorstellung von einer Erbsünde. Vielmehr geht es um eine Art nationale Befreiung, *schalom* als allumfassendes Heil für alle Völker und um die völlige Durchsetzung der Gottesherrschaft.

Man erwartet die Erlösung immer dann, wenn das jüdische Volk in großer Bedrängnis lebt; die Größe des Leids entspricht der Größe des Retters und Erlösers, also des Messias. Man bezeichnet derartige Zeiten auch als die der »messianischen Wehen«. Sie kennzeichnen eine Zeit der Sittenlosigkeit, der Not und Armut. Legendäre Nationen, so die endzeitliche Vorstellung, ziehen unter den Königen Gog und Magog gegen Jerusalem zu Felde und werden besiegt. In diesem Kampf wird,

3 Bryan Karetnyk, The Books of Jacob by Olga Tokarczuk – a messianic marvel, Financial Times London, 2. Dezember 2021.

so heißt es, der *maschiach ha'milchama*, der Kriegsmessias, ein Sohn aus dem Hause Josefs, getötet. Elija, der Vorläufer des wahren Messias aus dem Hause Davids, erschlägt daraufhin Samael, den Satan. Erst dann sollen die Tage des Messias anbrechen, die gekennzeichnet sind von der Rückführung des jüdischen Volkes aus der Diaspora, der Wiederherstellung Jerusalems und seines Tempels sowie der Wiederherstellung des Thrones Davids, also der jüdischen Souveränität.

Messias-Prätendenten: historische Beispiele

Die Erwartung, dass diese Geburtswehen des Messias anbrechen würden, stieg in Zeiten nationalen Unglücks, etwa nach der Zerstörung des Tempels in Jerusalem durch die Römer im Jahr 70 u. Z. Damals lag die Hoffnung auf dem Freiheitskämpfer Simon Bar Kochba, den »Sternensohn«; dessen Befreiungskampf gegen Rom aber 135 mit einer Niederlage endete.

Im 12. Jahrhundert wollte David Alroy aus Kurdistan zusammen mit einer Gruppe kriegerischer Bergjuden das Land Israel den Muslimen entreißen. Er wurde jedoch gefangen genommen und vor den Sultan gebracht und auf dessen Geheiß von seinem eigenen Schwiegervater umgebracht; unterdessen sollen Betrüger die Gelegenheit ausgenutzt und sich alles Hab und Gut der Bagdader Juden angeeignet haben, während diese auf den Dächern der Stadt den Messias erwarteten. In der Zeit der Verfolgung der Marranen im 16. Jahrhundert trat der arabische Jude David Reubeni (1485–1538) als Messiasanwärter auf. Er gab vor, er komme als ein Abgesandter seines Bruders

Joseph, der als König über die verlorenen Stämme Ruben, Gad und Menasse in der Wüste von Khaibar nordwestlich vom arabischen Medina herrsche. Und tatsächlich gelang es ihm, Papst Clemens VII. und den König von Portugal dazu zu bewegen, ihn dabei zu unterstützen, das Land Israel von den Osmanen zu befreien. Als aber die Erwartungen der verfolgten Marranen auf eine Erlösung des Judentums immer lauter wurden und der Marrano Salomo Molcho aus Begeisterung für Reubeni offen zum Judentum zurückkehrte, wurde Reubeni inhaftiert und verlor schließlich seinen Rückhalt unter den Juden.

Während der massiven Judenverfolgungen in Osteuropa ernannte sich Sabbatai Zwi (1626–1676) aus Smyrna selbst zum Messias und prophezeite den 18. Juni 1666 als den Tag der Erlösung. Er versetzte damit das ganze jüdische Europa in Erregung, das noch unter den Folgen des Dreißigjährigen Krieges litt. Zudem hatten der Kosakenaufstand unter Bohdan Chmelnicki und die damit verbundenen Pogrome die jüdische Gemeinschaft in Polen 1648/49 in Angst und Schrecken versetzt, und das jüdische Leben war in dieser Zeit von Bußbestimmung und messianischer Erwartung gezeichnet – ein Phänomen, das durchaus dem Zeitgeist entsprach: Auch die christliche Bevölkerung lebte nach dem Dreißigjährigen Krieg in Erwartung des Tausendjährigen Reiches. Dieser Chiliasmus bezeichnet eine religiöse Haltung, die mit dem baldigen Ende der gegenwärtigen Welt rechnet. Jedoch wurde Sabbatai Zwi im vermeintlich messianischen Jahr 1666 in der Türkei als Gefangener zum Übertritt zum Islam gezwungen, was in der jüdischen Welt zu tiefer Enttäuschung und großen Glaubenszweifeln führte, von denen etwa Glückel von Hameln in ihren *Denkwürdigkeiten* sehr anschaulich berichtet. Von Jakob Frank und seinen »Frankisten« haben wir schon gesprochen.

Und auch im Chassidismus gab und gibt es Formen des Messianismus. Nachman Ben Simcha von Bratslav (1772–1810) schien geglaubt zu haben, entweder er selbst oder sein Sohn sei der Messias gewesen, und in jüngster Zeit wurde es dem Lubawitscher Rebben Menachem Mendel Schneerson (1902–1994) von seinen ultraorthodoxen Anhängern des Chabad-Chassidismus zugeschrieben, als Messias infrage zu kommen. »Diese extremen Formen von Messianismus riefen starken Widerstand in säkularen wie religiösen Kreisen hervor und verstärken den Trend, sich von jeder Rede von Messias und messianischem Zeitalter fernzuhalten. Statt der Person eines Erlösers wird die Hoffnung auf Erlösung erwartet«.[4]

Wissenschaftliche Verortungen

Gershom Scholem (1897–1982)[5] hat die pseudomessianischen Bewegungen wieder ins Bewusstsein gerufen und interpretiert. Überhaupt wird gerade im 20. Jahrhundert dem Phänomen des Sabbatianismus mit neuer Faszination nachgegangen, eng verbunden mit einem neuen Interesse an der jüdischen Mystik. 1967 schrieb Jacob Neusner: »Sabbatai Zwi war nicht einfach ›der Messias‹, sondern spielte eine zentrale Rolle in dem metaphysischen Drama, das durch Spannungen innerhalb der Gottheit selbst entstand.«[6] Yehuda Liebes betont vor allem das

4 Marx, Durch das Jüdische Jahr, 346.

5 Yehuda Liebes, Studies in Jewish Myth and Jewish Messianism, Albany 1993, 93.

6 Jacob Neusner, From Theology to Ideology, in: ders., Collected Writings, Paris 1967, 14: »Shabbatai Zvi was not merely ›the Messiah‹, but rather played a central role in the metaphysical drama created by tensions within the Godhead itself.«

Interesse zionistischer Gelehrter, die im Pseudomessianismus die Sehnsucht nach politischer Erlösung sahen.[7]

Der Religionswissenschaftler R. J. Zwi Werblowsky (1924–2015) weist zu Recht darauf hin, dass es keinen zwingenden Zusammenhang zwischen katastrophalen Ereignissen in der jüdischen Geschichte und dem Entstehen (pseudo-)messianischer Bewegungen gibt. Eine Vielzahl schwerer Erschütterungen jüdischen Lebens im Exil hatte keineswegs messianische Erwartungen geweckt. Die Messiasidee sei damit »zweifellos Vorbedingung, wenn auch kein genügender Grund« für messianische Bewegungen, so das Fazit Werblowskys.[8] Wenn es einen solchen ursächlichen Zusammenhang auch nicht geben mag, so hatte das Scheitern der pseudomessianischen Euphoriker auf jeden Fall Auswirkungen auf das Konzept des Messianismus. Die Hoffnung auf Erlösung durch einen Messias aus dem Hause Davids, der die Exilierten im Land Israel sammeln werde, geriet durch die Erfahrungen mit dem Sabbatianismus und Frankismus in eine grundlegende Krise. Zwi Werblowsky zieht den Schluss: »Messianismus im weiteren Sinne einer idealen Zukunft muss nicht den Glauben an eine bestimmte, individuelle Retter- oder Erlöserfigur implizieren.«[9] Die Antwort auf diese Enttäuschung war eine Universalisierung.

---

7 Liebes, Myth, 106.

8 R. J. Zwi Werblowsky, Messiaserwartungen, in: Handbuch zur Geschichte der Juden in Europa, hg. v. J. H. Schoeps, E.-V. Kotowski und H. Wallenborn, Darmstadt 2001, 115–126, hier: 119.

9 R. J. Zwi Werblowsky, Jewish Messianism, in: The Encyclopedia of Religion, Volume 9, hg. v. Mircea Eliade, New York 1987, 472–77, hier: 473: »Messianism in the wider sense of an ideal future need not imply the belief in a particular, individual saviour or redeemer figure.«

Die Ablehnung eines akuten Messianismus durch die Mehrheit des konservativ geprägten Rabbinertums hatte mehrere zusammenhängende Gründe: Die unveränderliche Ordnung der Halacha soll weitestgehend bewahrt werden.

Gershom Scholem drückt das so aus:

> *Die Bewahrer des traditionellen Elements, und das waren […] eben die Träger der rabbinischen Autorität, spürten in den akuten messianischen Ausbrüchen das Nicht-Konforme, das die Kontinuität der Autorität der Überlieferung gefährdete. Solche Befürchtungen, dass akuter Messianismus zur Krise führen würde, Furcht auch vor dem uneingestandenen anarchischen Element der messianischen Utopie, spielen zweifellos bei dieser fast einhelligen Opposition der Rabbiner eine große Rolle. Es gab dafür gute Gründe: Sorge um die Stabilität der Gemeinde, Sorge um das Schicksal der Juden nach der Enttäuschung, wie sie die historische Erfahrung nahe legte.*[10]

Ein solch passiv verstandener Messianismus setzt seine Erlösungshoffnungen allein auf Gott und verschiebt die Messiaserwartung auf unbestimmte Zeit. Demgemäß wird der Messias zu einer kaum fassbaren Gestalt.[11]

Im heutigen Sprachgebrauch bezeichnet der Begriff Messias die Sehnsucht nach einer Erlösergestalt, mit deren Erscheinen der als ungerecht empfundene Zustand unserer gegenwärtigen

10 Gershom Scholem, Die Krise der Tradition im jüdischen Messianismus, in: Tradition und Gegenwart, hg. v. Adolf Portmann/Rudolf Ritsema, Zürich 1970, 18.

11 Ebd., 24.

Welt überwunden werden kann. Im Judentum wurden mit dieser Vorstellung auch die Befreiung aus Fremdherrschaft und die Rückführung aus dem Exil ins Land Israel verbunden. Da sich diese Erlösung nach jüdischem Verständnis in dieser Welt vollziehen wird, hatten und haben messianische Bewegungen auch immer eine politische Dimension.

Zur Begriffsgeschichte

Eine Zusammenfassung der Charakteristika des Messias findet sich im biblischen Buch Ezechiel:

> *Und mein Knecht David sei König über sie, und ein Hirt sei er für alle, und in meinen Rechten sollen sie wandeln, und meine Satzungen wahren und sie üben. Und sie sollen wohnen in dem Lande, das ich gegeben meinem Knechte, Jaakob, worin eure Väter gewohnt, und sie sollen darin wohnen [...]. Und ich schließe mit ihnen einen Bund des Friedens, ein ewiger Bund sei es mit ihnen, und ich erhalte sie und vermehre sie, und setze mein Heiligtum in ihre Mitte, auf ewig. Und meine Wohnung wird bei ihnen sein, und ich werde ihr Gott sein, und sie werden mein Volk sein. Und es erkennen die Völker, dass ich der Ewige Jisrael heilige, wenn mein Heiligtum unter ihnen sein wird auf ewig. (Ez 37,24–28)*

Messias (*maschiach, moschiach*) heißt »Gesalbter« und war ursprünglich eine Bezeichnung für den gesalbten König Israels. Später wurde aus dieser Vorstellung eine Idealgestalt aus dem Stamm Davids, und der volle Name in den jüdischen Schriften lautet Messias, Sohn Davids.

In der Zeit des Zweiten Tempels entwickelt sich die Messiasvorstellung innerhalb eines vielschichtigen Prozesses hin zu einer von Gott in der Entscheidungszeit für die Endzukunft nach Israel gesandte Gestalt mit variierenden königlichen, priesterlichen und prophetischen Eigenschaften. Ab etwa 200 u. Z. wurden nur noch Personen der vorstaatlichen Heilsgeschichte und das ganze Gottesvolk Israel, aber nicht mehr Könige »Gesalbte« genannt: auch nicht König David, selbst dort nicht, wo die Psalmen seine Salbung mit »heiligem Öl« erwähnen. Keiner von Israels Königen hat seinen Auftrag als Messias erfüllt. Nach dem Untergang des Königtums und des ersten Tempels verschob sich die Bedeutung des Begriffs immer weiter. Die späteren Propheten konzipierten den wahren Messias als Befreier von Unterdrückung und Verbannung. So erklärt es sich auch, dass der Prophet des Babylonischen Exils, der heute als Deuterojesaja bezeichnet wird, den persischen König Cyrus als den Gesalbten Gottes bezeichnete: Der Perserkönig gestattete den Juden nämlich die Rückkehr ins Land Israel. Auch Serubbabel selbst, der die Exilanten heimführte, wurde offenbar als Messias betrachtet, denn er erhielt von den babylonischen Juden eine Krone. Der Gesalbte werde ein neuer Lehrer sein, ähnlich wie Mose und Elija, lautete eine weitere Vorstellung, während andere schließlich einen politischen Befreier der Juden von der Fremdherrschaft erwarteten.

Neben die Hoffnung auf einen persönlichen Messias aus dem Hause Davids, dem von Gott die ewige Herrschaft verheißen worden war, tritt schließlich die Vision von den Tagen des Messias, von der messianischen Zeit. Beides findet sich bereits im Buch Jesaja. Die messianische Zeit wird mal partikularistisch allein auf das jüdische Volk bezogen, wenn nach innerer Umkehr und Rückkehr zu Gott die Nachkommen der getrennten Stämme wieder vereinigt, die Zerstreuten von den vier Enden der Welt eingesammelt und in ihr Vaterland zurückgeführt werden und Israel nicht mehr fremder Herrschaft unterworfen ist; die zweite Lesart ist eine universalistische Vision und umfasst alle Völker, wenn Gotteserkenntnis, Gerechtigkeit, Barmherzigkeit und Frieden, selbst unter den Tieren, die Welt erfüllen.

In den nachbiblischen jüdischen Schriften, Mischna und Talmud, sowie in den Gebeten und Liturgien erhält diese Messiashoffnung einen wichtigen Platz. Die Rabbinen haben aber noch kein System der Lehre vom Ende der Zeiten, sondern halten mehrheitlich an dem Erscheinen eines persönlichen Messias fest. Das Achtzehnbittengebet bittet mit der 14. Bitte um die Wiederherstellung der Tempelstadt Jerusalem und des Davidthrons. In der 15. Bitte heißt es dann: »Den Spross deines Gottesdienstes lass sprießen.« Auch im Kaddisch findet man eine ähnliche Bitte. Im Morgengebet am Schabbat heißt es: »Keiner ist dir zur Seite zu stellen, Ewiger, unser Gott, in dieser Welt, und keiner ist außer dir, unser Gebieter, im Leben der zukünftigen Welt. Nichts gibt es neben dir in den Tagen des Messias, und wer gleicht dir, der du die Toten belebst.«

Der frühe Niedergang und schließlich der Untergang des israelitischen und jüdischen Reiches, das Leben in der Diaspora sowie die Auseinandersetzungen mit Griechen und Römern projizierten alle Sehnsüchte des jüdischen Volks auf diese eine Erlösergestalt, die einerseits das einstige goldene Zeitalter zur Zeit König Davids spiegelte und diese Selbstbestimmung andererseits wiederherstellen sollte.

Im Mittelalter wurden die Glaubenslehren des Judentums erstmals systematisch behandelt, und Moses Maimonides (1135–1204) nahm das Kommen des Messias in seine 13 Glaubensartikel auf, lehnte aber alle materialistischen und die volkstümlich-fantastischen Anschauungen über die messianische Zeit entschieden ab. In dem Glaubensartikel heißt es: »Ich glaube mit voller Überzeugung an das Kommen des Messias, und obgleich er noch säumt, will ich trotzdem jeglichen Tag harren, dass er kommen werde.«

Die Jerusalemer Rabbinerin Dalia Marx weist auf die Skepsis hin, die Maimonides mit dem Messiasbegriff verband: »Auf keinen Fall soll man sich mit den Erzählungen [über die Umstände und den Zeitpunkt] des Kommens des Messias befassen, und man möge nicht lange bei der Erforschung der Aussagen zu diesen Dingen und all dem, was daraus resultiert, verweilen. Und man solle sie nicht zu seinem Grundsatz machen, denn er führt weder zu Gottesfurcht noch zu Gottesliebe (Maimonides, Hilchot Melachim 12,2).« Maimonides, so Marx, behauptete sogar, dass sich mit dem Kommen des Messias gar nichts in der Weltordnung verändern werde,[12] und warnt mit den Worten von Yeshayahu Leibowitz (1903–1994): »Jeder Messias, der in der Gegenwart kommt, ist ein falscher Messias.«[13]

Die meisten jüdischen Religionsphilosophen folgen dem Beispiel von Maimonides. Der Dichter Jehuda Halevi (1085–1140) hatte noch vor ihm erklärt, dass die messianische Zeit erst dann anbreche, wenn Israel seine Mission erfüllt habe, nämlich die Verbreitung des Monotheismus unter den Völkern.

12 Marx, Durch das Jüdische Jahr, 343.
13 Ebd., 345.

Diesem Rationalismus trat schließlich die jüdische Mystik entgegen. Die Kabbala und ihr Hauptwerk, der Sohar, lehrten, Gott selbst sei im Exil, und die Erlösung der Menschen sei Teil der Wiedereinsetzung Gottes.

Der Mystiker Isaak Luria (1534–1572) prägte die Vorstellung, dass das göttliche Licht bei der Erschaffung der Welt im Zuge einer Katastrophe über die ganze Schöpfung zerstreut worden sei und dass die Funken dieses Lichts nun in den Schalen unserer materiellen Welt gefangen seien. Erst dann, wenn die Juden Gottes Gebote befolgten, könnten sie diese Funken nach und nach befreien, sodass Gott zu seiner ursprünglichen Einheit zurückzufinden vermag. »Wenn Israel nur einen einzigen Schabbat genau nach den Vorschriften beachtet, dann wird der Messias kommen«, lautet eine volkstümliche Vorstellung. Die lurianische Kabbala lehrt: Gott führt die Erlösung nicht selbst herbei, sondern hat dem Menschen die Fähigkeit verliehen, ja sogar die Pflicht übertragen, die Erlösung selbst herbeizuführen.

Im heutigen Judentum finden sich widersprüchliche Vorstellungen darüber, was denn die messianische Zeit ausmachen wird. Die einen Definitionen sind rein politisch, andere gehen von Phänomenen wie die Auferstehung der Toten aus. Braucht es tatsächlich einen personifizierten Messias, der die Erlösung bringt, oder soll man sich eher einen abstrakten historischen Prozess denken, der zu einer gerechten und befriedeten Gesellschaft führt? Eine säkularisierte Form des Messianismus stellt der Zionismus dar, dessen Anhänger die Hoffnung nach einer Rückkehr nach Eretz Jisrael quasi aus eigener Kraft erfüllen.

Der Philosoph und Schriftsteller Moses Hess (1812–1875) befand: »Die Messiaszeit ist das gegenwärtige Weltalter, welches mit Spinoza zu keimen begonnen hat und mit der großen Französischen Revolution ins weltgeschichtliche Dasein getreten ist.«[14] Der Philosoph Hermann Cohen (1842–1918) folgte ihm, als er 1914 erklärte: »Der Messianismus wird dann erst völlig verstanden werden, wenn vom Begriff der messianischen Zukunft jeder Jenseitssinn abgetrennt sein wird. Die Zukunft, welche die Propheten im Symbol des Messias vorzeichnen, ist die Zukunft der Weltgeschichte. Sie ist das Ziel, sie ist der Sinn der Geschichte, welche den Gegensatz bildet zur Geschichte in ihrer isolierten Wirklichkeit.«[15] Ganz in diesem Sinne konstatierte der Judaist Manfred Voigts (1946–2019) schließlich: »Insbesondere seit der Französischen Revolution wurde der Messianismus immer weiter von der Realität des jüdischen Volkes abstrahiert und zum Messianismus ohne Messias verwandelt, zur Erlösung ohne Erlöser.«[16]

Das liberale Judentum folgt den Vorstellungen von einem messianischen Zeitalter. Rabbiner Leo Baeck (1873–1956) schrieb: »Nicht die Hand nur, sondern die Seele auch soll im Sozialen lebendig bleiben. Die Gemeinschaft soll eine Gemeinschaft inniger Verbundener, eine Gemeinschaft des Friedens sein.« Dieser Gedanke projiziert sich in die Zukunft: Er kommt in der messianischen Idee und Hoffnung zum Ausdruck, die Gottes Reich hier auf Erden anstrebt und erwartet. Rabbinerin Dalia Marx bezieht sich hingegen auf das Hier und Jetzt: »So verstehe ich den Begriff der Messianität als einen Prozess und nicht als Erfüllung, als Glaube, der ermöglicht, das Gute zu vermehren, das Unvollkommene in unserer per-

14 Moses Hess, Rom und Jerusalem, in: Ausgewählte Schriften, hg. v. Horst Lademacher, Wiesbaden 1962, 272.

15 Hermann Cohen, Das Gottesreich, in: Soziale Ethik im Judentum, Verband der deutschen Juden, Frankfurt am Main 1914, 125.

16 Manfred Voigts, Jüdischer und universalistischer Messianismus, in: Politische Religion – religiöse Politik, hg. v. Richard Faber, Würzburg 1997, 75.

sönlichen, familiären und beruflichen Welt ebenso wie auf gemeindlicher, nationaler und universaler Ebene in Ordnung zu bringen.«[17]

Wir sehen: Die Emanzipation der jüdischen Gemeinschaft, ihre Integration in die Mehrheitsgesellschaft und die Teilhabe am Weltgeschehen haben zu einer Umdeutung und Neugewichtung des Messianismus im Judentum geführt. In unserem Buch schildern wir die Zeitgebundenheit messianischer Vorstellungen und deren Traditionsprozesse. Die widersprüchlichen Erwartungen, die dabei deutlich werden, sind auch Ausdruck der Vielstimmigkeit des Judentums an sich.

17 Marx, Durch das Jüdische Jahr, 347.

I. Messiasvorstellungen im antiken Judentum

Wer ist ein »Messias«? In den jüdischen Traditionen hat es viele verschiedene Messiasse und Vorstellungen von einem solchen gegeben, mit jeweils unterschiedlichen Merkmalen, Zielsetzungen und Auswirkungen. Manche mögen unter einem Messias einen Retter, einen Erlöser verstehen oder eine Figur, auf die sie ihre utopischen Hoffnungen auf ein besseres, friedvolles Leben projizieren. Für andere bringt ein Messias als mächtiger Herrscher politische Umbrüche mit sich; viele verbinden mit dem Auftreten und Wirken eines Messias eine Zukunftsvision; wieder andere mögen ihn als eine historische Figur der Vergangenheit sehen.

Auf Messiasfiguren wurde auch schon vor Jahrhunderten, ja, vor mehr als zweitausend Jahren Bezug genommen. Das entnehmen wir den jüdischen Quellen der Antike. Schriftliche Werke jüdischer Autorschaft aus den ersten Jahrhunderten vor und nach unserer Zeitrechnung zeichnen unterschiedliche Messiasbilder. Mit welchen Inhalten haben sie die ältesten Zeugen jüdischer Tradition gefüllt? Lässt sich ein Wandel der Messiasvorstellungen nachzeichnen? Und wenn ja, worauf reagierten die ältesten Zeugen jüdischer Tradition? Schriftlich verfassten Texten liegen stets bestimmte Motivationen zugrunde. Das gilt umso mehr für die Antike, wo das Verfassen, Erhalten, Kopieren und Tradieren von schriftlichen Werken mit erheblichem Aufwand verbunden war. Weshalb war es so wichtig, etwas über den »Messias« festzuhalten? Welche alten und welche *neuen* Aspekte über den »Messias« sollten für die zukünftigen Generationen weitergegeben werden – und warum?

Auf der Suche nach dem Ursprung, der Bedeutung und Entwicklung des »Messias« wollen wir in chronologischer Reihenfolge die jüdischen Quellen der Antike betrachten.

1. Die Salbung als monarchischer Inthronisationsritus

Das Wort משיח/*māschîaḥ*/Messias findet sich in der Hebräischen Bibel insgesamt 38 Mal. Es heißt auf Deutsch »Gesalbter«. Abgeleitet vom Verb משח /*mšḥ* (»salben«), bezieht es sich auf einen Einsetzungsritus innerhalb monarchischer Strukturen.

Eine Salbung bezeichnet den Vorgang des Begießens, Bestreichens oder Salbens mit Öl (oder Wasser) und diente im Altertum vor allem der Körper- und Totenpflege. Rituell bedeutete eine Salbung auch die Übertragung von Kraft und Ehre bei der Einsetzung in ein Amt. So konnte die gesalbte Person Macht erhalten – in Abhängigkeit von der Person oder Instanz, die sie gesalbt hatte.

Die Königssalbung war ein fester Bestandteil altorientalischer Inthronisationsriten: Der gesalbte König galt als durch den Geist der jeweiligen Gottheit erfasst, die ihm übermenschliche Kraft verleiht.[1] Sowohl im Nordreich als auch in Juda war die Institution des Königtums fest mit der Salbung verbunden. Die Aufgabe des Königs war es unter anderem, für Recht und Gerechtigkeit zu sorgen und das Land vor Feinden zu schützen.

Die biblischen Geschichtsbücher Josua bis Könige erwähnen sieben Könige, die explizit gesalbt wurden: Saul, David, Abschalom, Salomo, Jehu, Joasch und Jehoahaz.[2] Weshalb er-

1 Für den altorientalischen Hintergrund, vgl. Thomas L. Thompson, The Messiah Epithet in the Hebrew Bible, Scandinavian Journal of the Old Testament 15.1 (2001), 57–82.

2 Saul (1. Sam 10,1), David (1. Sam 16,1.12.13; 2. Sam 2,4; 5,3), Salomo (1. Kön 1,39), Jehu (2. Kön 9,1 ff.), Joasch (2. Kön 11,12) und Joahas (2. Kön 23,30).

hielten ausgerechnet diese explizit eine Salbung, andere Könige jedoch nicht? Die rabbinische Literatur erklärt, dass eine Salbung von Thronanwärtern nur im Falle einer Uneinigkeit bezüglich der Nachfolge stattfand.[3] Demnach war eine Salbung nicht zwingend nötig, um König zu werden (eine königliche Abstammung etwa würde genügen), das Ritual diente jedoch der theokratischen Legitimation für den neuen Herrscher. Durch die Salbung stand der Gesalbte unter dem besonderen Schutz Gottes. So wird König Saul mehrmals als »Gesalbter des HERRN bezeichnet«,[4] der nicht getötet werden soll:

> *Mich aber bewahre der Herr davor, dass ich meine Hand gegen den Gesalbten des HERRN erhebe. (1. Sam 26,11)*

König David wird gleich dreimal gesalbt. Erst vom Propheten Samuel, dann von den Judäern und schließlich von den Ältesten:

> *Samuel nahm das Horn mit dem Öl und salbte David mitten unter seinen Brüdern. (1. Sam 16,13)*

---

3 In der rabbinischen Literatur finden wir eine Auslegung, weshalb bestimmte Könige eine Salbung benötigten: »Kings are only anointed when there is a dissension (as to who is the rightful king). Why did they anoint Solomon? Because of the dissension of Adonijah. And Jehu? Because of Joram. And Joash? Because of Athaliah. And Jehoahaz? Because of Jehoiakim his brother, who was his senior by two years. A king must be anointed, but not one who is the son of a king.« (t. Sanh. 4.11; übersetzt von Herbert Danby, New York: MacMillan 1919, https://www.toseftaonline.org/seforim/tractate_sanhedrin_mishna_and_tosefta_1919.pdf). Vgl. auch Maimonides: »The son of a king is not anointed unless this is necessary to resolve a dispute (of succession) or a war.« (Mishneh Torah, Kings and Wars 1.2, Quelle: www.sefaria.com).

4 1. Sam 24,7 (2x); 24,11; 26,9.11.16.23; 2. Sam 1,14.16.

Dann kamen die Männer Judas und salbten David dort zum König über das Haus Juda. (2. Sam 2,4)

Alle Ältesten Israels kamen zum König nach Hebron; der König David schloss mit ihnen in Hebron einen Vertrag vor dem Herrn und sie salbten David zum König von Israel. (2. Sam 5,3)

David war nicht der selbstverständliche Nachfolger Sauls. Eine dreifache Salbung erscheint notwendig, um die Legitimation seines königlichen Status sicherzustellen.

Und auch Salomo war kein offensichtlicher Thronfolger, sondern musste sich gegen die Ansprüche von Adonija behaupten. David befahl:

Dort sollen ihn der Priester Zadok und der Prophet Natan zum König von Israel salben und ihr sollt in das Horn stoßen und rufen: Es lebe König Salomo! Dann zieht mit ihm herauf! Er soll kommen, sich auf meinen Thron setzen und König werden an meiner Stelle; denn ihn habe ich zum Fürsten von Israel und Juda bestimmt. (1. Kön 1,34–35)

Salomo wurde noch zu Davids Lebzeiten dessen Nachfolger (1. Kön 1,46 ff.).

Der Prophet Elia salbte Jehu zum König in Nordisrael (1. Kön 19,16 und 2. Kön 9,3.6).

Da stand Jehu auf und ging in das Haus. Der Prophetenjünger goss ihm das Öl über das Haupt mit den Worten: So spricht der Herr, der Gott Israels: Ich salbe

> *dich zum König über das Volk des Herrn, über Israel. (2. Kön 9,6)*

Über Joasch, König Judas, lesen wir, wie sein Vater von Jehu umgebracht worden war und seine Großmutter Atalja daraufhin alle potenziellen Nachfolger hatte ermorden lassen. Joasch wurde als Kind erfolgreich vor ihr versteckt und konnte dann zu gegebener Zeit zum König aufsteigen:

> *So machten sie ihn [Joasch] zum König, salbten ihn, klatschten in die Hände und riefen: Es lebe der König! Als Atalja das Geschrei des Volkes hörte, kam sie zu den Leuten in das Haus des Herrn. Da sah sie den König am gewohnten Platz bei der Säule stehen; die Obersten und die Trompeter waren bei ihm und alle Bürger des Landes waren voller Freude und bliesen die Trompeten. Atalja zerriss ihre Kleider und schrie: Verrat, Verrat! (2. Kön 11,12–14)*

Die Könige, von denen eine Salbungsgeschichte überliefert ist, waren keine selbstverständlichen Thronanwärter und benötigten offensichtlich eine Legitimation durch ein Salbungsritual. Andererseits kann eine Salbung auch bei anderen Königen stattgefunden haben, ohne dass es in den Schriften explizit erwähnt oder für erwähnenswert gehalten wurde.

2. Der »Gesalbte« als Spiegel der Herrschaft Gottes

In der frühen Königszeit ist eine allgemeine Hochschätzung Davids als idealer Herrscher zu beobachten. Da an ihn die göttliche Verheißung einer »ewigen Dynastie« ergangen ist, gilt er als Maßstab für die Bewertung aller weiteren judäischen Könige. Hier wird der Begriff »Gesalbter« verwendet, um die Bedeutung des davidischen Königstums zu reflektieren.

> *Die Könige der Erde stehen auf, die Großen tun sich zusammen gegen den Herrn und seinen Gesalbten. (Psalm 2,2)*

> *Seinem König verleiht er große Hilfe, Huld erweist er seinem Gesalbten, David und seinem Stamm auf ewig. (Psalm 18,51)*

> *Nun habe ich erkannt: Der Herr schafft Rettung seinem Gesalbten. (Psalm 20,7)*

> *Du aber hast verstoßen, verworfen, mit Zorn überschüttet deinen Gesalbten. (Psalm 89,39)*

> *Ja, deine Feinde, Herr, schmähten, ja, sie schmähten die Spuren deines Gesalbten. (Psalm 89,52)*

> *Um Davids willen, deines Knechts, weise nicht ab das Angesicht deines Gesalbten. (Psalm 132,10)*

Dort bringe ich Davids Macht zum Sprießen und stelle eine Leuchte auf für meinen Gesalbten. (Psalm 132,17)

Die »Königspsalmen« legitimieren den König als Gesalbten des HERRN, ja sogar als dessen Sohn, dem eine die Völker unterdrückende Weltherrschaft übertragen wird. Die Aussagen der Jerusalemer Königstheologie haben sich am deutlichsten in den Königspsalmen erhalten (Ps 2; 18; 20; 21; 45; 72; 89; 101; 110; 132; 144,1–11). Der König gilt als Gottes Sohn, er sitzt zur Rechten Gottes. Ihm ist die Welt übereignet, die Völker und Nationen gelten als das ihm von Gott verliehene Erbe. Deshalb erbittet und erwartet man von seiner Herrschaft, in der sich die Herrschaft Gottes widerspiegelt, Sieg und einen umfassenden Heilszustand. Selbst diese Texte können am ehesten als Legitimation für das davidische Königtum gelesen werden, kaum aber als Erwartung eines zukünftigen Gesalbten.

An vier Stellen findet sich in der Hebräischen Bibel der Begriff »Gesalbter« für Aaroniden vom Stamm Levi: Der Hohepriester wird als »gesalbter Priester« hervorgehoben (Lev 4,3.5.16), und zwar als derjenige, der in der direkten Nachfolge Aarons steht und an seiner Stelle salbt (Lev 6,15).

In Jes 45,1 wird sogar ein Nichtjude, der Perserkönig Kyros, als Gesalbter bezeichnet.

So spricht der HERR zu seinem Gesalbten, zu Kyros: Ich habe ihn an seiner rechten Hand gefasst, um ihm Nationen zu unterwerfen; Könige entwaffne ich, um ihm Türen zu öffnen und kein Tor verschlossen zu halten. (Jes 45,1) Er baut meine Stadt wieder auf, mein verschlepptes Volk lässt er frei, aber nicht für Lösegeld oder Geschenke. (Jes 45,13)

Ein *māschîaḥ*, »Gesalbter«, ist in der Hebräischen Bibel also keine einzelne Person, sondern eine Bezeichnung, die auf verschiedene Rollen und Personen anwendbar ist. Sie bezieht sich auf eine von Gott ausgewählte, mit besonderer Kraft und Herrschaft ausgestattete Person, die aus dem politisch-monarchischen oder priesterlich-kultischen Stand stammt. *Māschîaḥ* bezeichnet in der Hebräischen Bibel weder eine eschatologische Figur noch eine Heilsgestalt am Ende der Tage. Festhalten lässt sich zudem, dass *māschîaḥ* ein uneinheitlicher Terminus ist, der in wenigen Texten der Hebräischen Bibel vorkommt und dort in unterschiedlichen Weisen eingesetzt wird.

3. Der Retter in der Not

Neben Textpassagen, die den Begriff *māschîaḥ* »Gesalbter« oder das Verb *mšḥ* »salben« wortwörtlich verwenden, gibt es viele Abschnitte in der Hebräischen Bibel, die einen Bezug zu einer Rettergestalt herstellen, auch wenn der Terminus »Gesalbter« nicht explizit vorkommt, jedoch oft implizit gemeint ist. Diese biblischen Texte wollen wir im Folgenden genauer betrachten, ausgehend von der Frage, in welche historisch-politischen Kontexte sie sich einbetten lassen. In welchen Situationen und Lebensrealitäten gewann der Verweis auf eine Retterfigur an Bedeutung?

3.1 Babylonisches Exil

Die Katastrophe des Babylonischen Exils (597–538 v. u. Z.) und die Zerstörung des Tempels Salomos im 6. Jahrhundert v. u. Z.

ließen die Nachfrage nach einer Erlöserpersönlichkeit steigen. Der Verlust der politischen Autonomie und die Zerstreuung unter die Völker weckten die Hoffnung auf das befreiende Handeln Gottes, auf die Sendung einer Rettergestalt, die sein Volk von der Fremdherrschaft erlösen und die unterworfenen Völker in Gerechtigkeit regieren würde. Die Gestalt Davids wurde zum Sinnbild des idealen Monarchen. So gilt für König David etwa die Verheißung, dass seine Dynastie auf ewig herrschen werde:

> *Ich will dir einen Nachkommen erwecken, der von deinem Leibe kommen wird; dem will ich sein Königtum bestätigen. Der soll meinem Namen ein Haus bauen, und ich will seinen Königsthron bestätigen ewiglich. Ich will sein Vater sein, und er soll mein Sohn sein. [...] Aber dein Haus und dein Königtum sollen beständig sein in Ewigkeit vor dir, und dein Thron soll ewiglich bestehen.*[5] *(2. Sam 7,12–16)*

In den prophetischen Büchern der Hebräischen Bibel finden wir einige Verse, die den Untergang der Dynastie Davids voraussetzen und die Hoffnung für Israel mit der Wiederaufrichtung der davidischen Herrschaft verbinden:

> *Und ich will ihnen einen einzigen Hirten erwecken, der sie weiden soll, nämlich meinen Knecht David. Der wird sie weiden und soll ihr Hirte sein, und ich, der*

5 Die Datierung der sog. »Natansverheißung« (2. Sam 7,1–17) und ihrer redaktionellen Schichten ist in der Forschung umstritten. Es wird im Folgenden noch darauf eingegangen werden, inwiefern die Früh- oder Spätdatierung einzelner Verse, die eine Hoffnung auf einen zukünftigen davidischen Herrscher ausdrücken, die Rekonstruierung »messianischer« Überzeugungen stark beeinflussen.

Herr, will ihr Gott sein. Und mein Knecht David soll der Fürst unter ihnen sein. (Hes 34,23–24)

Zur selben Zeit will ich die zerfallene Hütte Davids wieder aufrichten und ihre Risse vermauern und, was abgebrochen ist, wieder aufrichten und will sie bauen, wie sie vorzeiten gewesen ist. (Am 9,11)

Siehe, es kommt die Zeit, spricht der Herr, dass ich dem David einen gerechten Spross erwecken will. Der soll ein König sein, der wohl regieren und Recht und Gerechtigkeit im Lande üben wird. (Jer 23,5)

Siehe, es kommt die Zeit, spricht der Herr, dass ich das gnädige Wort erfüllen will [...] ich will dem David einen gerechten Spross aufgehen lassen; der soll Recht und Gerechtigkeit schaffen im Lande. [...] Es soll David niemals fehlen an einem, der auf dem Thron des Hauses Israels sitzt.[6] *(Jer 33,14–17)*

Eng verbunden mit der Monarchie waren ihre beiden wichtigsten Manifestationen: die Hauptstadt Jerusalem und der Tempel. Die Zerstörung dieser beiden Zentren mit ihrer hohen Symbolbedeutung markierte das Ende einer Epoche, und die Zeit der »Heimkehr nach Zion« ist untrennbar verknüpft mit dem Wiederaufbau des Tempels und der Stadt.

6 Die aufgeführten Verse werden meist für spätere Hinzufügungen gehalten. Christoph Levin etwa geht so weit, dass er Jer 23,5 und Jer 33,14 ff. als Teil eines der jüngsten Abschnitte des Jeremiabuchs aus dem 2. Jh. v. u. Z. identifiziert (Die Verheißung des neuen Bundes in ihrem theologiegeschichtlichen Zusammenhang ausgelegt, Göttingen 1985).

Als Bewohner erst babylonischer und später persischer Provinzen konnten die Juden eine Wiederherstellung des davidischen Königtums nur von Gottes Treue zu der von ihm erwählten Dynastie erhoffen.

3.2 Unter persischer Herrschaft

Nachdem der Perserkönig Kyros II. im Jahr 539 v. u. Z. das babylonische Reich erobert hatte, erlaubte er den Juden die Rückkehr in ihre Heimat. Zwar bezeichnet Jesaja Kyros als »Gesalbten« (Jes 45,1), doch noch immer herrschte eine fremde Regierung, die neue persische Oberherrschaft. Von der Restauration der Monarchie war keine Spur. Innerpersische Thronkämpfe lösten neue Hoffnungen in der persischen Provinz Juda aus, und zwar auf den Davididen Serubbabel. Diese Hoffnungen finden wir bei den Propheten Haggai und Sacharja formuliert, die während der Wiedererrichtung des Tempels um etwa 520 v. u. Z. wirkten.

Bei Haggai ist es nicht der erwartete Davidide Serubbabel,[7] sondern JHWH, der die militärischen Voraussetzungen für das neue Friedensreich schafft, in dem Serubbabel herrschen wird. Eine universalistische oder eschatologische Perspektive fehlt allerdings, ein Gesalbter (»Messias«) wird nicht erwähnt.

> *Sag zu Serubbabel, dem Statthalter von Juda: Ich lasse den Himmel und die Erde erbeben. Ich stürze die Throne der Könige und zerschlage die Macht der Königreiche der Völker. Ich stoße die Kriegswagen samt ihren*

7 Serubbabel war ein Enkelsohn des Königs Jojachins (1. Chr 3,16–19).

> *Fahrern um, die Pferde sinken samt ihren Reitern zu Boden, einer vom Schwert des andern getroffen. An jenem Tag – Spruch des Herrn der Heerscharen – nehme ich dich, mein Knecht Serubbabel, Sohn Schealtiëls, – Spruch des Herrn – und mache dich zu meinem Siegelring; denn ich habe dich erwählt – Spruch des Herrn der Heerscharen. (Hag 2,21–23)*

Kurz nach Haggai tritt Sacharja auf, der die Heilsverkündigung Haggais weiterträgt. Und auch Sacharjas Hoffnung ist nicht eschatologisch geprägt. Er erwartet jedoch eine friedliche Umwälzung der politischen Verhältnisse durch JHWH:

> *Da erwiderte er und sagte zu mir: So lautet das Wort des Herrn an Serubbabel: Nicht durch Macht, nicht durch Kraft, allein durch meinen Geist! – spricht der Herr der Heerscharen. (Sach 4,6)*

> *Serubbabels Hände haben den Grund zu diesem Haus gelegt und seine Hände werden es vollenden. Dann wirst du erkennen, dass mich der Herr der Heerscharen zu euch gesandt hat. (Sach 4,9)*

Bei Sacharja finden wir auch die Erwartung, dass das davidische Königshaus in einem neuen Licht erstrahlen wird. Das Bild zweier Ölsöhne (Sach 4,12) als einer messianischen Doppelspitze, die friedliche und kriegerische Aspekte in sich vereint, kann auf politische Akteure wie Serubbabel und den Hohepriester gedeutet werden.

> *Was bedeuten die zwei Ölbäume auf der rechten und auf der linken Seite des Leuchters? Und weiter fragte ich ihn: Was bedeuten die beiden fruchttragenden Zweige der Ölbäume bei den beiden goldenen Röhren, die das goldene Öl von ihnen herab ausgießen? Er sagte zu mir: Weißt du nicht, was sie bedeuten? Ich erwiderte: Nein, mein Herr. Er sagte: Das sind die beiden Gesalbten,*[8] *die vor dem Herrn der ganzen Erde stehen. (Sach 4,11–14)*

Aber auch die Hoffnungen Haggais und Sacharjas auf einen politischen Neuanfang und den Bau eines Friedensreichs unter der Leitung Serubbabels haben sich nicht erfüllt: Nach der Vollendung des Tempelbaus 515 v. u. Z. wird von keinen weiteren Taten Serubbabels mehr berichtet. Aus der Zeit zwischen 500 und 200 v. u. Z. gibt es wenige Texte mit Bezugspunkten auf zukünftige Hoffnungsträger.[9]

In der nachexilischen Gemeinde wurde in der zweiten Hälfte des 5. Jh. der Wunsch nach einer Theokratie durch Esra und Nehemia und deren Schriften sowie durch das Geschichtswerk des ersten und zweiten Chronikbuches zementiert. Die Hoffnung auf einen König als eine konkrete, realistische Erwartung (keine eschatologische Perspektive!) musste dem Druck der politischen Realitäten weichen, sodass im 5. und in der ersten Hälfte des 4. Jh. Zeugnisse von Königserwartungen fehlen.

Nach der Schwächung der persischen Oberherrschaft durch den Alexanderzug in der zweiten Hälfte des 4. Jh. und dem

8 Hinweis: Hier wird nicht der Terminus *maschiah* gebraucht.

9 Für eine umfassende Besprechung des sogenannten »Messianischen Vakuums« und einen alternativen Erklärungsansatz siehe Matthew V. Novenson, The Grammar of Messianism. An Ancient Jewish Political Idiom and Its Users, New York 2017, 114–160.

Ende des Perserreichs formuliert Deuterosacharja noch einmal seine mit einem König verbundene Hoffnungsvorstellung:[10]

> *Juble laut, Tochter Zion! Jauchze, Tochter Jerusalem! Siehe, dein König kommt zu dir. Gerecht ist er und Rettung wurde ihm zuteil, demütig ist er und reitet auf einem Esel, ja, auf einem Esel, dem Jungen einer Eselin. Ausmerzen werde ich die Streitwagen aus Efraim und die Rosse aus Jerusalem, ausgemerzt wird der Kriegsbogen. Er wird den Nationen Frieden verkünden; und seine Herrschaft reicht von Meer zu Meer und vom Strom bis an die Enden der Erde. (Sach 9,9–10)*

Eine eschatologische Perspektive fehlt auch hier. Neu ist, dass der erwartete König als arm und demütig dargestellt und als gerettet bezeichnet wird. Dass die politischen Entwicklungen und die damit einhergehenden Enttäuschungen die Hoffnung auf eine Erneuerung des Königtums verändert haben, ist anzunehmen. Der Wechsel der Perspektive von einem König mit politischer Macht zu einem geistigen Führer seines Volkes bzw. als reine Symbolgestalt kann in diese Richtung verstanden werden. Die Gestalt des Königs und des Gesalbten JHWHs hat sich von einer aggressiven und mächtigen, die Völker unterdrückenden Herrschergestalt (wie etwa noch in Ps 2) hin zu einem armen, demütigen Stifter und Wahrer von Gerechtigkeit und Frieden entwickelt.

10 Joseph Blenkinsopp, A History of Prophecy in Israel, Louisville 1996, 231 – aber dagegen siehe John J. Collins, The Scepter and the Star. Messianism in Light of the Dead Sea Scrolls, New York ²2010, 38.

Nach dem Tod Alexander d. Großen 323 v. u. Z. wurden die Hohepriester unter den hellenistischen Oberherren zu den geistlichen und zugleich weltlichen Anführern der jüdischen Bevölkerung. Die Stellung des Hohepriesters gewann zunehmend an Bedeutung, insbesondere als die Ptolemäer und Seleukiden in Judäa herrschten.[11]

3.3 Ptolemäische Herrschaft

Während der ptolemäischen Herrschaft (301–200 v. u. Z.) entwickelte sich verstärkt eine jüdische Oberschicht heraus, die aus aristokratischen Großgrundbesitzern und Priesteradel bestand. Die prominenten Priesterfamilien spielten im gesellschaftlichen und politischen Leben der Juden eine wichtige Rolle. Der Hohepriester bekam die Aufgabe, den Ptolemäern die jährlichen Steuern zuzuführen, und genoss ansonsten als Vorsteher seines (jüdischen) Volkes große Freiheiten. Mit der Zeit bildete sich eine wohlhabende jüdische Elite heraus, die dem hellenistischen Gedankengut und somit auch den Fremdherrschern nahestand. Sie verfolgten gemeinsame wirtschaftliche Interessen mit den Ptolemäern und beteiligten sich an der Ausbeutung ihres eigenen Volks. Unter seleukidischer Herrschaft (200–135/63 v. u. Z.) baute diese jüdische Elite ihre Macht und ihren Wohlstand aus, was schließlich zu innerjüdischen Machtkämpfen zwischen der hohepriesterlichen Dynastie der Oniaden und der bedeutenden, hellenistisch orientierten Familie der Tobiaden führte.

11 Der Hohepriester trägt die Krone (s. Sach 6,11), was so interpretiert werden kann, dass der Hohepriester die Stelle des Platzhalters für einen zukünftigen König einnimmt oder dass die königlichen Funktionen auf ihn übertragen werden.

In dem ungefähr 190/180 v. u. Z. entstandenen Sirachbuch wird David zwar gepriesen (47,1–11), aber weder Interesse an einer Restauration der davidischen Linie noch an einer Eschatologie gezeigt.[12] Tatsächlich erscheint das Wort »Messias« in keinem der sogenannten »Apokryphen« (Schriften, die etwa vom 3. Jh. v. u. Z. zum 1. Jh. u. Z. verfasst wurden, aber nicht in den biblischen Kanon aufgenommen wurden; auch »außenstehende Bücher« genannt).[13]

3.4 Aufstieg der Hasmonäer

Die Frage nach der Erfüllung von Hoffnung durch die Wiederbelebung einer davidischen Linie wurde erst durch den Aufstieg der Hasmonäer neu gestellt.

Die Regierungszeit des Seleukiden Antiochus IV. Epiphanes (175–164 v. u. Z.) bezeichnet einen Wendepunkt in der Geschichte des jüdischen Volkes. Die Elite im hellenistischen Judäa waren zu jener Zeit die Priester, von denen einer, der Hohepriester, als das unbestrittene Oberhaupt der Nation galt. Wie den Büchern Judit und Tobias und dem ersten Makkabäerbuch entnommen werden kann, wurden die Abgaben nach Jerusalem gebracht, aber nicht gerecht verteilt. Die Tobiaden verdrängten den Hohepriester aus gewissen Bereichen des öffentlichen Lebens. Die kulturellen und sozialen Folgen ihrer Politik stießen bei einem großen Teil der Jerusalemer Einwohner auf heftigen

12 Sir 36,1–17 ist vermutlich sekundär und besitzt einen ganz anderen Ton als der Rest des Buchs. Der hebräische Psalm in Kapitel 51 gilt ebenfalls als sekundärer Zusatz.

13 Zu den Apokryphen zählen 13 Bücher; in erster Linie sind das Bücher, die nicht in der Hebräischen Bibel, wohl aber in der griechischen Übersetzung (Septuaginta) enthalten sind. Dazu gehören Sirach und Makkabäer.

Widerstand. Als Antiochus IV. den JHWH-Kult verbot und den Jerusalemer Tempel zu einer Kultstätte des Zeus umwandeln ließ, war ein Aufstand unvermeidlich geworden. Es entstand eine Widerstandsbewegung, angeführt von den Hasmonäern, einer Priesterfamilie, an deren Spitze ein Priester namens Mattathias stand, gefolgt von seinen Söhnen Judas Makkabäus, Jonathan und Simon. Nach zahlreichen Kämpfen und tragischen Verlusten marschierte Jonathan schließlich siegreich in Jerusalem ein und übernahm das Amt des Hohepriesters. Damit wurde die Familie, welche den Aufstand angeführt hatte, zur offiziell anerkannten Inhaberin des hohepriesterlichen Amtes.

Inwiefern die Hasmonäer als Retterfiguren[14] und Ersatz für die davidische Dynastie angesehen wurden, ist nicht klar. Der Autor des ersten Makkabäerbuchs zeigt ein klares Interesse an der davidischen Linie.[15] Zwar sprechen die Makkabäerbücher nicht von einem »Messias«, gleichwohl entwickeln sie das Konzept einer zukünftigen Rettergestalt in der Wiedergabe der Vorkommnisse in den Jahren 170–134 v. u. Z: Nachdem Antiochus IV. Jerusalem unter seine Kontrolle gebracht und eine griechische Polis gegründet hatte, folgte eine Reihe von Katastrophen. Die Umwandlung des Jerusalemer Tempels zu einer heidnischen Kultstätte ließ das jüdische Volk nach möglichen Erklärungsversuchen hierfür in ihren Schriften suchen. In der Tat hatten Propheten vorhergesagt, dass es vor der Erlösung eine schreckliche Zeit geben würde.[16] In den Jahren von 167–161 v. u. Z. wurden die Geschehnisse um Judas Makka-

14 1. Makk 5,62 spricht von »dem Geschlecht der Männer, durch deren Hand Israel Rettung geschenkt wurde«. Ein Verweis auf 2. Sam 3,18?

15 1. Makk 2,57: »David war barmherzig; darum erhielt er den Königsthron als ewiges Erbe.« S. dazu auch Collins, Scepter, 103.

16 Z. B. Jes 24–27, Hes 38–39, Sach 12–14, Mal 2,2–4.

bäus reflektiert und zukunftsgerichtete Texte produziert, etwa die Bücher Henoch[17] und Daniel.

Die Visionen des Buchs Daniel (Dan 7–12) kündigen den Untergang und den Beginn der Endzeit an,[18] allerdings gibt es keine klare Referenz zur Restauration der davidischen Herrschaft.

> *Nun begreif und versteh: Von der Verkündigung des Wortes über die Rückführung des Volkes und den Wiederaufbau Jerusalems bis zur Ankunft eines Gesalbten, eines Fürsten, sind es sieben Wochen; und zweiundsechzig Wochen lang baut man die Stadt wieder auf mit ihren Plätzen und Gräben, obwohl es eine bedrängte Zeit sein wird. Nach den zweiundsechzig Wochen wird ein Gesalbter umgebracht, aber ohne Richterspruch. Das Volk eines Fürsten, der kommen wird, bringt Verderben über die Stadt und das Heiligtum. Er findet sein Ende in der Flut; bis zum Ende werden Krieg und Verwüstung herrschen, wie es längst beschlossen ist. (Dan 9,25–26)*

Die Aufgabe des Gesalbten ist die Rückführung aus dem Exil und der Wiederaufbau Jerusalems. Hier ist zu beobachten, wie der Begriff »Gesalbter« von dem Ritual der Salbung losgelöst

---

17 Vgl. Tierapokalypse Hen 85–90; insb. 90,37–38, evtl. identifizierbar mit Judas Makkabäus. Die Parabeln Henochs (Kap. 38–69) schildern den »Auserwählten« bzw. »Menschensohn«, vgl. Hen 48,10; Hen 52,4 »sein (Gottes) Gesalbter«; wie er auf dem Thron der Herrlichkeit zum Gericht Platz nimmt. Er war schon vor Erschaffung der Welt bei Gott verborgen und muss deshalb den Heiligen und Gerechten »geoffenbart« werden (Hen 48,7; Hen 62,7). Die Parablen Henochs werden teilweise auch spät datiert, in das 1. Jh. u. Z.

18 Die Figur in Dan 7,13 wurde im Christentum als Messias interpretiert.

verwendet wird. Da, wo der Messiasterminus vorkommt, wird wohl auf den gesalbten Hohepriester hingewiesen. Der erste Gesalbte (Dan 9,25) könnte als Hohepriester Josua oder Statthalter Serubbabel, der zweite Gesalbte (Dan 9,26) als Onias III. gedeutet werden, der zu Zeiten Antiochus IV. umgebracht wurde (s. 2. Makk 4,33–38). Da zur Zeit der Verfassung des Texts beide Ereignisse in der Vergangenheit lagen, wäre weder die eine noch die andere Figur als eine Zukunftsfigur zu verstehen.[19] Auch Daniels »Messias« ist keine eschatologische Figur.[20]

Wir haben gesehen, dass politische und gesellschaftliche Umbrüche die Entwicklung und Beschreibung von Hoffnungsträgern, zukünftigen Rettergestalten, in der jüdischen Literatur der Antike stark beeinflussten. Manchmal konnte zu *gegenwärtigen* Institutionen und Führungspersonen Vertrauen gefasst werden (seien es Hohepriester oder die Makkabäer, dann Hasmonäer). Unerwartete soziopolitische Wendungen und damit einhergende Enttäuschungen hatten zur Folge, dass alternative Herrschaftsformen mit geeigneteren Führungskräften herbeigesehnt wurden.

---

19 Anders Joseph Fitzmyer, der meint, dass im Danielbuch das erste Mal eine Person thematisiert wird, die in der Zukunft erwartet wird. Alle anderen biblischen Gesalbten hingegen seien historische Figuren, die auch wirklich in der Praxis gesalbt wurden (Joseph A. Fitzmyer, The One Who Is to Come, Grand Rapids 2007), 62.

20 Der Gesalbte wird umgebracht (Dan 9,26). Stattdessen wird das Volk von einer anderen Figur gerettet werden: Michael, dem großen Fürsten (*ha-sar ha-gadol*), Dan 12,1.

3.5 Die Qumran-Gemeinschaft

In den Textfunden der Gemeinde von Qumran (ca. 130 v. u. Z. bis 68 u. Z.) gelten Priester und Propheten als Gesalbte. Der Hohepriester und der König sind gesalbt. Letzterer wird auch als »Cämach David« bezeichnet. Der *Nesi ha-eda* (Fürst der Gemeinde) soll davidischer Herrscher sein im Sinne der theokratischen Legitimation und seiner Bindung an die Tora. Er fungiert als Laienoberhaupt der »Gemeinde Israels«, vorrangig als Kriegsherr, der die Kriege JHWHs führt, während der Gesalbte Aarons als »Haupt der ganzen Gemeinde Israels« gilt. Explizit ist also von zwei Gesalbten (»Messiassen«) die Rede, einem Gesalbten Aarons (Hohepriester) und einem Gesalbten Israels (Herrscher).[21] Prophet, Hohepriester und König gehören in Qumran zu einer ganz bestimmten Verfassungstradition. Dass zwei Messiasfiguren erwartet werden,[22] kann verstanden werden als Gegenbild zur hasmonäischen Kombination von königlicher und priesterlicher Position. Diese zwei Funktionen sollen nun deutlich voneinander getrennt werden.

21 »The messiahs of Aaron and Israel« (1QS 9,11); vgl. »the messiah of Aaron and Israel« (CD 12,23; 14,19; 19,10) und »a messiah from Aaron and from Israel« (CD 20,1).

22 Siehe auch »Testamente der zwölf Patriarchen«.

3.6 Psalmen Salomos

Die Psalmen Salomos gehören zu den außerkanonischen Pseudepigraphien.[23] Neben den Qumranschriften sind die Psalmen Salomos die einzigen, die die Vorstellung vom davidischen Gesalbten einigermaßen umfangreich beschreiben (s. PsSal 17–18). Der Text preist das ewige Königtum Gottes, das in der Erwählung Davids zum König über Israel sichtbaren Ausdruck gefunden hat.

> *Du, Herr, erwähltest David zum König über Israel, und du schworst ihm für seinen Samen in Ewigkeit, dass sein Königtum vor dir nicht aufhöre. (PsSal 17,4)*

Inzwischen haben jedoch Sünder (im Gedächtnis war vermutlich die Entweihung Jerusalems und des Tempels durch Antiochus IV.) den Thron Davids verwüstet und die Herrschaft an sich gerissen. Nachdem sich die hasmonäischen Herrscher 152 v. u. Z. das Amt des Hohepriesters angeeignet hatten und 104 v. u. Z. als Nicht-Davididen den Königstitel anmaßten, wuchs der Unmut darüber – reflektiert im folgenden Vers:

> *Aber in unseren Sünden standen Sünder auf wider uns, griffen uns an und stießen uns fort; was du nicht verheißen hattest, das rissen sie an sich mit Gewalt, und sie priesen*

23 Pseudepigraphien sind Schriften mit falscher Verfasserangabe. Biblische pseudepigraphische Schriften geben vor, (angeblich) von wichtigen biblischen Persönlichkeiten verfasst worden zu sein. Zu ihnen zählen auch die Bücher Baruch und Esra. Mit Ausnahme von 2 Bar 72 beziehen sich die meisten dieser Texte auf die Erwartung einer nichtmilitärischen Zukunftsfigur. PsSal 17,21–33 und 4. Esra 13,4–11 betonen, dass die Zukunftsfigur nicht mit Waffen, sondern mit Worten erobern wird.

> *nicht deinen teuren Namen. In Herrlichkeit errichteten sie ein Königtum aufgrund ihres Hochmuts, sie verwüsteten Davids Thron in lärmendem Übermut. (PsSal 17,5)*

Gleichzeitig erwächst die Hoffnung auf die Wiederherstellung der Theokratie mit einem legitimen Hohepriester und einem davidischen Herrscher. Gott wird nun darum gebeten, Israel seinen König aus dem Geschlecht Davids zu senden, damit er die Sünder im eigenen Volk züchtigen und Jerusalem von den Heidenvölkern befreit, sodass Israel wieder »rein« ist und Gott in Jerusalem wieder verehrt werden kann.

> *Sieh zu, Herr, und richte ihnen auf ihren König, den Sohn Davids, zu der Zeit, die du ausersehen, o Gott, über Israel, deinen Knecht, zu herrschen, und umgürte ihn mit Stärke, zu zermalmen ungerechte Fürsten, zu reinigen Jerusalem von Heidenvölkern, die vernichtend zertreten, in Weisheit und in Gerechtigkeit die Sünder vom Erbe zu verstoßen und des Sünders Übermut zu zerschlagen. (PsSal 17,21–23)*

> *Und er wird reinigen Jerusalem durch Heiligung wie von Anfang an, sodass Heiden kommen von den Enden der Erde, um seine Herrlichkeit zu sehen […] Und er ist ein gerechter, von Gott gelehrter König über sie; und in seinen Tagen ist kein Unrecht unter ihnen, denn alle sind sie heilig, und ihr König ist der gesalbte Herr(scher).*[24] *(PsSal 17,30–32)*

24 Aus: Die Psalmen Salomos, hg. v. Svend Holm-Nielsen (JSHRZ 4.2), Gütersloh 1977, 97–107.

Dieser davidische König wird in V. 32 als gesalbter Herrscher bezeichnet, »christos kyrios«.[25] Der Gesalbte soll also Israel im Namen Gottes führen, es unterweisen und seine Heiligkeit und Reinheit im Angesicht der es umgebenden Heidenvölker bewahren.

3.7 Sibyllinische Orakel

In den Sibyllinischen Orakeln, einer Sammlung vermeintlich prophetischer Schriften, wird auf einen König Bezug genommen, der als Ptolemäus VI. Philometor (180–164 v. u. Z.) oder Ptolemäus VII. Neos Philopator (145–144 v. u. Z.) gedeutet werden kann.[26] Der im Dritten Sibyllinischen Orakel (3,652–56) genannte Herrscher dient neben Jes 45,1 als weiteres Beispiel für eine nichtjüdische Retterfigur.[27] Das Orakel blickt auf die militärische und politische Macht einer Fremdherrschaft als Hoffnung auf die Befreiung Judäas.[28] Allerdings wird auch hier der Begriff »Messias« nicht verwendet. Die Referenz auf eine Herrscherfigur in den Sibyllinen ist weder »messianisch« noch eschatologisch oder apokalyptisch. Stattdessen gibt der Text die Lebensrealität der Fremdbeherrschung wieder.

---

25 Problematisch ist im griechischen Text von PsSal 17,32 (und 18,7) der Ausdruck *christos kyrios*, der häufig auf ein *christos kyriou* bzw. hebräisches *meshiach JHWH* zurückgeführt wird. Um Missverständnisse zu vermeiden, sollte der Ausdruck am besten als »Gesalbter Herr(scher)« übersetzt werden und nicht als »der Gesalbte des Herrn«.

26 Philometor erlaubte Onias IV. und dem Hohepriester, nach Leontopolis zu fliehen und dort einen Tempel zu bauen.

27 In 3,254–94 wird Bezug genommen auf einen König, der von Gott gesandt wird (3,286), womit der Perserkönig Kyros gemeint sein könnte.

28 John J. Collins, Messianism in the Maccabean Period, in Judaisms and Their Messiahs at the Turn of the Christian Era, hg. v. Jakob Neusner, William Scott Green, Ernest S. Frerichs, Cambridge 1987, 97–110, hier 99.

4. Das »Licht der Völker«

63 v. u. Z. hatte der Römer Pompeius Judäa erobert und die Region somit in einen dauerhaften Ausnahmezustand versetzt. Immer wieder hatte sich Widerstand gegen die Besatzer und ihre lokalen Verbündeten geregt. Herodes der Große war ein von Rom eingesetzter Klientelkönig, jüdisch väterlicherseits und sehr hellenistisch geprägt.[29] Zwischen 44 und 66 u. Z. hatte die Provinz sieben verschiedene römische Prokuratoren, wovon die meisten wenig Verständnis für lokale Verhältnisse in Judäa hatten, sodass es immer wieder zu kleineren Aufständen kam und radikale Gruppierungen mehr und mehr Zulauf gewannen.

Die Zeloten werden vom Geschichtsschreiber Josephus[30] als eine von vier jüdischen Gruppierungen vorgestellt, neben den Pharisäern, Sadduzäern und Essenern. Die Zeloten – wortwörtlich bedeutet Zelot »Eiferer« – definierten sich vor allem durch ihren Widerstand gegen die Römer, da sie neben Gott keine weltlichen Herrscher akzeptierten. Damit vereinten sie ihren politischen Machtanspruch mit einer religiösen Agenda. Eine Sondergruppe bildeten die Sikarier (Sica = Dolch), die besonders gewaltbereit waren und die Jerusalemer Straßen unsicher machten.

Josephus liefert eine Reihe von Gründen für den Ausbruch der Revolte, der in den »Jüdischen Krieg« mündete (66–70 u. Z.). Demnach begann der Aufstand im Jahr 66 in Caesarea,

---

29 Die Herrschaft des Herodes war eine besonders unterdrückende für jüdische Bauern, wirtschaftlich wie auch politisch. Räuberwesen wuchs in den Fünfziger- und Sechzigerjahren bis hin zum Jüdischen Krieg 66 u. Z.

30 Josephus lebte von 37 bis etwa 100 und hinterließ mit der »Geschichte des Jüdischen Krieges« und »Jüdische Altertümer« zwei der wichtigsten Quellen zur jüdischen Geschichte seiner Zeit.

nachdem einige ortsansässige Griechen die jüdische Bevölkerung provozierten, indem sie vor einer Synagoge im Rahmen des Kaiserkults Vögel opferten. Als der römische Statthalter Jerusalem verließ, gewannen radikale Kreise die Oberhand, machten die römische Garnison nieder und beendeten das tägliche Opfer für den Kaiser. Dies war für Rom das Signal der offenen Rebellion. Als weiterere Gründe der Revolte nennt Josephus die Ignoranz der Römer gegenüber der jüdischen Religion und soziokulturelle Spannungen innerhalb der jüdischen Bevölkerung.

Die Zeloten nahmen unter Führung von Menachem,[31] dem Sohn eines Aufständischen aus Galiläa namens Judas, die Festung Masada ein. Daraufhin zog Menachem mit seinem Gefolge »wie ein König«[32] in Jerusalem ein. Er übernahm das Kommando bei der Belagerung des Herodespalasts. In Jerusalem brachen blutige Rivalitäten unter den Aufständischen aus,

31 Josephus, *Bell* 2,433.

32 Königsanwärter sind vielfach von Josephus bezeugt, vgl. Judas in *Ant* 17,271; *Bell* 2,56; Simon in *Ant* 17,273 und Athronges in *Ant* 17,278. Inwiefern ist aber ein politisches Motiv und Königs-/Herrschaftsanspruch gleichzusetzen mit Messianismus? Im Jüdischen Krieg tritt Menachem in königlicher Kleidung auf (*Bell* 2,433 f.). Simon ben Giora war ein Anwärter auf die Königswürde. Als solcher wird er von den Römern behandelt – und nach dem Triumphzug in Rom hingerichtet (*Bell* 4,510.575; 7,26–31). Ähnliches weiß Josephus über einen Schafhirten namens Athronges zu berichten, der die Römer möglicherweise sogar mehrere Jahre beschäftigte. Auch wenn Josephus diese Bewegungen als Räuberbanden beschreibt, so haben sie doch einen ernst zu nehmenden politischen Anspruch vertreten. Sie wollten das Machtvakuum, das Herodes hinterlassen hatte, nutzen, um sich von den Besatzern und der hellenistischen Oberschicht zu befreien. In ihrer Mitte fanden sich charismatische Führungsfiguren meist aus einfachen Verhältnissen. C.A. Evans (in Jesus and His Contemporaries, Leiden 1995, 53–181) zählt in seinem Überblick über Figuren mit messianischer Anspruchshaltung auch Judas, Sohn des Hezekias, Judas Galilaos und Johannes von Gischala. Aus der Zeit nach 70 u. Z. behandelt er Lukas von Kyrene (115 u. Z.) und Simon bar Kochba (132/5 u. Z.).

die mit der Machtergreifung Johannes von Gischala[33] (der sich zum Herrscher über Jerusalem ausgerufen hatte) endete. Der römische Feldherr Vespasian wartete ab, zog aber nach Rom, nachdem er nach dem Tod des Nero im Juli 69 als Kaiser ausgerufen war, und überließ die Bekämpfung des Aufstandes seinem Sohn Titus. Im Jahr 70 eroberte Titus Jerusalem und nahm den Tempelvorhof ein. Dabei fiel der Tempel den Flammen zum Opfer. Josephus berichtet:

> *(267) Man muss gewiss um ein solches Bauwerk sehr trauern; es war ja von allen Bauten, von denen wir aus Berichten oder eigener Anschauung Kenntnis haben, das wunderbarste; zunächst wegen seiner Bauart und Größe, dann aber auch wegen seiner Kostbarkeit in jeder Einzelheit und wegen der Erhabenheit seiner heiligen Räume. Doch wird man überreichen Trost finden in dem Gedanken, dass Werke und Stätten der Menschen dem Verhängnis ebensowenig entrinnen können wie lebende Menschen. (268) Man muss sich jedoch sehr über die Genauigkeit im Umlauf der Zeit wundern, die in diesem Schicksal zu erkennen ist: Passte es doch, wie ich schon erwähnt habe, den Monat und sogar den gleichen Tag ab, an welchem der Tempel einstmal von den Babyloniern in Brand gesetzt worden war.*[34]

Die Hinrichtung des Zeloten Simon bar Giora war eine der Hauptattraktionen des Triumphzugs des Titus – noch heute erinnert der Titusbogen in Rom an den Fall Jerusalems. Masada

33 Josephus, *Bell*, 4,503.
34 Josephus, *Bell*, 6,267–268.

fiel schließlich 74 u. Z., was gleichzeitig das Ende der Zeloten bedeutete.

Josephus berichtet vom Verlust von über einer Million Menschen während des Jüdischen Krieges. Selbst wenn die Zahl der Opfer übertrieben ist, so können die Bedeutung und die Folgen der jüdischen Niederlage für den weiteren Verlauf der Geschichte des Judentums kaum überschätzt werden. Sowohl politisch wie auch religiös brachte die Niederlage im Jüdischen Krieg erhebliche Einschnitte für die jüdische Bevölkerung mit sich. Der Tempelkult war seit jeher der Mittelpunkt des religiösen Lebens gewesen. Das hohepriesterliche Amt, das bislang auch das Oberhaupt der jüdischen Selbstverwaltung, des Hohen Rats (Sanhedrin), gewesen war, hörte mit der Zerstörung des Tempels endgültig auf. Nun war von heute auf morgen eine Umorientierung und schließlich ein neues Selbstverständnis gefordert.

Die Reaktionen auf den Verlust ihres Tempels waren innerhalb der jüdischen Bevölkerung zwar vielfältig, aber grundsätzlich von Trauer und Klage bestimmt. Man kann sich gut vorstellen, dass die katastrophale Lage auch Wut auslöste und den Wunsch nach Befreiung und Erlösung.

Diese Stimmungslage spiegelt sich auch in der Literatur jener Zeit wider. So verwundert es nicht, dass Weltuntergangsvorstellungen, gepaart mit Visionen über andere, zukünftige Zeitalter und Neuschöpfungen, wieder vermehrt auftauchten. In den apokalyptischen Texten 4. Esra und 2. Baruch wird auf einen Gesalbten hingewiesen. Allerdings ist festzuhalten, dass die beiden ursprünglich wohl auf Hebräisch verfassten Bücher nur noch in (Zweit-)Übersetzungen vorhanden sind.

4.1 Esrabuch

Das 4. Esrabuch ist eine jüdische Schrift, die in der Folge des Untergangs des Jerusalemer Tempels entstanden ist. Der Protagonist Esra führt einen Dialog mit Engel Uriel. Dieser beschreibt eine Zukunftsvision, in der ein »Gesalbter« auftritt, der allerdings noch in »dieser Zeit« sterben wird.

> *Denn mein Sohn, der Gesalbte, wird sich mit denen offenbaren, die bei ihm sind, und wird die Übriggebliebenen glücklich machen, 400 Jahre lang. Nach diesen Jahren wird mein Sohn, der Gesalbte, sterben und alle, die Menschenodem haben. Die Welt wird in das einstige Schweigen sieben Tage lang zurückkehren, wie es im Uranfang war, so dass niemand übrigbleibt. Nach sieben Tagen aber wird die Welt, die noch nicht wach ist, erweckt werden, und das Vergängliche wird sterben. Die Erde gibt die heraus, die in ihr schlafen, der Staub die, die still in ihm ruhen, und die Kammern geben die Seelen heraus, die ihnen anvertraut sind. Der Höchste offenbart sich auf dem Richterthron.*[35] *(4. Esr 7,28–33)*

In einem späteren Abschnitt beschreibt das 4. Esrabuch einen Menschen, der, ähnlich wie in Dan 7, auf den Wolken des Himmels fliegt. Allerdings wird dieser Mensch in diesem Abschnitt nicht explizit als Gesalbter bezeichnet.

35 Aus: Das 4. Buch Esra, hg. v. Josef Schreiner (JSHRZ 5.4), Gütersloh 1981, 344.

> *Ich sah, und siehe, der Sturm führte aus dem Herzen des Meeres etwas wie die Gestalt eines Menschen herauf. Ich sah, und siehe, dieser Mensch flog auf den Wolken des Himmels. Wohin er sein Gesicht wendete und hinblickte, da zitterte alles, was er ansah. (4. Esr 13,3)*

> *Und siehe, als er den Ansturm der herankommenden Menge sah, erhob er seine Hand nicht und griff weder zum Schwert noch zu einer anderen Waffe, sondern ich sah nur, wie er aus seinem Mund etwas wie Feuerwogen und von seinen Lippen einen Flammenhauch aussandte [..., das] setzte alle in Brand [...]. Danach sah ich jenen Menschen vom Berg herabsteigen und eine andere friedliche Menge zu sich rufen. Da näherten sich ihm die Gestalten vieler Menschen. (4. Esr 13,9–13)*

Der »Gesalbte« und der »Mensch« sind wohl als zwei verschiedene Figuren zu verstehen. Leitet der Gesalbte vor dem Endgericht eine 400 Jahre lange Zeit ein, an deren Ende er zusammen mit der gesamten Menschheit stirbt und Gott eine neue Welt aus dem Nichts schafft, so stellt die Vision von »etwas wie die Gestalt eines Menschen« eine himmlische Figur der Endzeit dar, die, auf Wolken fliegend, die Feinde bekämpft und einen friedlichen Zustand herstellt. Der »Gesalbte« erscheint somit als vergängliche Figur, die stirbt, ehe eine neue Zeit anbricht (s. o., 4. Esr 7,28), während der »Mensch«-Figur in einer apokalyptischen Kampfszene eine prominente Rolle zukommt.

4.2 Das zweite Buch Henochs

Im zweiten Henochbuch hingegen ist von einem »Menschensohn« (nicht »Mensch«) die Rede, den Henoch in einer Vision sieht. Der Menschensohn bezeichnet hier eine besondere göttlich-menschliche Erlösergestalt, die sich letztlich in der Gestalt Henochs personifiziert. War in Dan 7 der Menschensohn noch ein Symbol für die Heiligen Israels (die makkabäischen Märtyrer?), so erklärt der Engel Henochs den Menschensohn als gerechte göttliche Gestalt.

> *An jenem Ort sah ich die Quelle der Gerechtigkeit, die unerschöpflich war, und ringsum umgaben sie viele Quellen der Weisheit; und alle Durstigen tranken von ihnen und wurden voll Weisheit, und ihre Wohnungen waren bei den Gerechten und Heiligen und Auserwählten. Und in dieser Stunde wurde jener Menschensohn in Gegenwart des Herrn der Geister genannt, und sein Name vor dem Haupt der Tage. [...] Und er wird für die Gerechten ein Stab sein, damit sie sich auf ihn stützen und nicht fallen, und er wird das Licht der Völker und die Hoffnung derer sein, die in ihrem Herzen Kummer haben. (Hen 48,1–4)*

> *Und am Tag ihrer [= der Könige der Erden und der Mächtigen] Bedrängnis wird Ruhe auf Erden werden, und sie werden vor ihn [= meinen Auserwählten] fallen und sich nicht wieder erheben, und niemand wird da sein, der sie mit seiner Hand nimmt und aufrichtet, denn sie haben*

den Herrn der Geister und seinen Gesalbten verleugnet.[36] *(Hen 48,10)*

5. Der Messias – vom Realis zum Irrealis

Die angesprochenden Textausschnitte zeigen, wie über Jahrhunderte Juden in der Antike ihren »Messias« jeweils unterschiedlich beschrieben und interpretiert haben, je nach individueller Lebenssituation bzw. je nach gesellschaftspolitischem Umstand. Sie hofften auf das Ende der Diaspora, die Wiedererrichtung von Tempel und Königreich und die Herrschaft über andere Völker; auf das Auftreten eines Retters, der radikale, totale Veränderungen mit sich bringt und den Beginn einer neuen Ära einläutet.

Die uns erhaltenen Quellen des antiken Judentums sind in konkreten religiös- und soziopolitischen Situationen verfasst worden, und sie spiegeln – gerade in Zeiten der Krise und neuer Herausforderungen – die realen Bedrängnisse und den Wunsch nach Veränderung wider. Dabei ist in den antiken Messiasvorstellungen eine Entwicklung von einer konkreten, in die Gegenwart wirkenden monarchisch-davidischen Person hin zu einer zukünftigen, theoretischen Figur zu beobachten. Texte, die Hoffnung auf eine veränderte Lebensrealität, eine neue (politische, religiöse oder gesellschaftliche) Ordnung ausdrücken, können sich auf eine relativ nahe Zukunft beziehen (etwa, wenn noch zu Lebzeiten des Autors oder in den Generationen nach ihm das Eintreten der neuen Situation er-

36 Das Wort »Gesalbter« kommt im Henochbuch nur zweimal vor (in Hen 48,10 und Hen 52,4). Wichtiger sind die Ausdrücke »Erwählter« oder »Menschensohn«.

hofft wird) oder aber sich auf eine sehr viel spätere Zeit ausstrecken. Oft geht damit die Hoffnung auf eine Zeit »danach« einher.

Wir haben zudem gesehen, dass ein »Messias« wortwörtlich zu fassen ist als eine Person, die gesalbt ist. Die Bezeichnung stammt aus dem Einsetzungsritus innerhalb monarchischer Strukturen: Gesalbt wurden Könige wie David und Salomo. Die Königspsalmen betonen ihre Legitimation und Gottesnähe. Im Exil und unter einer jahrhundertelangen Fremdherrschaft entwickelten sich Wünsche und Sehnsüchte nach einer Retterfigur, die einem idealen König, einem Gesalbten ähnelte. Der Verlust der politischen Autonomie schmerzte. Mit den Erfahrungen der Zerstörung des salomonischen Tempels und des Babylonischen Exils wurde zunächst die Hoffnung auf eine konkrete Person gesetzt, einen Gesalbten, einen davidischen Herrscher, der das jüdische Volk aus der akuten politischen Not herausführen würde. Eng verbunden mit der Monarchie waren schließlich ihre beiden wichtigsten Manifestationen: die Hauptstadt Jerusalem und der Tempel. Doch eine heroische Intervention bleibt aus.

Auch die nachexilische Gemeinde hofft immer wieder einmal auf eine konkrete, zeitnahe Erlösung. Die Hoffungen sind jedoch nie eschatologischer Natur, auch sind die herbeigesehnten Retter keine transzendenten Figuren, sondern immer ganz konkret als ins jeweilige politisch-gesellschaftlich Eingreifende zu verstehen.

Als sich im 3. Jh. v. u. Z. unter ptolemäischer Herrschaft verstärkt eine jüdische Elite bildet, rückt die Restauration der davidischen Linie immer mehr in den Hintergrund. Mit dem Aufstieg der hasmonäischen Priesterfamilie im 2. Jh. führen individuelle Helden ihre Machtkämpfe durch. Sind sie

Messiasse? Wohl kaum. Auch ist nie von einem Gesalbten die Rede, in keiner der apokryphen Schriften. Es werden in die Zukunft gerichtete Rettergestalten herbeigesehnt, die die politischen Umstände beruhigen sollen.

Ein schwieriges (Macht-)Verhältnis zwischen Priestern und weltlichen Herrschern ist in den Qumran-Schriften reflektiert. In den Psalmen Salomos wird (ein letztes Mal) Hoffnung auf einen davidischen Gesalbten gesetzt; doch schon hier wird spürbar, dass keine einzelne Person im Vordergrund steht, sondern das ewige Königtum Gottes, der Wunsch nach der Wiederherstellung der Theokratie in Form eines legitimen Hohepriesters und Herrschers.

Im Kontext des Jüdischen Kriegs (66–70 u. Z.) und der Zerstörung des Jerusalemer Tempels wird die Messiasvorstellung immer weniger greifbar. Das vierte Esrabuch beschreibt eine Zukunftsvision, in der ein »Gesalbter« auftritt, der aber noch in »dieser Zeit« sterben wird. Im zweiten Henochbuch ist dann schließlich vom »Menschensohn« die Rede, einer göttlich-menschlichen Erlösergestalt. Statt auf unmittelbare Rettung inmitten konkreter Bedrängnis zu hoffen, geht es nun um einen Retter in der Zukunft, um eine andere Zukunft.

Doch die Hoffnungen wurden bitter enttäuscht: Im Jahr 132 rebellierte das jüdische Volk erneut – unter Führung des Simon bar Kosiba. Dieser Aufstand begann vermutlich als Reaktion auf die nach dem Besuch des Kaisers Hadrian nach Judäa im Jahr 130 gegründete Kolonie »Aelia Capitolina«. So hieß nun der Ort, an dem bis zu ihrer Zerstörung 70 u. Z. die Stadt Jerusalem gestanden hatte. Der neue Name Jerusalems reflektierte einen vollständig heidnischen Charakter, den Teile der jüdischen Bevölkerung als offene Provokation empfanden. Anführer des Aufstands war jener Simon bar Kosiba, der sich als »Fürst Israels« bezeichnete und als »der König Messias« begrüßt wurde, obwohl er nicht davidischer Abstammung war. Es war wohl Rabbi Aqiba, der Simons Namen von Kosiba auf Kochba (»Sternensohn«) unter Anspielung auf Num 24,17 änderte. Erst nach langen Kämpfen und nur mit großer Unterstützung seiner Generäle konnte Hadrian den Kampf gegen die Aufständigen gewinnen. Bar-Kochba kam in einer Entscheidungsschlacht im Jahr 135 um.

Die Zerstörung des zweiten Tempels und das darauffolgende Exil nach dem Bar-Kochba-Aufstand haben das jüdische Selbstverständnis in entscheidender Weise geprägt. Am Fasten- und Trauertag »9. Aw« wird bis zum heutigen Tag jedes Jahr der Zerstörung des Salomonischen und des Jerusalemer Tempels in den Jahren 586 v. u. Z. und 70 u. Z. sowie dem Scheitern des Bar-Kochba-Auftstands mit dem Tod des Anführers Simon im Jahr 135 u. Z gedacht.[37]

Christian Rutishauser schreibt hierzu:

> *War bereits der Erste Jüdische Krieg 67–73 n. Z., der zur Tempelzerstörung führte, messianisch motiviert, so war die Erhebung unter Bar Kochba im Zweiten Jüdischen Krieg, die die vollständige Vertreibung der Juden aus Jerusalem zur Folge hatte, die letzte große messianische Bewegung in der Antike.*[38]

Aber auch für die jüdische Theologie war der gescheiterte Aufstand gegen die Römer von einschneidender Bedeutung. Die frühen rabbinischen Schriften erteilen fortan

37 Traktat Ta'anit 4,6.

38 Christian M. Rutishauser, Jesus von Nazareth und Sabbatai Zwi oder das Scheitern des Messias, Gregorianum 87 (2006), 324–346, hier 327.

politisch-personalen Messiasbildern eine radikale Absage (→ Kap. II.1).

6. Vom Messias zum Messianismus

Wie schon erwähnt, kommt der Begriff *māschîaḥ*, »Gesalbter«, in der Hebräischen Bibel wortwörtlich lediglich 38 Mal, also sehr selten vor. Zudem ist von einem »Gesalbten« in keiner der apokryphen Schriften die Rede. Und dennoch scheint »Messias« ein zentraler Begriff zu sein, der bis in unsere Gegenwart hinein bestimmte Vorstellungen weckt. Das liegt vor allem daran, dass ein gewisser Jesus von seiner Nachfolgerschaft als »Messias«, als Gesalbter (auf Griechisch *Christos* und auf Latein *Christus*; daher »Jesus Christus«), identifiziert wurde und auf diesem Glauben an seine besondere Funktion die christliche Religion gründet. Jesus von Nazareth ist für Christinnen und Christen der Messias. Über Jahrtausende hat christliche Literatur die Messiasterminologie stark geprägt, obwohl der Terminus selbst aus der jüdischen Tradition stammt. Wie sehr sind Autorinnen und Autoren, Leserinnen und Leser heute davon beeinflusst, Texte durch eine christlich geformte »messianische Linse« zu betrachten, die den jüdischen Originalquellen nicht gerecht wird?

William Scott Green beschreibt die Ausgangsbedingungen, die früheste christliche Autoren vorfanden, als eine »Krise der Klassifikation«:

> *Sie mussten einen Diskurs etablieren, der den Werdegang Jesu vernünftig, seinen unerwarteten Tod glaubhaft und ihr kühnes Engagement und ihr neues gemeinschaftli-*

ches Leben plausibel machte. Die behutsame Verwendung von mehreren Titeln für Jesus im Neuen Testament deutet auf eine Krise der Klassifizierung hin, auf ein Dilemma von Bedeutendem ohne Bedeutungsgeber.[39]

Christologische Hoheitstitel sind Prädikationen, die im frühen Christentum dazu dienten, die Bedeutung und Würde Jesu zum Ausdruck zu bringen. Zu diesen Bezeichnungen gehören »Herr«, »der Gottessohn«, »Menschensohn«, »Davidsohn« und »Retter«/»Erlöser« – sowie auch »Messias«. Der Name »Jesus Christus« wurde nicht mehr, grammatikalisch richtig, als »Jesus, der Gesalbte/Messias« verstanden, sondern »Christus« wurde zum Beinamen Jesu, und der große christologische Streit der frühen Christenheit drehte sich nicht um den Messiasbegriff, sondern um die Bedeutung der Bezeichnung Jesu als »Sohn Gottes« und »Menschensohn«.

Der »Menschensohn« begegnet uns in den synoptischen Evangelien,[40] und zwar nur aus dem Mund Jesu selbst. An

39 William Scott Green, Introduction: Messiah in Judaism: Rethinking the Question, in Judaisms and Their Messiahs at the Turn of the Christian Era, hg. v. Jakob Neusner, William Scott Green, Ernest S. Frerichs, Cambridge 1987, 1–13, hier 4: »Early Christians, and particularly the earliest Christian writers, had to establish a discourse that made Jesus' career reasonable, his unexpected death believable, and their audacious commitment and new collective life plausible. The New Testament's gingerly application of mutliple titles to Jesus suggests a crisis of classification, the dilemma of a signified without a signifier.« Die deutsche Übersetzung aus dem englischen Original wurde von der Autorin erstellt. Dies gilt auch für englische Zitate im Folgenden dieses Kapitels.

40 Der im Griechischen ungewöhnliche Ausdruck ὁ υἱὸς τοῦ ἀνθρώπου (»der Menschensohn«) geht wohl auf einen aramäischen Ausdruck zurück. In verallgemeinernden Aussagen kann sich die Wendung auch auf den Erzähler/Sprecher selbt beziehen, im Sinne von »jemand wie ich«. Erwähnenswert ist, dass in den synoptischen Evangelien teilweise in der Parallelstelle statt »Menschensohn« nur »ich« erscheint.

keiner Stelle jemand anderes Jesus als den Menschensohn. In der Forschung wird kontrovers diskutiert, ob Jesus mit der Bezeichnung sich selbst oder eine zukünftige Gestalt bezeichnete.[41] Inhaltlich werden die Worte Jesu über sich als der Menschensohn klassischerweise eingeteilt in 1. den irdischen, gegenwärtigen, 2. den leidenden, sterbenden, auferstehenden sowie 3. den zukünftigen, (wieder-)kommenden Menschensohn. Im Johannesevangelium ist Jesus der vom Himmel gekommene und zum Himmel zurückkehrende Menschensohn (Joh 1,51; 3,13; 6,62; 12,34).

Das bereits erwähnte zweite Buch Henoch (→ Kap. I. 4.2) ist wohl etwa zur selben Zeit wie das Markusevangelium verfasst worden. Eine besonders enge Verbindung zwischen den Gleichnissen des Henochbuchs und der Christologie der Evangelien meint der amerikanische Religionsphilosoph Daniel Boyarin (1946) der University of California, Berkeley, darin zu sehen, dass etwa der Menschensohn als präexistente,

---

41 Die Diskussion hat mit der Leben-Jesu-Forschung zu tun und der Frage, inwiefern man einen vorösterlichen von einem nachösterlichen Jesus unterscheiden möchte. Wird von einer nachösterlichen Ausweitung des Begriffs »Menschensohn« ausgegangen, dann identifiziert der Ausdruck nach christlichem Verständnis Jesus als denjenigen, der bereits irdisch im Namen Gottes gewirkt hat, von Gott auferweckt wurde und der bei der Vollendung der Gottesherrschaft am Ende der Zeit eine Funktion im Gericht übernehmen wird. Wenn in Anspielung auf Dan 7,13 f. die Wiederkunft des Menschensohnes auf den Wolken mit den heiligen Engeln angekündigt wird, so meinen manche, dass es sich um eine nachösterliche Aussage seiner Rede vom Menschensohn handelt. Allerdings muss man hier beachten, dass in Daniel jemand *wie* (!) ein Menschensohn erscheint. In den Evangelien hingegen heißt es »*der* Sohn *des* Menschen«. Dan 7,13 f.: »Während ich in der Betrachtung der Traumgesichte war, siehe, da kam einer auf den Wolken des Himmels in einer Gestalt wie ein Menschensohn. Er gelangte bis zu dem Hochbetagten und wurde von diesem geführt. Ihm wurden Macht und Herrlichkeit und die Königsherrschaft übergeben, damit alle Völker, Nationen und Sprachen ihm dienen. Seine Herrschaft wird eine ewige Herrschaft sein, die nie vergehen wird, und sein Königtum wird niemals vergehen.«

auf der ganzen Erde verehrte Figur dargestellt und schließlich mit dem Gesalbten identifiziert wird. Bemerkenswert sei schließlich die Analogie, dass in den Henoch-Gleichnissen ebenso wie in den Evangelien die Erscheinung Gottes in einem Menschen (Theophanie) sowie die Vergöttlichung eines Menschen (Apotheose) geschildert werde (in Bezug auf Henoch bzw. Jesus). In den Parabeln der Henochliteratur sind daher, Boyarin zufolge, die wesentlichen Aspekte der Christologie bereits entwickelt, sie sind jedoch nicht auf Jesus bezogen.[42]

Als »christliche« und nicht als »messianische« Religion ist die Religion, die sich auf Jesus bezieht, den Gesalbten, den »Messias«, in die Geschichte eingegangen. Dies hatte Auswirkungen auf den Gebrauch des Begriffs »Messias«:

Die Tatsachen, dass die 38 Messiasreferenzen in der Hebräischen Bibel keine zukünftige Gestalt umreißen und zudem die Person und das Schicksal Jesu nicht in das biblische Bild von einem Messias passten, führten dazu, dass Züge des Lebens Jesu in der christlichen Tradition als »messianisch« gewertet wurden, die in der Hebräischen Bibel nicht mit dem Messias verbunden waren, wie z. B. Lehren und Leiden. So wurden etwa die Jesajanischen Gottesknechtslieder mit Jesus Christus in Verbindung gebracht.[43]

Zudem wurden Texte, in denen zwar der Begriff »Messias« fehlt, die aber Hoffnung auf Erneuerung oder Wiederherstel-

42 Daniel Boyarin, Der Menschensohn in 1. Henoch und 4. Esra, Berliner Theologische Zeitschrift 31.1 (2014), 41–63. Boyarins provokative These lautet, dass die Neuigkeit der Evanglien lediglich darin bestünde zu verkünden, dass der Menschensohn bereits im Hier und Jetzt gegenwärtig ist in Jesus Christus.

43 Vgl. etwa sog. »Schrifterfüllungszitate« im Matthäusevangelium (Mt 1,22; 2,15.17.23; 4,14; 8,17; 12,17; 13,35; 21,4; 27,9).

lung des Jerusalemer Königtums ausdrückten, als »messianische Texte« gedeutet. Hierzu gehören die in der christlichen Tradition als »messianische Weissagungen« bezeichneten Texte der prophetischen Überlieferung (etwa Jes 7,14 ff.; Jes 9,1 ff.; Jes 11,1 ff.; Mi 5,15; Sach 9,9 f.). Das Matthäusevangelium zitiert Jesaja 7 und kündigt die Geburt des Immanuel an. Im sog. »Immanuelzeichen« (Jes 7,14–25) prophezeit Jesaja den Untergang Israels (Nordreich) und Judas, den das Volk und die Könige selbst verschuldet haben. Jesaja verheißt einen neuen, künftigen Herrscher und verleiht hier seiner Erwartung Ausdruck, dass ein Königssohn geboren werde, als positives Gegenbild zum derzeitigen König. In Jes 11,1–9 expliziert Jesaja bei der Ankündigung eines neuen Davididen nochmals die auf die Innenpolitik beschränkten Herrscherideale: Auf ihm wird der Geist des HERRN ruhen, er wird weise, klug, stark und gerecht sein; er wird Gott fürchten und Frieden und soziale Gerechtigkeit herstellen. Doch weder in Jesaja 7 noch in Jesaja 11 wird der Begriff »Messias« verwendet.

Die Identifizierung des griechischen Terminus *Christos* (»Messias«) mit Jesus von Nazareth, dessen Leben und Lehre mit einem Gesalbten (»Messias«) nach biblischem Verständnis nicht viel zu tun hatten, führten zu einer messianischen Deutung, an der von der Antike bis in die Gegenwart hinein festgehalten wurde. Das soll im Folgenden beispielhaft dargestellt werden.

Jesus wurde als Hochverräter gekreuzigt. Gleichzeitig wurde in christlicher Tradition angenommen, dass der am Kreuz gescheiterte Jesus Christus (»Messias«) nach seiner Auferstehung und Himmelfahrt wiederkehren würde. Das bedeutete, dass die Botschaft Jesu zugleich als Endzeitbotschaft verstanden und die Wiederkehr Jesu als »Letztes Gericht« und als Ende der Geschichte gedeutet wurde. Die Identifizierung Jesu als *Christos*, gepaart mit der christlichen eschatologischen Komponente, kann dazu geführt haben, dass – bewusst oder unbewusst – »Messianismus« mit Eschatologie in Verbindung gebracht wurde. Es ist kein Zufall, dass sich Bibelforscher beim Fund der Schriften vom Toten Meer mit besonderem Interesse auf scheinbar eschatologische Texte gestürzt haben, welche als »messianisch« bezeichnet wurden. Für John J. Collins (1946), Qumran-Experte und Professor an der Yale Divinity School, bezieht sich »Messias« auf eine eschatologische Gestalt, die im Text nicht einmal explizit als »Messias« bezeichnet werden muss: »Kurzum, ein Messias ist eine *eschatologische* Figur, die in den antiken Quellen manchmal, aber nicht unbedingt immer, als משיח bezeichnet wird.«[44] Auch der katholische Priester Josef Fitzmyer (1920–2016), Professor an der Catholic University of America in Washington, setzte den »Messias« mit einer eschatologischen Gestalt gleich: Der Begriff bezeichne »eine *eschatologische* Figur, einen gesalbten menschlichen Vertreter Gottes, der von ihm als Erlöser gesandt werden sollte und in der Endzeit erwartet wurde«.[45]

Der entsprechende Eintrag »Messianismus« in der New Encyclopaedia Britannica drückt den Bezug zur Eschatologie explizit aus:

44 Collins, Scepter, 17 f.: »In short, a messiah is an *eschatological* figure who sometimes, but not necessarily always, is designated as a משיח in the ancient sources.« Hervorhebung von der Autorin.

45 Fitzmyer, The One, 1: »[…] denoted an *eschatological* figure, an anointed human agent of God, who was to be sent by Him as a deliverer and was awaited in the end time.« Hervorhebung von der Autorin.

> *Der Begriff Messianismus [...] wird in einem weit gefassten Sinn verwendet und bezieht sich auf Überzeugungen oder Theorien in Bezug auf eine eschatologische (die Endzeit betreffende) Verbesserung des Zustands der Menschheit oder der Welt und eine endgültige Vollendung der Geschichte.*[46]

Wenn der Ausblick eines Friedensreichs, wie in Jesaja 2 und Micha 4 beschrieben, als »messianisches Bild« bezeichnet wird, verwundert es nicht, dass »Messianismus« eschatologisch verstanden wird. Mit der Einführung »zur letzten Zeit« (Jes 2,2)/»in den letzten Tagen« (Mi 4,1) wird ein utopisches Bild gezeichnet:

> *Da werden sie ihre Schwerter zu Pflugscharen machen und ihre Spieße zu Sicheln. Denn es wird kein Volk wider das andere das Schwert erheben, und sie werden hinfort nicht mehr lernen, Krieg zu führen. (Jes 2,4)*

> *Ein jeder wird unter seinem Weinstock und Feigenbaum wohnen, und niemand wird sie schrecken. (Mi 4,4)*

Nie bezeichnet *māschîaḥ* in der Bibel jedoch eine eschatologische Figur. Davon haben wir uns in den vorherigen Kapi-

46 »The term messianism […] is used in a broad and at times very loose sense to refer to beliefs or theories regarding an eschatologigal (concerning the last times) improvement of the state of man or the world, and a final consummation of history«, R. J. Zwi Werblowsky, Messiah and Messianic Movements, The New Encyclopaedia Britannica, Chicago 1976, 11.1017.

teln überzeugt. Auch der norwegische Bibelwissenschaftler Sigmund Mowinckel (1884–1965) meint dazu: »Als Titel und Name für eine eschatologische Königsfigur kommt der Messias nicht im Alten Testament vor, sondern erscheint zuerst in der Literatur des Spätjudentums.«[47]

Dass in den allermeisten eschatologischen Vorstellungen auch auf die eine oder andere Weise Akteure involviert sind, scheint logisch. Irdische und himmlische Gestalten agieren als Eroberer, Retterfiguren, Friedensstifter. Wenn aber dabei nicht explizit von einem Gesalbten die Rede ist, also die Verwendung des Begriffs »Messias« im jeweiligen Kontext der Originaldokumente nicht Bestandteil der Untersuchung ist, ist es fraglich, ob die Bezeichnung Messianismus erforderlich und förderlich ist.

Hinzu kommt, dass Messiasvorstellungen nicht nur aus Texten generiert werden, in denen explizit ein Gesalbter (*māschîaḥ*) genannt wird, sondern auch Passagen entnommen werden, die allgemein von einer Retterfigur oder einer Zukunftsvision handeln. Auch wir haben in der Besprechung jüdischer Quellen der Antike zwar mit biblischen Texten begonnen, die unmittelbar auf einen Messias (*māschîaḥ*) Bezug nehmen, sind dann aber zu weiteren Texten übergegangen, die

47 »As a title and name for the eschatological king, Messiah does not occur in the Old Testament, but appears first in the literature of late [sic!] Judaism.« (Sigmund Mowinckel, He That Cometh: The Messiah Concept in the Old Testament and Later Judaism, Grand Rapids 2005, 7). Ähnlich dazu Roberts: »Nowhere in the Old Testament has the term משיח acquired its later technical sense as an eschatological title.« (Jimmy Jack McBee Roberts, The Old Testament's Contribution to Messianic Expectations, in The Messiah: Developments in Earliest Judaism and Christianity, hg. v. James H. Charlesworth, Minneapolis 1992, 39–51, hier: 51. Dagegen jedoch Novenson: »the supposed late, technical sense of messiah is an entirely artificial construct. This might perhaps be excusable, but it is not even a well-formed artificial construct« (Grammar, 62).

allgemeiner formuliert sind, ohne direkte Nennung eines Gesalbten. Heißt das im Umkehrschluss, dass alle Heldenfiguren von Zukunftsvorstellungen automatisch als »Messiasse« gelten – selbst wenn sie im Text nicht als solche bezeichnet werden? Bei den Überlegungen zu Messiasvorstellungen im antiken Judentum stehen wir vor dem grundlegenden Problem, dass dem Wunsch, ein bestimmtes Thema zu behandeln, die Tatsache entgegensteht, dass »Messias« kein klar abgegrenztes Thema ist.

Wird der »Messias« ergänzt um eine Endung wie -ismus, -ität oder -logie, ergeben sich abgeleitet die Forschungsbegriffe »Messianismus«, »Messianität« und »Messianologie« (Engl. »messianism«/»messianity«/»messianology«). Das Nomen mit dem Bindestrich (»Messias-«) und das entsprechende Adjektiv, »messianisch« (engl. »messianic«), können auf Konzepte, Ideen, Bewegungen und Zeiten usw. angewandt werden. So finden sich Referenzen in der Sekundärliteratur auf das messianische Zeitalter, messianische Erwartungen, messianische Bewegungen und so weiter.[48]

Aber gibt es einen gemeinsamen Nenner, der alle Messiasse/Messiasvorstellungen vereint – sodass der Begriff »Messianismus« greifbar wird? Zahlreiche Studien haben den Versuch unternommen, die Entwicklung der Messiasvorstellung im antiken Judentum, den literarischen Spuren folgend, nachzu-

48 Vgl. Charlesworths Versuch, die Begriffe »Messianologie« und »messianisch« zu definieren: »The adjective ›messianic‹ refers to images, symbols, or concepts either explicitly or implicitly linked to ideas of beliefs in the Messiah. The noun ›messianology‹ denotes Jewish ideas or beliefs in the Messiah« (James H. Charlesworth, Messianic Ideas in Early Judaism, Qumran-Messianism. Studies on the Messianic Expectations in the Dead Sea Scrolls, hg. v. James H. Charlesworth, Hermann Lichtenberger und Gerbern S. Oegema, Tübingen 1998, 1–8, hier: 4.

zeichnen.[49] Heute besteht allerdings in der Forschung ein Konsens darüber, dass nicht von einer *linearen* Entwicklung der *einen* jüdischen Messiasvorstellung auszugehen ist, sondern dass es eine große Vielfalt an Überzeugungen gab.[50]

Soll Messianismus einen Text beschreiben, der das Lexem Messias nicht enthält, muss zugegeben werden, dass es sich um einen künstlichen Forschungsbegriff handelt, der »von außen« (da nicht von und aus den Texten selbst her abgeleitet) auf eine literarische Quelle projiziert wird. Das wäre theoretisch möglich, scheitert jedoch daran, dass sich die Forscher

49 Joseph Klausner, The Messianic Idea in Israel: From Its Beginning to the Completion of the Mishnah, New York 1955; Gershom Scholem, The Messianic Idea in Judaism and Other Essays on Jewish Spirituality, New York 1971; Jacob Neusner, William Scott Green, Ernest S. Frerichs (Hgg.), Judaisms and Their Messiahs at the Turn of the Christian Era, Cambridge 1987; James H. Charlesworth (Hg.), The Messiah, Minneapolis 1992; Ingo Baldermann, Ernst Dassmann, Ottmar Fuchs u. a. (Hgg.), Jahrbuch für biblische Theologie 8: Der Messias, Neukirchen-Vluyn 1993; James H. Charlesworth, Hermann Lichtenberger, and Gerbern S. Oegema (Hgg.), Qumran-Messianism. Studies on the Messianic Expectations in the Dead Sea Scrolls, Tübingen 1998; Peter Schäfer und Mark Cohen (Hgg.), Toward the Millennium: Messianic Expectations from the Bible to Waco, Leiden 1998; Fitzmyer; Magnus Zetterholm (Hg.), The Messiah in Early Judaism and Christianity, Minneapolis 2007; Collins, Scepter.

50 »[…] die Beschäftigung mit dem Messias war weder ein einheitliches oder endgültiges Merkmal noch ein gemeinsamer Bezugspunkt für die frühen jüdischen Schriften oder die Juden, die sie verfasst haben«, Engl. »[…] the preoccupation with the messiah was not a uniform or definitive trait, nor a common reference point, of early Jewish writings or the Jews who produced them«, (Green, Introduction, 10). Dazu Peter Schäfer: »Messias-Figuren lassen sich nicht auf ein einheitliches Grundmuster reduzieren; sie sind nur als dynamisches Zusammenspiel verschiedener und wechselnder Konfigurationen innerhalb unterschiedlicher historischer Konstellationen angemessen zu beschreiben.« (Diversity and Interaction: Messiahs in Early Judaism, in Toward the Millennium: Messianic Expectations from the Bible to Waco, hg. v. Peter Schäfer and Mark Cohen, Leiden 1998, 15–35, hier: 35). Siehe auch »People have written books on the messianic doctrine in Judaism […] What is wrong with the established view is simple. People join together books that do not speak the same language of thought, that refer to distinctive conceptions and doctrines of their own,« von Jacob Neusner, Judaisms, xii.

offenkundig eben *nicht* darüber einig sind, was das Konstrukt »Messianismus« bedeuten soll. »Die Wissenschaft aber braucht um der Klarheit willen eindeutige Begriffe«, beklagte schon der protestantische Alttestamentler Hugo Greßmann (1877–1927) in seiner Messiasmonographie.[51] Auch ein Jahrhundert später besteht die Begriffsproblematik um den Messias noch immer. Matthew V. Novenson, Neutestamentler an der University of Edinburgh, äußerte sich jüngst zur Willkür der Messiasterminologie:

> *In der Praxis wissen wir scheinbar alle intuitiv, was wir unter Messianismus verstehen, und wir sind uns alle einig, dass er nicht in der Bibel steht. Aber was genau ist damit gemeint? Intuition kann natürlich trügerisch sein, und in diesem Fall ist unsere Intuition, dass wir wissen, was wir meinen, in der Tat trügerisch. Es ist nicht so, dass wir keine Definitionen formulieren würden; tatsächlich gibt es zahlreiche formale Definitionen des Begriffs »Messias«, von denen sich einige an verschiedenen Stellen mit anderen überschneiden. Aber solche Definitionen sind fast ausnahmslos völlig willkürlich. Sie nehmen die Form an: Der Begriff »Messias« sei gleich x. Sie werden eher festgelegt als begründet. Es steht uns natürlich frei, solche Definitionen festzulegen, aber wir sollten uns darüber im Klaren sein, dass wir damit eine Frage aufwerfen.*[52]

51 Hugo Gressmann, Der Messias, Göttingen 1929, 1.

52 Novenson, Grammar, 62: »In practice, ostensibly, we all know intuitively what we mean by full-blown messianism, and we all agree that it is not in the Bible. But what exactly does it mean? Intuition can of course be deceptive, and in this case, our intuition that we know what we mean is, in fact, deceptive. Not that we do not articulate definitions; indeed, there are scores

Statt einer ideengeschichtlich getriebenen, konzeptionellen Herangehensweise entscheidet sich Novenson für eine genaue Untersuchung der Texte selbst.[53] Auf die Quellentexte in ihren unmittelbaren sprachlichen Kontexten sollte, so Novenson, der Fokus gelegt werden, um konkrete Forschungsfragen zu beantworten – anstatt mit der Agenda einer bestimmten »Messianismus«-Vorstellung die Texte anachronistisch zu interpretieren. Diesem Ansatz folgend haben wir zusätzlich Wert auf die Berücksichtigung von soziopolitischen,-ökonomischen und theologischen Entstehungskontexten gelegt, die hinter Texten stehen, die von »Messias« handeln.

Fazit

Bei unserem Durchgang durch Texte und Vorstellungen des antiken Judentums und des frühen Christentums hat sich Folgendes gezeigt: In der Hebräischen Bibel wird von Gesalbten gesprochen, denen Aufgaben für das ganze Volk Israel übertragen oder mit denen reale Hoffnungen für die Zukunft verbunden werden. Sie sind aber nicht etwa in eine eschatologische Hoffnung eingebunden, ihre messianische Dimension bezieht sich vielmehr auf das Hier und Jetzt der Geschichte. Erst im 2. Jahrhundert v. u. Z. beginnen sich gewisse eschato-

of formal definitions of ›messiah‹ on offer, some of which overlap with some others at various points. But such definitions, almost without exception, are entirely arbitrary. They take the form: Let ›messiah‹ mean x. They are stipulated rather than defended. We are of course free to stipulate such definitions, but we should recognize that to do so is to beg the question.«

53 »My goal is to seek to understand the discursive possibilities and constraints that presented themselves to ancient Jews and Christians who wrote about ›messiahs‹« (loc.cit., 30).

logische Hoffnungen auch mit Rettergestalten zu verbinden, aber diese werden nur marginal messianisch gedeutet, wobei keine eindeutig auf einen Messias bezogene Merkmale ausgemacht werden können. Im Lichte solcher Vorstellungen und messianischen Deutungen biblischer Texte verdichtete sich das Bild Jesu, von dem seine Nachfolgerinnen und Nachfolger überzeugt waren, dass er der eschatologische Retter, d. h. für sie der Messias, war. Es ist wesentlich festzuhalten, dass diese Deutung und Verdichtung messianischer Vorstellungen auf Jesus hin nicht einfach in einer Übertragung einer Messiaserwartung auf Jesus bestanden. Diese eine Messiasvorstellung gab es im antiken Judentum nicht. Sie ist nicht in der Hebräischen Bibel zu finden und vielfältig in gewissen Kreisen vor und nach unserer Zeitrechnung. Im Licht der Überzeugung, dass mit der Auferweckung Jesu die messianische Zeit angebrochen sei und er damit eine messianische Funktion hatte, führte unter seinen Anhängerinnen und Anhängern dazu, entsprechende Texte der Bibel messianisch-christologisch zu deuten. Es gibt also keine lineare Entwicklung der messianischen Idee von der Hebräischen Bibel zum Christentum. Schon eher kann man von Deutungen und Entwicklungen im Plural sprechen. So entsteht eher das Bild eines Rhizoms oder eines Netzwerkes, in dem sich vieles gegenseitig beeinflusst, ohne voneinander im Sinne einer Kette von Ursache und Wirkung abhängig zu sein.

II. Der Messias im rabbinischen Judentum

Nach den gescheiterten jüdischen Aufständen zwischen 66–132 u. Z. und der Schleifung Jerusalems setzte eine Zeit der Neuorientierung, ja, neuen Identitätsfindung unter den Juden der Levante und der westlichen und östlichen Diaspora ein. Die Idee und Verkörperung einer messianischen Gestalt hatten sich in der Figur Jesu, gedeutet als der Christus, verdichtet, und entsprechende Vorstellungen breiteten sich unter den nichtjüdischen Anhängerinnen und Anhängern der Christus-Bewegung aus. Die entsprechenden Vorstellungen verbanden sich mit nichtjüdischen Erlöser- und Rettervorstellungen, mit Vorstellungen eines goldenen Zeitalters (Vergil) und weiteren v. a. in griechischen und römischen Traditionen verankerten Ideen. Diese Verknüpfungen beschränkten sich aber nicht nur auf die philosophisch-theologisch-spekulative Ebene, sondern es flossen auch volkstümliche Vorstellungen und Bräuche mit ein.

Von wesentlicher Bedeutung war, dass ab dem 4. Jahrhundert u. Z. diese Traditionen zunehmend von politisch dominanten Kräften in den Dienst genommen und damit mit geformt wurden. Was als eine Art Protestidee gegen Gewalt und Unterdrückung dominierender Mächte entstanden zu sein scheint, verwandelte sich in ein Instrument der politischen Machtausübung. Der leidende oder über die Unterdrücker triumphierende Messias Jesus wurde zum Pantokrator Jesus Christus. In seinem Namen begannen römische Kaiser jene, die sich nicht unter diesen Christus stellten (die sogenannten »Heiden«), zu verfolgen oder ihre Existenz am Rande ihrer Herrschaft gerade noch zu tolerierten (Juden). Nicht zuletzt aus politischen Gründen konsolidierten sich über den Zeitraum der ersten vier Jahrhunderte u. Z. die Traditionen, die Christentum genannt werden. In diesem politischen und religiösen Kontext war es an dem Judentum, einen eigenen Platz zu finden, um zu überleben und seine Traditionen neu zu definieren. Das musste nun ohne die bis anhin wesentliche identitätsstiftende räumliche Präsenz in Jerusalem und ohne den Tempel, den zentralen Ort der kultischen Gottesverehrung, geschehen. Messianische Vorstellungen und v. a. deren Personifikation in Gestalt eines messianischen Retters verdichteten sich in christlichen Traditionen zusehends – und in zunehmend antijüdischer Weise. Unmittelbar nach der Niederschlagung der jüdischen Aufstände wurden zudem messianische Vorstellungen und Ansprüche von den römischen Machthabern als subversiv verdächtigt, da sie die Alleinherrschaft der römischen Kaiser infrage stellten, die diese im Namen des römischen Volkes und aufgrund göttlicher Vorherbestimmung beanspruchten.

Wenn auch nicht ausschließlich, so beeinflusste diese historisch-politische Situation doch mit Sicherheit die Konsolidierung und Neuorientierung jüdischer Traditionen zu dem, was sich schließlich als rabbinisches Judentum herauskristallisierte. Auch andere Faktoren haben diese Entwicklung beeinflusst. So ist die Tatsache zu erwähnen, dass es seit dem Babylonischen Exil eine signifikante jüdische Bevölkerung außerhalb der griechisch und römisch beeinflussten Gebiete des Mittelmeerraumes gab. Diese Bevölkerung entwickelte ihre Traditionen unter anderen als den im Römischen Reich vorherrschenden Bedingungen und schrieb sie – parallel zum in Palästina entstandenen Jerusalemer Talmud – im Babylonischen Talmud nieder. Die beiden grundlegenden Sammlungen rabbinischer Tradition zeugen von einem regen Austausch, der zwischen den Weisen dieser Regionen stattgefunden haben muss, wie auch von den Unterschieden, die sich in gewissen Traditionen zeigen. Die historische Situation v. a. im Römischen Reich, in dessen Herrschaftsgebiet sich die rabbinischen Weisen sammelten (ob in Jawne oder anderswo spielt hier keine Rolle), war vermutlich ein nicht zu unterschätzender Aspekt, der dazu führte, dass es im Talmud zwar verstreut unterschiedliche messianische Vorstellungen gibt, aber keinen eigenen Traktat dazu wie auch nicht zur politischen Leitung oder Organisation. Die messianische Idee und die Gestalt eines eschatologischen messianischen Retters, die um die Zeitenwende eine gewisse Hochkonjunktur hatten, verblassten und rückten in den Hintergrund im entstehenden rabbinischen Judentum.

Und dennoch ist der Messias bis heute im Sprachgebrauch auch säkularer Juden präsent, z. B. in der Wendung »bis der Messias kommt«, was gleichbedeutend ist mit »bis zum Sankt-Nimmerleins-Tag«. Und es gab und gibt auch unter säkularen, ja, sogar atheistischen Juden solche, die am messianischen Glauben festhalten. Ein Beispiel dafür ist der jüdische Marxist Ernst Bloch, der das jüdische Volk das »messianische Gewissen der Welt«[1] nannte und dessen Hauptwerke *Geist der Utopie* (1918) und *Das Prinzip Hoffnung* (1954–1959) in der Tat als messianologische Summen bezeichnet werden können.[2] Ist der Glaube gänzlich obsolet geworden, dass an »jenem Tag« (Sach 14,9 u. ö.) ein strahlender Held, ein neuer David, König Israels, erscheinen werde, eine ganze Welt von Feinden niederringen, die Verdammten dieser Erde befreien, ihre Unterdrücker bestrafen, die unter allen Völkern zerstreuten Juden einsammeln und zum Berg Zion führen, in das Widderhorn

---

1 Ernst Bloch, Die deutschen Juden und Palästina, 17.4.1918.

2 Michael Löwy untersucht in seiner schönen Studie »Erlösung und Utopie« (1997) säkulare jüdische Dichter und Philosophen (Franz Kafka, Walter Benjamin, Carl Einstein, Gershom Scholem u. a.), die sich als Erben des jüdischen Messsianismus sehen.

blasen, die Toten aus dem Staube erwecken und das Happy End der Weltgeschichte einläuten werde?

Solche Wunschvorstellungen sind unter religiösen Juden sicher noch verbreitet. Mit Herzenslust singen sie bei jeder fröhlichen Gelegenheit, ohne freilich immer den messianischen Sinn ihrer Worte zu beachten: »David Melech Jisrael Chai Chai Wekajam!«, d. h.: David, König Israels, lebt für immer und ewig![3] Ist aber die Hoffnung auf einen solchen Supermann nicht eine Illusion und womöglich gar gefährlich? Haben nicht vermeintlich übermenschliche Heilsbringer immer wieder vor allem eines gebracht – enormes Unheil? Wir reden hier nicht von Scharlatanen, die die Leichtgläubigkeit ausnutzen, wir sprechen von Enthusiasten, die von ihrer Sendung zutiefst überzeugt waren. Ist nicht jeder Messias mit der Rettung der Welt zwangsläufig überfordert, und muss er sich nicht notwendigerweise als »falscher Messias« (*Maschiach Scheker*) entpuppen? Der Vater der Wissenschaft des Judentums, Leopold Zunz, hatte eine einfache Methode, um den Glauben an den Messias gründlich auszutreiben. In seinem Aufsatz *Erlösungsjahre* (1871) zählt er auf, wie oft der Messias die Juden nach Christus bis zu seiner Zeit schon versetzt hat – rund 80 Mal![4]

3 Zum Gehalt des »Messiasprinzips« im Judentum vgl. die hervorragende Abhandlung von R. Elaine R. Glickman (The Messiah and the Jews, Woodstock 2013) und auf Deutsch das schöne Buch von R. Nathan P. Levinson, Der Messias, Stuttgart 1994.

4 470 u. Z., 531, 770, 964, 1010, 1058, 1087, 1117, 1127, 1146, 1153,1171, 1179, 1211, 1240, 1257, 1260, 1261, 1286 , 1290, 1293, 1300, 1304, 1329, 1340, 1345, 1352, 1358, 1400, 1403, 1408, 1409, 1410, 1430, 1440, 1464, 1470, 1478, 1490, 1492, 1502, 1503, 1505, 1512, 1521, 1529 bzw. 30, 1531, 1533, 1534, 1540, 1568, 1575, 1577, 1594, 1598, 1600, 1608, 1634, 1640, 1647, 1648, 1656, 1664, 1666, 1674, 1680–82, 1695, 1700, 1713, 1714, 1717, 1724, 1727, 1736, 1740, 1746, 1840, 1850, 1868, Erlösungsjahre, Ges. Schr. III, 224–231. Vgl. dazu die kritische Untersuchung von Abba Hillel Silver, History of Messianic Speculation in Israel, New York 1927.

Unbestritten ist aber auch, dass in dunklen Zeiten der Geschichte, in Zeiten der Judenverfolgung und Unterdrückung, messianische Hoffnungsschimmer aufscheinen. Wenn nur noch die Hoffnung bleibt, dann erscheint auch der Messias wieder am Horizont. Negativ besagt der Glaube, dass der Verfolger nicht das letzte Wort in der Weltgeschichte haben, dass er vor das Weltgericht kommen wird.

Auch in der dunkelsten Zeit der Geschichte der Juden schienen messianische Hoffnungsschimmer auf. Es wird erzählt, dass der berühmte Vorsänger der Chassidim von Modrzyca, Reb Asriel David Fastag, im Viehwaggon auf dem Weg in das Todeslager Treblinka den zwölften Glaubensartikel des Maimonides anstimmte, der mit den Worten *Ani Maamin* (Ich glaube) beginnt: »Ich glaube mit vollkommenem Glauben an die Ankunft des Gesalbten, und wenn er auch zögert, trotzdem hoffe ich täglich auf ihn, dass er kommen wird.« Ein junger Mann, der vom Zug sprang, habe seine Melodie (*Niggun*) für die Nachwelt gerettet, und sie ist heute zu einer Art Hymne der Todgeweihten geworden.[5]

Man sollte also die Datenreihe von Zunz mit den Daten der Leidensgeschichte des jüdischen Volkes korrelieren, um die Unverwüstlichkeit des jüdischen Messiasglaubens zu verstehen. Dabei darf man aber nicht vergessen, dass sich auch die Verfolger für Messiasse hielten und dafür gehalten wurden, die mit Heil-Rufen gegrüßten Erlöser waren auch die Endlöser. Und es stellt sich nicht nur in Bezug auf die Juden und ihre Verfolger die Frage, ob Utopie nicht stets mit Säuberung einhergeht, ob sie also nicht stets eine »Utopie der Säuberung«[6]

5 Vgl. http://www.modzitz.org/music.htm.
6 Gerd Koenen, Utopie der Säuberung. Was war der Kommunismus?, Berlin 1998.

ist. Daher die Gefährlichkeit des Messiasglaubens und die Notwendigkeit eines Kriteriums, um den wahren Heilbringer vom Unheilbringer, den wahren vom Pseudomessias zu unterscheiden, so wie es auch ein Kriterium für den falschen Propheten (*Nawi Scheker*) gibt (Deut 18,20–22).

Die Rabbinen, die sich dieser Gefahren bewusst waren, haben solche Kriterien diskutiert. Die Messiashoffnung findet sich in verschiedenen Formen in Mischna, Talmud, aber auch in Gebeten und der Liturgie. Da die Rabbinen Erben der biblischen Hoffnungsbilder sind, wenden wir uns nochmals den biblischen Wurzeln im Lichte ihres – wie sich zeigen wird – kritischen Messiasbildes zu.

1. Biblische Wurzeln in rabbinischer Deutung

Von besonderer Tragweite für das rabbinische Messiasbild ist eine bekannte Vision des Propheten Jesaja, in der das Wort »Messias« allerdings gar nicht fällt:

> *Ein Reiskorn wird aus dem Wurzelstock Jischais [Vater Davids] sprießen, ein Schößling aus den Wurzeln treiben. Auf ihm wird der Geist JHWHs ruhen, Geist der Weisheit und der Einsicht, Geist des Rates und der Macht, Geist der Erkenntnis und der Furcht JHWHs. Sein Gefallen hat er an der Furcht JHWHs und nicht richten wird er nach dem, was seine Augen sehen, noch entscheiden, was seine Ohren hören. Er richtet mit Gerechtigkeit die Armen und mit Geradheit die Gebeug-*

> *ten im Lande. Er schlägt die Erde mit dem Stab seines Mundes und mit dem Hauch seiner Lippen tötet er den Frevler. Recht wird der Gurt seiner Hüften und Treue der Gurt seiner Lenden. (Jes 11,1–5)*

Nach dieser Vision ist der angekündigte Davidspross ein inspirierter Intellektueller. Seine Gewalt ist verbal, und seine Rüstung ist die Moral. Er leitet denn auch das Zeitalter des ewigen Friedens ein, das der Prophet anschließend in einer berühmten Naturidylle schildert: »Dann wird der Wolf beim Lamm wohnen, der Leopard beim Böcklein lagern.« (Jes 11,6) Dieser jesajanische Held, von den rabbinischen Intellektuellen als Messias verstanden, stand ihnen näher als ein kriegerischer David redivivus. Natürlich gibt es in der Bibel deutlich martialischere Auftritte des gesalbten Königs, so im profanen Herrscherlob und Hochzeitslied Psalm 45, das die jüdische wie die christliche Tradition vor allem wegen der Verse 8 und 9 messianisch gedeutet hat.

> *Du bist der Schönste von allen Menschen,*[7]*/Anmut ist ausgegossen über deine Lippen;* darum hat Gott dich für immer gesegnet.*/Gürte, du Held, dein Schwert um die Hüfte, dein Glanz und deinen Schmuck!/In deinem Schmuck habe Erfolg, reite für die Sache der Wahrheit und das gebeugte Recht! Mag deine Rechte dir Geschosse schießen./Deine Pfeile sind scharf, unter dir fallen Völker; ins Herz getroffen sind die Feinde des Königs./*Dein Gottesthron steht für immer und ewig; *ein gerechtes Zepter ist das Zepter deines Königtums./*

7 Ein alter aramäischer Targum fügt noch in Vers 3 die Anrede ein: »O König Messias«.

> *Du liebst das Recht und hasst das Unrecht,* darum hat Gott, dein Gott, dich gesalbt (Meschachacha) mit dem Öl der Freude wie keinen deiner Gefährten./ *[...] darum werden die Völker* dich preisen immer und ewig. *(Ps 45,3–8.18)*

Bevor wir darauf eingehen, wie die Rabbinen diesen Psalm gedeutet haben, muss festgehalten werden, dass es im Psalm – trotz des höfischen und ritterlichen Gepräges – jesajanische Werte sind, die den König zum Anwärter auf den Messiastitel und auf die ewige Herrschaft machen: die Macht des Wortes, der Weisheit, der Wahrheit, der Gerechtigkeit.

Jesajanische Werte prägen auch das Messiasbild des hellenistischen Zeitalters. Belege dafür sind, wie schon in Kapitel 1 vermerkt, die Psalmen Salomos aus der Mitte des 1. Jh. v. u. Z. Sie reagieren auf die erste römische Eroberung Jerusalems (63 v. u. Z.). Obwohl bellizistische Töne lauter werden, bleibt der jesajanische Grundton unüberhörbar. Das zeigen einige Ausschnitte aus Psalm 17 über den Messias:

> *Sieh, Herr, lass ihnen erstehen ihren König, den Sohn Davids, zu der Zeit, die du erkoren, Gott, dass er über deinen Knecht Israel regiere. Und gürte ihn mit Kraft, dass er ungerechte Herrscher zerschmettere, Jerusalem reinige von den Heiden, die [es] kläglich zertreten. Weise [und] gerecht treibe er die Sünder weg vom Erbe, zerschlage des Sünders Übermut wie Töpfergefäße. Mit eisernem Stabe zerschmettere er all ihr Wesen, vernichte die gottlosen Heiden mit dem Worte seines Mundes/ dass bei seinem Drohen die Heiden vor ihm fliehen, und er die Sünder zurechtweise ob ihres Herzens Ge-*

> *danken. [...] Er aber [herrscht als] gerechter König, von Gott unterwiesen, über sie, und in seinen Tagen geschieht kein Unrecht unter ihnen, weil sie alle heilig sind, und ihr König der Gesalbte des Herrn ist. Denn er verlässt sich nicht auf Ross und Reiter und Bogen; auch sammelt er sich nicht Gold und Silber zum Kriege und auf die Menge setzt er nicht seine Hoffnung für den Tag der Schlacht [...]/Denn er zerschlägt die Erde mit dem Worte seines Mundes für immer [...],/Auch wird er nie in seinem Leben straucheln gegen seinen Gott; denn Gott hat ihn stark gemacht an heiligem Geist und Weise an verständigem Rat mit Tatkraft und Gerechtigkeit.« (PsSal 17,21–26.32–37)*

Die Antithese zum Krieger ist unüberhörbar; kein Zug in diesem Messiasbild, das nicht aus Jesaja 11 geschöpft wäre.

In der christlich-jüdischen Kontroverse hat sich die Antithese eingebürgert, wonach die Juden der Zeitenwende einen Triumphator erwarteten und deshalb den Gekreuzigten nicht als König der Juden akzeptieren konnten. Noch vor Kurzem hat der abgedankte Papst Benedikt XVI. in einem Schreiben zum christlich-jüdischen Dialog *Gnade und Berufung ohne Reue* auf die »Passion des Messias als Wesenselement der Hoffnung«, des »Heils durch die Leiden hindurch« hingewiesen und behauptet, die Juden hätten wie die Jünger auf dem Weg nach Emmaus nicht verstanden, dass »gerade das Kreuz die wesentliche Mitte der Gestalt des Messias sein muss«[8]. Die Jünger werden vom Auferstandenen höchstpersönlich auf

8 Joseph Ratzinger, Gnade und Berufung ohne Reue. Anmerkungen zum Traktat »De Iudaeis«, Communio, IkaZ 47 (2018), 387–406.

die entsprechenden Stellen bei den Propheten hingewiesen (Lk 24,25 ff.), hauptsächlich auf das vierte Gottesknechtslied des zweiten Jesaja (Jes 52,13–53,12).[9] Der abgedankte Papst möchte gerne, dass dieses Gespräch auf dem Weg nach Emmaus zum Modell für das christlich-jüdische Gespräch werde: Christen sollten Juden den Messias von der traurigen Gestalt nahebringen.[10] Das klingt wie die Einladung zu einer mittelalterlichen Disputation, wo christliche Theologen Rabbinen mit der christologischen Interpretation von Jesaja 53 bedrängten. Dabei glichen die Juden bei diesen Anlässen eher dem leidenden Gottesknecht als ihre christlichen Herausforderer. Den Vers über den Gottesknecht »Verachtet war er und von Menschen verlassen« (Jes 53,3) kommentiert etwa die mittelalterliche Standardglosse von Raschi: »Es ist die Art dieses Propheten, Israel als Individuum zu erwähnen.«[11] Rabbiner Leo Baeck aktualisierte diese judeologische Interpretation: »Im Knechte des Ewigen durfte man sich selbst erblicken und sich selbst verstehen.«[12] Damit wiederholte er nur, was sein Lehrer Hermann Cohen stets gepredigt hatte: »Das messianische Volk leidet als Stellvertreter des Menschenleids.«[13] Während die christlichen Herausforderer nach der Schoa wie jene Bekenner im vierten Gottesknechtslied zugeben mussten: »Wir alle, wie Schafe irrten wir« (Jes 53,6); oder wie es ein aus

9 Dazu Daniel Krochmalnik, Der Gottesknecht, in: Wort und Antwort. Hefte der Dominikanischen Zeitschrift für Glauben und Gesellschaft 59 (Heft 4), Berlin 2018, 163–169.

10 Vgl. Ratzinger, Gnade und Berufung, 397.

11 Dazu Daniel Krochmalnik, Raschi zum leidenden Gottesknecht, in: Das Wormser Passionsspiel. Versuch, die großen Bilder zu lesen, hg. v. Volker Gallé, Klaus Wolf, Ralf Rothenbusch, Worms 2013, 215–238.

12 Leo Baeck, Das Wesen des Judentums, 1926, Werke, hg. v. Friedlander und Klappert, Band 1, Gütersloh 1998, 272.

13 Baeck, Werke, 312, ferner: 1924, Band 1, 115 und Band 3, 173 f.

anderem Holz geschnitzter Papst bekannt haben soll: »Vergib uns, dass wir Dich in ihrem [der Juden] Fleische zum zweiten Mal ans Kreuz schlugen.«[14]

In Wahrheit lässt sich das rabbinische Messiasbild zu keinem Zeitpunkt auf jene kontrover-stheologische Antithese reduzieren. Der rabbinische Messias ist so wenig durchgehend triumphalistisch wie der christliche durchgehend pazifistisch.[15]

Kehren wir zu unserem Ausgangspunkt zurück, dem oben zitierten Psalm 45. Die talmudische Deutung der Verse 4 und 5 ist ein Beleg für den rabbinischen Wandel des Messiasbildes:

> *Wenn zwei Schriftgelehrte einander in einer religionsgesetzlichen Erörterung schärfen (Mechadeddin), so lässt es ihnen der Heilige, gesegnet sei Er, gelingen, wie es heißt:* »in deinem Schmuck *(WeHadarcha),* habe Erfolg«. *Lies nicht »WeHadarcha«,* »in deinem Schmuck«, *sondern »WeChidedcha«, »deine Scharfsinnigkeit«. Und nicht nur das, sie gelangen auch zur Größe, wie es heißt:* »Habe Erfolg, reite.« *Man könnte glauben, auch wenn dies nicht um der Lehre willen geschieht, so heißt es weiter:* »auf dem Wort der Wahrheit«. *Man könnte glauben, auch wenn man damit großtut, so heißt es:* »gebeugte Gerechtigkeit« *(bShab 63a).*

Der Talmud verlegt den Schauplatz des Psalms vom Schlachtfeld in den Schulbetrieb und deutet die martialischen Züge des Königs in akademische um. Dabei opfert er bedenkenlos auch den Buchstaben der Schrift. Das Wort »dein Schmuck«, das

14 Zitiert auf der Gedenktafel in der Wernerkapelle in Bacherach am Rhein.
15 Vgl. Vita Constantini I, 28–30.

im Psalm am Schluss von Vers 4 und am Anfang von Vers 5 zweimal hintereinandersteht, soll nach dem rabbinischen Null-Redundanz-Prinzip beim zweiten Mal einfach anders gelesen werden. Durch Zuspitzung des rechten Winkels (ד< ר) wird aus dem Buchstaben R der Buchstabe D, was die Wortbedeutung von »schmücken« (*LaHader*) zu »schärfen« (*Le-Chadded*) verändert, und damit wird aus dem martialischen Waffenglanz intellektuelle Brillanz. Dieser Davidspross gehört nicht zum Schwertadel.[16] Die Umdeutung des Psalms liegt ganz auf der Linie der Rabbinisierung Davids: Der Kriegsfürst wird in den rabbinischen Quellen systematisch zum Sänger und Gelehrten.

Eine keineswegs vereinzelte David-Legende aus dem Talmud mag die Abrüstung und Pazifizierung des Messias illustrieren:

> *Über dem Bett Davids hing eine Harfe, und als die Mitternachtszeit heranreichte, wehte der Nordwind und blies daran, und sie spielte von selbst. Sofort stand er auf und befasste sich mit der Tora, bis die Morgenröte aufstieg. Sobald die Morgenröte aufgestiegen war, traten die Weisen Israels bei ihm ein und sprachen zu ihm: »Unser Herr und König, dein Volk Israel bedarf des Unterhalts.« Er erwiderte ihnen: »Geht und ernährt euch einer vom anderen.« Sie sprachen zu ihm: »Die Handfülle sättigt nicht den Löwen, und die Grube wird von ihrem eigenen Schutt nicht voll.« Er erwiderte*

16 Raschi rezipiert diese Umdeutung in seinem Kommentar und glossiert die Psalm-Überschrift »Dem Chormeister nach Lilien« wie folgt: »Den Gelehrten zu Ehren haben sie dieses Lied eingerichtet, denn sie sind mild wie Lilien […].«

> *ihnen: »Geht, veranstaltet Feldzüge, macht Beute [...].« (bBer 3b).*

Das Herrscherideal David gleicht nach dieser Legende weniger einem besorgten Landesvater als einem sorglosen Landesverräter. Ärgerlich wischt er die wirtschaftlichen Argumente seiner Räte vom Tisch und überträgt die Geschäfte seinen Generälen. Seine Zeit mit Beutezügen vergeuden, wie der biblische Freischärler, das passt nicht zum rabbinisierten David, er beschäftigt sich ausschließlich mit »Kriegen der Tora«, d. h. mit der kasuistischen Gesetzesauslegung. Zur Vorstellung des jungen David – »kundig des Saitenspiels, ein tapferer Held, kampfgeübt, redegewandt, von schöner Gestalt« (1. Sam 16,18) – merkt der Talmud zum Wort »kampfgeübt« an: »er ist kundig bei Verhandlungen im Kampf der Tora« (*Milchamta Schel Tora,* bSan 93b).

Außerdem kennt der rabbinische Messianismus auch den Leidensmessias. Genaugenommen spaltet er den Messias in zwei Messiasse auf, den kriegerischen »Messias, Sohn Josefs, der dann getötet wird« (bSuk 52a, *Meschuach Milchama*),[17] und den siegreichen und friedenstiftenden Messias triumphans, Sohn Davids. Die Vorstellung von zwei Messiassen wurzelt in der Deutung biblischer Texte. In der berühmten Leuchtervision des Propheten Sacharja ist die Menora von zwei Ölbäumen eingerahmt (4,2–6) – das Staatswappen Israels –, die auf die zwei gesalbten Söhne (*Schne Wne HaJizhar*), sprich den hohepriesterlichen Aharoniden und den königlichen Davididen, bezogen werden (4,14). Eine messianische Doppel-

17 Vgl. die Anthologie bei Moritz Zobel, Gottes Gesalbter. Der Messias und die messianische Zeit in Talmud und Midrash, Leipzig 1938, 51–55.

spitze kam den Hasmonäern entgegen, die zwar Aharoniden, aber keine Davididen waren, und sie lag auch den »Messiasmachern« von Qumran, die vom Messias gleichfalls im Dual sprachen (→ Kap. I.3.5).[18]

Die Lehre vom Leidensmessias im Talmud knüpft an eine andere Vision des Propheten Sacharja von der großen endzeitlichen Klage Jerusalems über den Durchbohrten an:

> *Aber ich gieße aus über das Haus David und über die Einwohner Jerusalems einen Geist der Gnade und des Mitleidens, und sie schauen zu mir auf, den* sie *durchbohrt haben, und klagen um ihn, wie man bitterlich weint um den Erstgeborenen. Am selbigen Tag wird groß sein das Klagen in Jerusalem [...]. Und das Land klagt geschlechterweis, jegliches besonders; das Geschlecht des Hauses David besonders und die Frauen besonders.« (Sach 12,10–12)*

Das Neue Testament hat diese Stelle selbstverständlich auf den Leidensmessias hin gedeutet, der zufällig auch ein Ben Josef war. Das Gleiche taten die mittelalterlichen jüdischen Schriftausleger (Raschi, Radaq u. a.), gestützt auf die erwähnte Talmudstelle (bSuk 52a). Dabei bezogen sie aber das Pronomen *sie* in Vers 10, anders als der Evangelist Johannes (»Sie werden sehen, den *sie* durchbohrt haben«, LUT: »in welchen *sie* gestochen haben« (Joh 19,37)) nicht auf die Juden, sondern, entsprechend dem Kontext des Kapitels, auf die Völker, die Jerusalem in Zukunft belagern und den Messias ben Josef töten werden.

18 Vgl. Neil Asher Silberman, Die Messias-Macher. Der Aufstand von Qumran und die Schriftrollen vom Toten Meer (übersetzt von K. Miedler und K. Schuler), Bergisch Gladbach 1995, 115–147.

Übrigens war auch nach der christlichen Tradition der Lanzenträger kein Jude, sondern der heiliggesprochene römische Centurio Longinus. Man wird den Eindruck nicht los, dass die Namensgleichheit nicht zufällig ist und dass der jüdische Ben Josef als Replik auf den christlichen Ben Josef gedacht ist.

Ein Blick in die Gegenwart mag die Nachhaltigkeit des rabbinischen Wandels des Messiasbildes verifizieren: Als die »Meschichisten« (= Messianisten) aus dem chassidischen Hof von Lubawitsch Anfang der 1990er Jahre ihren *Rebben* Menachem Mendel Schneerson (1902–1994) zum Messias ausriefen, da setzten sie ihre Hoffnungen nicht auf einen strahlenden Kriegshelden à la Ariel Scharon, sondern auf einen hochgelehrten, von zwei Gehirnschlägen gelähmten Greis. Manche Lubawitscher hoffen, er werde auferstehen, ganz so, wie er die Auferstehung des ausgerotteten osteuropäischen Chassidismus im Westen bewerkstelligt hat (→ Kap. III.3).

2. Talmudische Debatten

Unsere erste Annäherung an das rabbinische Messiasbild war einseitig, denn in der rabbinischen Literatur gibt es kaum eine Aussage über den Messias und den Messianismus, zu der es nicht ein »Andererseits« gäbe. Um das Gesamtbild in den Blick nehmen zu können, müssen wir den Ort der rabbinischen Kontroversen besuchen – den Talmud. Bezeichnenderweise gibt es, wie erwähnt, unter den 63 Traktaten des Talmud keinen über den Messias, ebenso wenig wie einen Traktat über den König oder den Staat, sondern nur weitläufig verstreute Äußerungen. Das ist ein Hinweis darauf, dass der messianischen Zeit oder der Messiasvorstellung keine zentrale Bedeutung zugemessen wird. Das bedeutet nicht, dass der Messias nicht »vorkommt«, aber wenn, dann eben eher beiläufig, inmitten von anderen als wesentlicher angesehenen Themen. So lässt sich eine ergiebige Fundgrube, eine veritable Schatzmine messianischen Gesteins im Traktat Sanhedrin des Babylonischen Talmud, Blätter 97a–99b aus dem 2. bis 5. Jahrhundert u. Z. ausmachen. Es handelt sich dabei um eine der großen Sammelstellen für messianische Überlieferungen.

Diese Analysen und Diskussionen (*Gemara*) zum Messias knüpfen an eine *Mischna* aus dem Traktat über das Hohe Gericht (Synhedrion) an. Sie lautet:

> *Ganz Israel hat Anteil (Cheleq) an der kommenden Welt (Olam Haba), denn es heißt: »Und dein Volk – sie sind alle Gerechte, für ewig werden sie besitzen das Land, ein Zweig meiner Pflanzungen, meiner Hände Werk, zur Verherrlichung« (Jes 60, 2). Folgende haben keinen Anteil an der kommenden Welt: Wer sagt, die Auferstehung der Toten sei nicht von der Tora herzuleiten, oder die Tora sei nicht vom Himmel und ein Epikuräer [...] (mSan X, 1, bSan XI, 90a ff.).*

Der ganze Abschnitt wird nach dem Wort *Cheleq* (Anteil) genannt und ist in einen strafrechtlichen Kontext eingebettet. Darin geht es um Kapitalverbrechen und Todesstrafen (*Dine Nefaschot*). Es stellt sich die Frage, ob bei Vollstreckung eines Todesurteils in dieser Welt der Anteil des Verurteilten an der kommenden Welt verloren geht. Eigentlich sühnt der Tod (mJom VIII, 8), und ganz Israel hat »Anteil« an der kommenden Welt, außer […]. Dann werden die aufgezählt, die keinen »Anteil« daran haben; zuerst diejenigen, die die Auferstehung leugnen, sodann diejenigen, die leugnen, dass sie in der Tora steht (wo sie ja tatsächlich nicht ausdrücklich steht), schließlich diejenigen, die leugnen, dass die Tora vom Himmel komme, und diejenigen, die wie die Epikuräer leugnen,[19] dass man nach dem Tod Rechenschaft ablegen müsse (mAw 2, 19). Die *Gemara* zu dieser *Mischna* erläutert jeden einzelnen Punkt, z. B.:

> *»Er leugnet die Auferstehung der Toten, daher soll er keinen Anteil an der Auferstehung der Toten haben, denn jede Handlung des Heiligen, gesegnet sei er, erfolgt mit gleichem Maß.« (bSan 90a)*

Diese Begründung könnte man verallgemeinern: Wer nicht an die Auferstehung, an die Offenbarung und an das Gericht glaube, dem geschieht es auch recht, wenn er davon ausgeschlossen ist. Inhalt und Umfeld dieser Mischna zeigen, dass es hier um die eschatologische Zukunft des Einzelnen geht. Großereignisse wie der Messias und sein Reich werden in der Mischna, dem ältesten Teil rabbinischer Tradition, nicht behandelt. Auch in den Weiterungen der Mischna, in der Tosefta und im Jerusalemer Talmud, kommt der Messias an dieser Stelle nicht vor (tSan XII 9–XIII 12, jSan 27b, 45 ff.). Erst in der Gemara des Babylonischen Talmud wird das Thema Auferstehung, die Unterscheidungslehre der Pharisäer (bSanh 90a–96b), mit dem Thema Messias verbunden (96b in fine – 99a).

Es ist jedoch nicht so, dass die Mischna überhaupt nicht vom Messias spricht. Am Schluss des Traktats *Sota* über die des Ehebruchs verdächtigte Frau werden die üblen Vorzeichen

---

19 Vgl. Epikurs *Kyriai Doxai* I und II, Briefe – Sprüche – Werkfragmente (Gr./Dt.), H.-W. Krautz, 2. Aufl., Stuttgart 2001, 66–67.

des Messias aufgezählt, die Tosefta zur Stelle verbreitet sich weiter darüber (mSot IX, 15; tSot 10,1–15, 5), aber nirgendwo in der Mischna wird der Glaube an den Messias sowie die Auferstehung zum Schibbolet der Rechtgläubigkeit gemacht. Die Mischna im Traktat *Sota* schließt mit der zehnstufigen Frömmigkeitsleiter des Pinchas ben Jair, die von der Tüchtigkeit bis zur Wiederbelebung der Toten führt, als ob sie sagen wollte, dass es auf den individuellen Aufstieg ins Himmelreich und nicht auf das irdische Messiasreich ankomme.

Es ist möglich, dass die Rabbinen das Thema nach den apokalyptischen Kriegen gegen Rom herunterspielen. Dafür spricht auch, dass sie die messianische Zeit eher im Hinblick auf das vormessianische Unheil als auf das messianische Heil behandeln. Damit stellt sich die Frage, weshalb die Gemara des Babylonischen Talmud das Thema Messias dennoch anschneidet. Allerdings erscheint der Messias auf Blatt 96 *in fine* nicht ganz unvorbereitet, er folgt auf eine längere, wenn auch chiffrierte Anbahnung. Obwohl hier die ausgesprochen messianischen Stellen im Zentrum des Interesses stehen, ist es lohnend, die vorausliegenden Blätter wenigsten kurz zu charakterisieren.

Der Auferstehungsglaube war ursprünglich keineswegs unpolitisch. In der Makkabäer-Zeit war es der Glaube der Märtyrer, die hofften, der Allmächtige werde sie »auferstehen lassen zu einem neuen, ewigen Leben« (2. Makk 7,9; Dan 12,2). Im Zusammenhang damit erwarteten sie die Ankunft eines himmlischen »Menschensohns«, der auf der Erde anstelle des Reiches des Bösen ein ewiges Reich errichten werde (Dan 7,13–14). Dieser Glaube beseelte auch die Anhänger der vom jüdischen Historiker Flavius Josephus sogenannten »Vierten Schule« der Juden, die sich im 1. Jahrhundert gegen Rom erhoben hat. Josephus hasste die Zeloten, denen er die Schuld an der Zerstörung des Tempels gab, er konnte aber nicht umhin, ihre im festen Glauben wurzelnde Standhaftigkeit bei jeglicher Art von Tod zu loben (*Ant* XVIII, 1,6; *Bell* II, 8,152). Aus dieser Vierten Schule gingen auch etliche »Könige der Juden« hervor, die Josephus »Räuber« (lestes) nennt – heute hießen sie »Terroristen« – und die von den Römern als »Räuber«, d. h. Aufständische, häufig gekreuzigt wurden (*Bell* II, 17, 8, 434; VI, 5, 4, 312 f.; VII, 2, 2, 29, Apg 5,36–37) (→ Kap. I.3). Auferstehungsglaube und Messiasglaube waren in diesen Vorstellungen miteinander verknüpft.

Im rabbinischen Judentum hingegen liegen Auferstehung und das Kommen des Messias nicht auf der gleichen Linie: Erstere ist eher ein transzendentes, Letzteres ein immanentes Ereignis. Die ältere apokalyptische Reihenfolge, Märtyrertod – Auferstehung – Reich, ist aber auch im Talmud nicht vergessen. In den Erzählungen (*Aggadot*) unmittelbar vor den uns besonders interessierenden messianischen Blättern findet sich eine Art rabbinische Apokalypse, die Bezug nimmt auf Daniel und die drei Jünglinge im Feuerofen (Dan 3, bSan 92b–96b). Es geht darum, dass die »Babylonier« den Tempel gar nicht zerstören wollten und widerwillig zur Jagd getragen werden mussten, um den durch die Propheten verkündeten Willen Gottes zu erfüllen. Die »Geißel Gottes« darf sich dann aber auch nicht ihrer Taten rühmen, denn »ein totes Volk hast du getötet, einen verbrannten Tempel hast du verbrannt« (bSan 96b//Klgl 1, 13; 2 Bar 80). Wenn aber Gott der Urheber des Unheils ist, dann drängt sich nach der Zerstörung des zweiten Tempels die Frage auf, wann der Retter kommen werde. So kommt auch der Messias ins Bild.

Wir geben die messianischen Blätter vollständig wieder, weil es um das ganze Bild geht und nicht um eine mehr oder weniger einseitige Auswahl. Allerdings kann aus dem Protokoll mit seinen rund 110 Aussagen aus vier Jahrhunderten nicht unmittelbar ein Diskussionsverlauf entnommen werden. Es stellt sich die Frage, wie man mit einer derartigen talmudischen Kompilation umgehen kann. Denn zunächst einmal sieht der Text aus wie eine »unendliche Liste«, die Umberto Eco in seinem gleichnamigen Prachtband unter dem Titel »Die chaotische Aufzählung« subsumiert hätte: eine uferlose Reihe heterogener und inkongruenter Aussagen.[20]

Es handelt sich hier aber nicht, wie oft angenommen, um eine lockere Zusammenstellung eines Zitatenmosaiks, in der der Widerspruch »ganz normal«[21] sei. Aus einem Widerspruch folgt bekanntlich alles Mögliche, und die Konsequenz solcher Freiheit wäre theologische Beliebigkeit. Eine Mischna, die heilsnotwendige Glaubenslehren kodifiziert, hätte die Vertreter des rabbinischen Liberalismus nachdenklich stimmen sollen. Dennoch werden gerade die messianischen Blätter oft als Musterbeispiele für das rabbinische Anything-Goes angeführt. So lobt Kaufmann Kohler in seinem *Grundriss einer Systematischen Theologie des Judentums* den unsystematischen Charakter der messianischen Traditionen und beglückwünscht sich, »dass alle diese Ansichten […] doch niemals den Charakter einer Glaubenslehre annahmen, wie in der Kirche«.[22]

Diese Betrachtungsweise entspricht nicht mehr dem Stand der Wissenschaft, denn der weist seit der Mitte des vorigen Jahrhunderts in eine holistische Richtung, wie sie die Tradition

---

20 Umberto Eco, Die unendliche Liste, übers. v. Barbara Kleiner, München 2009, 321.

21 Günter Stemberger, Das klassische Judentum. Kultur und Geschichte der rabbinischen Zeit, München 1979, 163.

22 Kaufmann Kohler, Grundriss einer systematischen Theologie des Judentums Leipzig 1910, 288.

immer schon verfolgt hat. Es wurden nicht mehr nur einzelne, verstreute *Aggadot* als implizite oder explizite philosophische und theologische Debatten untersucht,[23] sondern die *Aggada* selbst als ein philosophisches oder theologisches Genre erkannt.[24] In der scheinbar wildwüchsigen Überlieferung begann man nach der unsichtbaren lenkenden Hand des Redaktors und der systematischen Aussageabsicht zu forschen. Jacob Neusner spricht über Texte unserer Art von »Bavli's Massive Miscellanies« und kommt am Ende einer meisterhaften Analyse vergleichbarer Blätter (bBBa 72b ff.) zu dem Schluss:

> *Die Redaktoren des Babylonischen Talmuds bildeten thematische Kompositionen, die auf den ersten Blick, wie [...] ein Mischmasch erscheinen. Aber weit gefehlt, dass sie bloß eine kunterbunte Halde wären, sind derartige [...] Kompostionen alles andere als willkürliche Mischungen. Klare, durchgreifende und vollständig voraussagbare Regeln erlauben uns, die Zusammensetzung solcher Kompositionen zu erklären.*[25]

23 Vgl. Henry Slonimsky, The Philosophy implicit in the Midrash, Hebrew Union College Annual (HUCA) 27 (1956), 235–290, und Judah Goldin, A Philosophical Session in a Tannaite Academy, Traditio 21 (1965), 1–21.

24 Vgl. Louis Jacobs, The Sugya on Sufferings in B. Berakhot 5a, in Studies in Aggadah, Targum and Jewish Liturgy in Memory of Joseph Heinemann, hg. v. Jakob J. Petuchowski und Ezra Fleischer, Jerusalem 1981, 32–44 (Engl. Übers.) u. Yaakov Elman, Rightousness as Its Own Reward. An Inquiry of the Theologies of the Stam, in Proceedings of the American Academy of Jewish Research, Bd. 57 (1990/91), 35–67. Zur gleichen Zeit vollzog Jacob Neusner diesen hermeneutischen Paradigmenwechsel in Bezug auf die Mischna: Judaism as Philosophy. The Method and Message of the Mishnah, Baltimore and London 1991.

25 Jacob Neusner, Talmud. How the Talmud Works, Leiden 2002, Tl. 2 (eigene Paginierung), 67. Die deutsche Übersetzung aus dem englischen Original wurde vom Autor erstellt. Dies gilt auch für englische Zitate im Folgenden dieses Kapitels.

Einem solchen holistischen Ansatz folgen auch wir. Bereits bei oberflächlicher Lektüre fallen wiederkehrende – hier im Original wiedergegebenen – Fragen und Ausdrücke auf, die Sachgruppen zu unterscheiden erlauben. Folgt man diesen Markern, dann ergeben sich acht Unterabschnitte, die alle möglichen Aspekte der messianischen Frage abhandeln. Was also wie ein zufälliges Sammelsurium aussieht, erweist sich bei genauerem Hinsehen als strenge Komposition, ja, als systematischer Messianismus. Leider können wir hier den einzelnen *Aggadot* nicht die ihnen gebührende Aufmerksamkeit widmen, aber wir werden die großen Linien sichtbar machen und Schlüsse daraus ziehen.[26]

2. 1 Vorzeichen des Messias

Die Auseinandersetzung mit dem Messias hebt an mit der Frage, wann mit seinem Kommen zu rechnen sei, um sich daraufhin mit den Vorzeichen dieses Kommens zu beschäftigen.

Im Folgenden werden die Messianischen Blätter 96b–99a des Traktats Sanhedrin des babylonischen Talmuds behandelt.[27] Der Originaltext ist in den folgenden Seiten abgebildet.[28]

26 Wir legen die leicht veränderte, durchgegliederte und durchnummerierte, mit Daten und Orte ergänzte deutsche Übersetzung von Lazarus Goldschmidt, Berlin 1936, 4. Aufl., Frankfurt/M 1996, Bd. 9, 63–76, zugrunde.

27 Talmud Bawli, Massechet Sanhedrin, München-Heidelberg 1948, Bd. XIV, 192–197.

28 Masekhet Sanhedrin min Talmud Bavli, Jerusalem 5716 (1955/1956).

מסורת הש"ס

ומי סליק נבוכד נצר לירושלים והכתיב °ויעלו אותו אל מלך בבל רבלתה ואמר ר' אבהו זו אנטוכיא רב חסדא ורב יצחק בר אבודימי חד אמר דמות דיוקנו היתה חקוקה לו על מרכבתו וחד אמר אימה יתירה היתה לו ממנו ודומה כמי שעומד לפניו אמר רבא טעין *תלת מאה כודנייתא נרגא דפרזלא דשליט בפרזלא שדר ליה נבוכד נצר לנבוזראדן כולהו בלעתינהו חד דשא דירושלם שנאמר °פתוחיה יחד בכשיל וכילפות יהלומון בעי למיהדר אמר מסתפינא דלא ליעבדו בי כי היכי דעבדו בסנחריב נפקא קלא ואמר שוור בר שוור נבוזר אדן שוור דמטא זימנא דמקדשא חריב והיכלא מיקלי פש ליה חד נרגא אתא מחייה בקופא ואיפתח שנאמר °יודע כמביא למעלה בסבך עץ קרדומות הוה קטיל ואזל עד דמטא להיכלא אדליק ביה נורא גבה היכלא דרכו ביה מן שמיא שנאמר °גת דרך ה' לבתולת בת יהודה קא זיחא דעתיה נפקא בת קלא ואמרה ליה עמא קטילא קטלת היכלא קליא קלית קימחא טחינא טחינת שנאמר °קחי רחים וטחני קמח גלי צמתך חשפי שובל גלי שוק עברי נהרות חטים לא נאמר אלא קמח *חזא דמיה דזכריה דהוה קא רתח אמר להו מאי האי אמרו ליה דם זבחים הוא דאישתפיך אמר להו אייתי ואנסי אי מדמו כסי ולא אידמו אמר להו גלו לי ואי לא סריקנא לכו לבשרייכו במסריקא דפרזלא אמרו ליה האי כהן ונביא הוא דאינבי להו לישראל בחורבנא דירושלם וקטלוהו אמר להו אנא מפייסנא ליה אייתי רבנן קטיל עילויה ולא נח אייתי דרדקי דבי רב קטיל עילויה ולא נח אייתי פרחי כהונה קטיל עילויה ולא נח עד די קטל עילויה תשעין וארבעה ריבוא ולא נח קרב לגביה אמר זכריה זכריה טובים שבהן איבדתים ניחא לך דאיקטלינהו לכולהו מיד נח הרהר תשובה בדעתיה אמר מה הם שלא איבדו אלא נפש אחת כך ההוא גברא מה תיהוי עליה ערק שדר פורטיתא לביתיה ואיתגייר תנו רבנן *נעמן גר תושב היה נבוזר אדן גר צדק היה מבני בניו של סיסרא למדו תורה בירושלים מבני בניו של סנחריב לימדו תורה ברבים ומאן נינהו שמעיה ואבטליון מבני בניו של המן למדו תורה בבני ברק ואף מבני בניו של אותו רשע ביקש הקב"ה להכניסן תחת כנפי השכינה אמרו מלאכי השרת לפני הקב"ה רבונו של עולם מי שהחריב את ביתך ושרף את היכלך תכניס תחת כנפי השכינה היינו דכתיב °רפינו* את בבל ולא נרפתה עולא אמר זה נבוכד נצר רבי שמואל בר נחמני אמר אלו נהרות בבל ותרגמה דצינייתא (*צרידתא) דבבלאי אמר עולא °עמון ומואב שיבבי בישי דירושלם הוו כיון דשמעינהו לנביאי דקא מיתנבאי לחורבנא דירושלם שלחו לנבוכד נצר פוק ותא אמר מסתפינא דלא ליעבדו לי כדעבדו בקמאי שלחו ליה °כי אין האיש בביתו [א]הלך בדרך מרחוק *ואין איש אלא הקדוש ברוך הוא שנאמר °ה' איש מלחמה שלח להו בקריבא הוא ואתי שלחו ליה הלך בדרך מרחוק שלח להו אית להו צדיקי דבעו רחמי ומייתו ליה שלחו ליה °צרור הכסף לקח בידו ואין כסף אלא צדיקים שנאמר °ואכרה לי בחמשה עשר כסף וחומר שעורים ולתך שעורים שלח להו הדרי רשעי בתשובה ובעו רחמי ומייתו ליה שלחו ליה כבר קבע להן זמן שנאמר °ליום הכסא יבא (ל)ביתו אין כסא אלא זמן שנאמר °בכסה ליום חגנו שלח להו סיתווא הוא ולא מצינא דאתי מתלגא ומטרא שלחו ליה תא אשינא דטורא שנאמר °שלחו כר מושל ארץ מסלע מדברה אל הר בת ציון שלח להו אי אתינא לית לי דוכתא דיתיבנא ביה שלחו ליה קברות שלהם מעולין מפלטירין שלך דכתיב °בעת ההיא נאום ה' יוציאו את עצמות מלכי יהודה ואת עצמות שריו ואת עצמות הכהנים ואת עצמות הנביאים ואת עצמות יושבי ירושלים מקבריהם ושטחום לשמש ולירח ולכל צבא השמים אשר אהבום ואשר עבדום ואשר הלכו אחריהם אמר ליה רב נחמן לרבי יצחק מי שמיע לך אימת אתי בר נפלי אמר ליה מאן בר נפלי א"ל משיח בר נפלי קרית ליה א"ל אין דכתיב °ביום ההוא אקים את

ומי סליק כו' והא כתיב · בההיא פרשתא ויעלו אותו אל המלך רבלתה אלמא ברבלה הוה : זו אנטוכיא · ואנטוכיא קיימא לן *דאינה מארץ ישראל: דמות דיוקנו · של נבוכד נצר : חקוקה לו על מרכבתו · של נבוזר אדן ודומה לו כמו שעומד לפניו ולכך כתיב בא נבוכד נצר והייט כבוד : טעין תלת מאה כודניית' · משאוי שלש מאות פרדות : נרגא דפרזלא · פטישי ברזל : דשליט' בפרזלא · ברזל חדוד הקוצץ ברזל אחר : בלעתינהו · לא בליעה ממש אלא שיברם שהיו מתפוללין הפטישים בהכותם בשער לשברה : פתוחיה יחד. משמע על פתח אחד שלמו כל הכשילים וכילפות יחד ולא הועיל כלום : שוור בר שוור · דולג בר דולג קום וכבש ירושלים לנבוזר אדן קאמר ל"א שוור בר שוור מדלג בר מדלג קפצת פעם אחת עם סנחריב ועכשיו פעם שניה : בקופא · מגב הפטיש ולא מחודו כמו קופא דמחטא (ב"מ דף לח:) : יודע כמביא למעלה · תפלה היא יודע לפניך אותו סבך עץ קרדומות ששבר בו את ירושלים כאילו הביאו למעלה בכסא הכבוד : גבה היכלא · ובקש לעלות לרקיע : דרכו ביה מן שמיא · והשפילוהו : זחה דעתיה · מתגאה על שהיה מגליא : עמא קטילא · שכבר נגזר עליהם על כך : וטחני קמח · וטוחני חטים לא נאמר אלא קמח שאין צריך טחינה : צמתך · מקום שהקלעים צומתין בגד הראש : שובל · קלע הראש שדומין לשבלים: גלי שוק עברי נהרות · פורענות זה היה הקב"ה אומר לישראל לכו וטחנו קמח כלומר טחונים אתם כבר לקמח ותחזרו ותטחן עדיין תגלי קלעי ראשיכם ושוקיכם ותלכו בגלות : אייתו לי ואינסי · ואנסה אם דם זבחים הוא : כסי ולא אידמי . שחט בהמות ולא אידמי הדם : פרטתא · שטר צוואה : ואיתגייר · נבוזראדן : גר תושב · שלא קבל עליו שאר מצות וקבל עליו שלא לעבוד עבודת כוכבים: של אותו רשע · נבוכד נצר : רפינו ולא נרפתה · שהיה הקב"ה מבקש לרפאותו להכניס מבני בניו תחת כנפי השכינה: אלו נהרות בבל · שהם רעים לשתות : נגייתא דבבל . דקלים מרים הם שעומדים בנהרות ל"א ליטנייתא דבבל דקלים רעים של נהרות בבל שאין עושים פירות לפי שהמים רעים הן לגדל פירות בסוטה (דף מו:) אמרי' קושטא הוא דאמריתו הני נגייתא דבבל משמת ימי בראשית איתנהו ונהר שתחת הני ליטנייתא מי מרים נינהו : שיבבי · שכנים : פוק תא · לא ממקומך ובא אל ארץ ישראל ותכבשנה: כי אין האיש · מקרא הוא במשלי : בקריבא הוא · בקרוב הוא ויבא בעת דוחקם לפי דרכו של מקרא זה שהם שלחו לו שומעים אנו שהוא אבל מילתא דהוה אמרי ליה הוה משיב דבר זה : צרור הכסף לקח בידו · לדיקים שבהן מתו : ואכרה לי בחמשה עשר כסף · פדיתי אותה במצרים בט"ו בניסן : כסף וחומר שעורים ולתך שעורים. בזכות לדיקים שנקראו כסף חומר שעורים שלשים סאין ולתך חמשה עשר סאין אלו ארבעים וחמשה לדיקים שהעולם מתקיים עליהם ·בחולין פרק גיד הנשה (דף צב·) פעמים שלשים כאן וט"ו בארץ ישראל ופעמים שט"ו כאן ושלשים בארץ ישראל ובמסכת חולין היכא דקא מפרש האי קרא בצדיקיא אמרי אין כסף אלא צדיקים וכן הוא אומר צרור הכסף לקח בידו : כבר קבע להם זמן · שלא יבא עד ע' שנה שתשלים גלות בבל: מתלגא ומטרא · מחמת שלגים ומטרים: תא אשינא דטורי . בא דרך תחתית ההרים וההרים יגינו עליך מן השלגים ומן המטרים: שלחו כר מושל ארץ · שלחו שליח אל נבוכד נצר שהיה מושל ארץ שיבא אל הר בת ציון דרך הסלעים וההרים : לית לי דוכתא · לא יהיה לי מקום סביב לירושלים שיוכל אני וחיילי לישב במקום מכוסה מפני הגשמים : קבריהם של ישראל · מערות שלהן סביב לירושלים וכהן אתה וחיילותיך יכולין לישב : יוציאו את עצמות מלכי יהודה · שעתידים להשליך מן הקברים העצמות שבקברים שנאמר בעת ההיא וגו' : אימת אתי בר נפלי . איידי דאמרינן צרור הכסף לקח בידו שנתמעטו הצדיקים קא מיירי הא נמי במשיח וקאמ' תלמידים מתמעטין ואיידי דאמרי' ותהי האמת נעדרת אייתי הא דההוא אתרא דשמיה קושטא : הא

תורה אור: מ"ב כה · ישעיה עד · שם · איכה א · ישעיה מז · ירמיה נא · מ"ב ז · שמות טו · משלי ז · הושע ג · שם · תהלים פא · ישעיה טז · ירמיה ח · עמוס ט

[גיטין מה:] · [עי' פירוש רשב"ם פסחים קיב: ד"ה שלש מאות] · גיטין נו: · [גם ע"ש] · [סוטה מב: מה: לעיל צג·] · בקרא רפאנו [בפי' ליתא וכ"מ מפי' רש"י דלא גריס ליה] · משלי ז · שם

הגהות הגר"א

[א] גמ' הלך בדרך מרחוק · נמחק :

גליון הש"ס

גמ' עמון ומואב כו' עי' ב"ר פ"ד מ"ד דידים : רש"י ד"ה כסף וגו' . יכשין זה לעיל צג ע"א ובברכות דף כו ע"א :

§ 1 (*96b*) Rabbi Nachman (bar Jakow, Nehardea, 2. Hälfte 3. Jh.) sprach zu Rabbi Jizchak (2. Hälfte 3. Jh.): Hast du vielleicht gehört, *wann* der Sohn der Verfallenen *kommen wird* (*Emat Ate*)?
– Dieser fragte: Wer ist denn der Sohn der Verfallenen (Bar Nofle)?
– Jener erwiderte: Der Messias.
– Den Messias nennst du »Sohn der Verfallenen«?
– Jener erwiderte: Freilich, denn es heißt: *an jenem Tage werde ich die verfallene Hütte Davids wiederaufrichten* (Am 9,11).

(*97a*)
– Da sagte er: So sagte R. Jochanan: Im Zeitalter, in dem der Sohn Davids *kommen wird* (*Dor SchBen David Ba Bo*),
werden die Schriftgelehrten vermindert werden,
und der anderen Augen werden vor Trauer und Klage dahinschwinden,
viele Leiden und böse Verhängnisse werden neu aufeinander folgen,
bevor noch das eine vorüber sein wird, wird das andere bereits herbeigeeilt sein.
§ 2 Die Meister lehrten: Im Jahrsiebt, in dem der Sohn Davids kommen wird (*Dor SchBen David Ba Bo*) (wird sich Folgendes ereignen):
im 1. Jahr wird in Erfüllung gehen der Schriftvers: *Ich werde regnen lassen auf die eine Stadt und auf die andere Stadt nicht* (Am 4,7).
Im 2. werden Pfeile des Hungers abgesandt werden.
Im 3. wird der Hunger sehr stark sein; Männer, Frauen und Kinder, Fromme und Männer der Tat werden sterben, und die Tora wird bei denen, die sie studieren, in Vergessenheit geraten. Im 4. wird Sättigung und doch keine Sättigung sein. Im 5. wird eine große Sattheit sein; man wird essen und trinken und lustig sein, und die Tora wird zu denen, die sie studieren, zurückkehren.
Im 6. werden Donnerstimmen erschallen.
Im 7. werden Kriege sein. Am Ausgang des siebten Jahres wird der Sohn Davids kommen (*Ben David Ba*).
– R. Josef (bar Chijja, Pumbedita 2. Hälfte des 3. und 1. Hälfte des 4. Jh.) sprach: Es sind ja bereits viele Jahrsiebte dieser Art eingetroffen, dennoch ist er nicht gekommen (*Lo Ata*)?

תורה אור

את סוכת דוד הנופלת א"ל הכי אמר רבי יוחנן דור שבן דוד בא בו תלמידי חכמים מתמעטים והשאר עיניהם כלות ביגון ואנחה וצרות רבות וגזרות קשות מתחדשות עד שהראשונה פקודה שניה ממהרת לבא ת"ר שבוע שבן דוד בא בו שנה ראשונה מתקיים מקרא זה °והמטרתי על עיר אחת ועל עיר אחת לא אמטיר שניה חיצי רעב משתלחים שלישית רעב גדול ומתים אנשים ונשים וטף חסידים ואנשי מעשה ותורה משתכחת מלומדיה ברביעית שובע ואינו שובע בחמישית שובע גדול ואוכלין ושותין ושמחין ותורה חוזרת ללומדיה *בששית קולות בשביעית מלחמות במוצאי שביעית בן דוד בא אמר רב יוסף הא כמה שביעית דהוה כן ולא אתא אמר אביי בששית קולות בשביעית מלחמות מי הוה ועוד כסדרן מי הוה [א] °(אשר חרפו איביך ה' אשר חרפו עקבות משיחך) תניא ר' יהודה אומר דור שבן דוד בא בו *בית הוועד יהיה לזנות והגליל יחרב והגבלן יאשם [ב] ואנשי גבול יסובבו מעיר לעיר ולא יחוננו וחכמת הסופרים תסרח ויראי חטא ימאסו [ג] ופני הדור כפני כלב והאמת נעדרת שנאמר °ותהי האמת נעדרת [ד] (וסר מרע משתולל) מאי ותהי האמת נעדרת אמרי דבי רב מלמד שנעשית עדרים עדרים והולכת לה מאי וסר מרע משתולל אמרי דבי ר' שילא כל מי שסר מרע משתולל על הבריות אמר רבא מריש הוה אמינא ליכא קושטא בעלמא אמר לי *ההוא מרבנן ורב טבות שמיה ואמרי לה רב טביומי שמיה דאי הוו יהבי ליה כל חללי דעלמא לא הוה משני בדבוריה זימנא חדא איקלעי לההוא אתרא וקושטא שמיה ולא הוו משני בדיבורייהו ולא הוה מיית איניש מהתם בלא זימניה נסיבי איתתא מינהון והוו לי תרתין בנין מינה יומא חד הוה יתבא דביתהו וקא חייפא רישה אתאי שיבבתה טרפא ארשא *סבר לאו אורח ארעא *אמר לה ליתא הכא שכיבו ליה תרתין בנין אתו אינשי דאתרא לקמיה אמרו ליה מאי האי אמר להו הכי הוה מעשה א"ל במטותא מינך פוק מאתרין ולא תגרי בהו מותנא בהנך אינשי תניא ר' נהוראי אומר דור שבן דוד בא בו *נערים ילבינו פני זקנים וזקנים יעמדו לפני נערים ובת קמה באמה וכלה בחמותה ופני הדור כפני כלב ואין הבן מתבייש מאביו תניא ר' נחמיה אומר דור שבן דוד בא בו העזות תרבה והיוקר יעוות והגפן יתן פריו והיין ביוקר ונהפכה כל המלכות למינות ואין תוכחה מסייע ליה לר' יצחק דא"ר יצחק אין בן דוד בא עד שתתהפך כל המלכות למינות אמר רבא מאי קרא °כולו הפך לבן טהור הוא ת"ר °כי ידין ה' עמו [וגו'] כי יראה כי אזלת יד ואפס עצור ועזוב אין בן דוד בא עד שירבו המסורות ד"א עד שיתמעטו התלמידים ד"א עד שתכלה פרוטה מן הכיס ד"א עד שיתייאשו מן הגאולה שנאמר ואפס עצור ועזוב כביכול אין סומך ועוזר לישראל כי הא דר' זירא כי הוה משכח רבנן דמעסקי ביה אמר להו במטותא *בעינא מנייכו לא תרחקוה דתנינא ג' באין בהיסח הדעת אלו הן משיח מציאה ועקרב אמר רב קטינא *שית אלפי שני הוו עלמא וחד חרוב שנאמר °ונשגב ה' לבדו ביום ההוא אביי אמר תרי חרוב שנאמר °יחיינו מיומים ביום השלישי יקימנו ונחיה לפניו תניא כותיה דרב קטינא כשם שהשביעית משמטת שנה אחת לז' שנים כך העולם משמט אלף שנים לשבעת אלפים שנה שנאמר ונשגב ה' לבדו ביום ההוא ואומר °מזמור שיר ליום השבת יום שכולו שבת ואומר °כי אלף שנים בעיניך כיום אתמול כי יעבור *תנא דבי אליהו ששת אלפים שנה הוי עלמא שני אלפים תוהו שני אלפים תורה שני אלפים ימות המשיח ובעונותינו

את סוכת דוד הנופלת. מלכות דוד שנפלה להכי קרי משיח בר נפלי: עד שהראשונה פקודה. עד שלא כלתה לזו הראשונה שניה ממהרת לבא פקודה כמו לא נפקד (במדבר לא): שבוע. שמיטה: והמטרתי על עיר אחת. שיהא מעט מטר ויהא רעב במקום זה ושובע במקום זה: חיצי רעב. רעב מעט שלא יהא שובע בשום מקום: משתכחת מלומדיה. מתוך שאין להם מה לאכול: בששית קולות. יאמרו קולות שבן דוד בא א"נ קולות מתקיעת שופר שנאמר יתקע בשופר גדול (ישעיה כז): מלחמות. בין עובדי כוכבים לישראל: דהוה הכי. שנה אחת רעב שנה אחת שובע ואעפ"כ לא בא בן דוד: בששית קולות מי הוה. כלום יאמרו קולות שבן דוד בא: ועוד כסדרן מי הוה. כלומר אלו הצרות דקתני הכא כסדרן לא אתרמו בשבוע אחד אבל כי אתרמו אתי משיח: אשר חרפו אויביך ה' אשר חרפו עקבות משיחך. לא אתפרש האי קרא למאי איכתיב הכא דהא לא קא דריש ביה מידי ונראה למורי שכן נכתב בספרים תחלה כמו ששנינו בפ' אחרון דסוטה (דף מט:) בעקבות המשיח חוצפא יסגא וכתבו פירוש זה על בעקבות שהוא לשון סוף כמו אשר חרפו עקבות משיחך: בית הועד. מקום שתלמידי חכמים מתוועדין שם ללמוד תורה: ה"ג והגבלן. מקום ששמו כך ישתומם: ואנשי הגבול. אנשי גבול ארץ ישראל ל"א אנשי גזית סנהדרין: כפני כלב. דדמיין ממש לכלב מ"ר ל"א כפני הכלב שלא יתביישו זה מזה: משתולל על הבריות. כל העולם אומרין עליו שוטה הוא היינו משתולל לשון שטות כמו מוליך יועצים שולל (איוב יב): ליכא קושטא בעלמא. אין אדם בעולם שידבר אמת תמיד: אמר לי ההוא מרבנן דאי הוו יהבי ליה כל חללי דעלמא לא משני בדבוריה. לשקר ואישתעי לי הכי זימנא חדא אקלעי לההוא אתרא וקושטא שמיה: טרפא אבבא. שהיתה שואלת אותה: לאו אורח ארעא. לומר היכן היא הואיל וחייפ' רישה: ה"ג נערים ילבינו פני זקנים. כלומר יחפרו ויביישו אותם: וזקנים יעמדו בפני הנערים. לכבדם והיינו דאמרינן (בסוטה ד' מט:) בעקבות המשיח חוצפא יסגא: בת קמה באמה. לחרפה ולבייש: היוקר יעוות. שלא יכבדו זה את זה יקר כבוד ל"א היוקר יעוות מכובד שבהן יהא עוותן ורמאי. מ"ר: והגפן יתן פריו. ואעפ"כ יהיה היין ביוקר שלא יהיה ברכה בפרי עצמו ל"א שיהו טלן רודפין אחר היין ומשתכרין ומתייקר היין אע"פ שרוב יין בעולם: כלו הפך לבן טהור הוא. כשפשט הנגע בכל העור כך כשנהפכה כל המלכות למינות תבא גאולה: כי ידין ה' עמו. להביא להם גאולה: כי יראה כי אזלת יד. שתלך ותחזק ידן של מסורות ומלשינין במלשינותן: שיתמעטו התלמידים. שמחזיקין ידי ישראל להחזירן למוטב: שתכלה פרוטה. והיינו אזלת יד שיהא בידים ריקניות: כביכול. כאלו יכולין לומר דבר זה כלפי מעלה: אין עוזר ואין סומך לישראל. שיהיו שפלים למאד ואומר אין עוזר וסומך שיהיו מתייאשין מן הגאולה: דמעסקי ביה. לידע מתי יבא: ועקרב. נושך האדם פתאום: וחד חרוב. שאלף שנה יהיה חרוב חוץ מששת אלפים אלו דהיינו אלף שביעי: תרי. אלפים הוא חרב אלף שביעי ואלף שמיני: יומו של הקב"ה אלף שנה שנאמר כי אלף שנים בעיניך כיום אתמול כי יעבור: משמט. ונעשה חרב: שכולו שבת. שהעולם משמט: הוי עלמא. העולם כך מתקיים: ב' אלפים היה תהו. תחת שלא ניתנה עדיין תורה והיה העולם כתוהו ומאדם הראשון עד שהיה אברהם בן נ"ב שנה איכא אלפים שנה כדמוכחי קראי דכשנשלמו אלפים שנה עסק אברהם בתורה שנאמר (בראשית יב) ואת הנפש אשר עשו בחרן ומתרגמינן דשעבידו לאורייתא בחרן ואמרינן במסכת ע"ז (דף ט.) גמירי דההוא שעתא הוה אברהם בר חמשין ותרתי שנין: ושני אלפים תורה. מן הנפש אשר עשו בחרן עד [אלפים] שנות המשיח ארבעים (*ושמונים) שנה עד שנולד יצחק וששים שנה משנולד יצחק עד שנולד יעקב הרי ק"ח וק"ל שהיו ליעקב כשבא למצרים הרי רל"ח ורד"ו שעמדו במצרים הרי תמ"ח ומשיצאו ממצרים עד שנבנה בית ראשון ת"פ דכתיב (מלכים א ו) ויהי בשמונים שנה וארבע מאות שנה לצאת בני ישראל מארץ מצרים וגו' הרי תתקכ"ח ות"י שעמד בית ראשון כדמוכחי קראי על פי חשבון שנות המלכים וע' דגלות בבל ות"כ שעמד בית שני הרי תת"ק ותתקכ"ח הרי אלפים חוץ קע"ב וקע"ב קודם השלמת ד' אלפים נחרב הבית ולסוף אותן קע"ב נשלמו שני אלפים תורה ואיידי דאמר שני אלפים תוהו קאמר שני אלפים תורה ולא שתכלה תורה אחר שני אלפים. מ"ר: ושני אלפים שנות המשיח. שלאחר שני אלפים תורה הוה דינו שיבא משיח ותכלה המלכות ויבטל השיעבוד מישראל:

אבל

מסורת הש"ס

עמוס ד

תהלים פט

ישעיה נט

מגילה יז: · [סוטה מט:] · [ב"מ מט. ע"ש] · [נ"ל ושמונה] · ויקרא יג · דברים לב · [כתובות קד: וכ"ש תנ: גס בעיי ליתא בעינא וכן לפיל גס במשותא מינך] · [ר"ה לא.] ישעיה ב · הושע ו · תהלים צב · שם צ · ע"ז ט. · סוטה מט: · ר"ה סנהד'. אמרי

הגהות הגר"א

[א] גמ' אשר חרפו. נדפס בגליון רש"ל מוחק זה ונמחק הכג"ה: [ב] שם ואנשי גבול. נמחק תיבת גבול. וכ"ה תוס': [ג] שם ופני הדור כפני הכלב. נמחק: [ד] שם וסר מרע משתולל. נדפס בגליון רש"ל מ"ז נמחק ההג"ה:

– Abajje (Pumbedita, 1. Hälfte 4. Jh.) erwiderte ihm: Sind etwa auch die Donnerstimmen des 6. Jahres und die Kriege des 7. eingetroffen; und sind ferner diese Ereignisse etwa in der richtigen Reihenfolge eingetroffen?

§ 3 *Dass deine Feinde, Herr, gelästert haben, geschmäht haben die Fußspuren deines Gesalbten* (Ps 89, 52). Es wird gelehrt: R. Jehuda (berabbi Illai, Jawne, Mitte 2. Jh.) sagte: Im Zeitalter, in dem der Sohn Davids kommen wird (*Dor ScheBen David Ba Bo*), wird das Versammlungshaus (der Gelehrten) zum Hurenhause werden,

Galiläa wird zerstört und Gabla verwüstet werden,

die Grenzbewohner werden von Stadt zu Stadt wandern, ohne dass man sich ihrer erbarmen wird,

die Weisheit der Gelehrten wird entarten,

die Sündenscheuen werden verachtet sein,

das Gesicht des Zeitalters wird dem Gesichte eines Hundes gleichen

und die Wahrheit wird vermisst werden, denn es heißt: *Und so kam es, dass die Wahrheit vermisst ward, und wer Böses meidet, ist wahnsinnig* (Jes 59,15).

– Was heißt: *Und so kam es, dass die Wahrheit vermisst ward?*

– In der Schule von Raw (Abba bar Aibo, Sura, 1. Hälfte 3. Jh.) erklärten sie: Sie wird sich in Herden teilen und auswandern. Was heißt: *Wer Böses meidet, ist wahnsinnig?*

– In der Schule Rabbi Schelas (Nehardea, 1. Hälfte 3. Jh.) erklärten sie: Wer Böses meiden wird, wird bei den Menschen als wahnsinnig gelten.

– Rawa (bar Josef bar Chama, Machosa, 1. Hälfte 4. Jh.) sagte: Zuerst glaubte ich, es gebe in der Welt keine Wahrheit, bis mir einer von den Meistern, namens R. Tawut, manche sagen, namens R. Tawjomi (4. Jh.), einer, der sein Wort nicht brechen würde, selbst wenn man ihm das ganze Vermögen der Welt geben würde, Folgendes erzählte: Einst kam er nach einer Ortschaft, die »Wahrheit« hieß; da brachen sie nicht ihr Wort, und es gab keinen, der vor der Zeit gestorben wäre. Dort nahm er eine Frau und bekam von ihr zwei Kinder. Eines Tages, als seine Frau gerade den Kopf wusch, kam eine Nachbarin und klopfte an die Tür; er glaubte, es sei nicht schicklich, und sagte ihr, [seine Frau] sei nicht anwesend. Da starben ihm seine beiden

Kinder. Hierauf kamen die Einwohner der Ortschaft zu ihm und fragten ihn, was dies zu bedeuten habe, und als er ihnen das Ereignis erzählte, sprachen sie zu ihm: Wir ersuchen dich, unsere Ortschaft zu verlassen, damit du nicht den Tod auf die Einwohner hetzest.

§ 4 Es wird gelehrt, Rabbi Nehorai (Sephoris, Mitte 2. Jh.) sagte: Im Zeitalter, in dem der Sohn Davids kommen wird (*Dor SchBen David Ba Bo*),
werden die Jungen das Gesicht der Greise beschämen und Greise werden vor den Jungen aufstehen;
eine Tochter wird gegen ihre Mutter auftreten,
eine Schwiegertochter gegen ihre Schwiegermutter;
das Gesicht des Zeitalters wird dem Gesicht eines Hundes gleichen,
und ein Sohn wird sich vor seinem Vater nicht schämen.

§ 5 Es wird gelehrt, Rabbi Nechemja (Jawne, Mitte 2. Jh.) sagte: Im Zeitalter, in dem der Sohn Davids kommen wird (*Dor SchBen David Ba Bo*),
wird die Frechheit überhandnehmen und die Achtung entarten;
der Weinstock wird seine Früchte bringen, der Wein aber wird teuer sein;
und auch die ganze Regierung wird der Ketzerei verfallen, und eine Zurechtweisung wird es nicht geben.

– Dies ist eine Stütze für Rabbi Jizchaq (3. Jh.), denn R. Jizchaq sagte: Der Sohn Davids wird erst dann kommen (*Ejn Ben David Ba Ad*), wenn die Regierung ganz der Ketzerei verfallen sein wird.

– Rawa (4. Jh.) sagte: Welcher Schrift-Vers deutet hierauf? *Ist* (der Aussätzige) *ganz und gar weiß geworden, so ist er rein* (Lev 18,13, d. h. je schlimmer, desto besser).

§6 Die Rabbanan lehrten: *Denn der Herr wird seinem Volke Recht schaffen [...]. Wenn er sieht, dass jeder Halt geschwunden ist, und Bewahrtes und Befestigtes fort ist* (Deut 32,36). Der Sohn Davids kommt nicht eher als (*Ejn Ben David Ba Ad*) bis die Angeber überhandgenommen haben werden.

– Eine andere Deutung: Bis die Schüler sich vermindert haben werden.

– Eine andere Deutung: Bis jede kleine Münze aus dem Geldbeutel geschwunden sein wird.

> – Eine andere Deutung: Bis sie an der Erlösung verzweifelt haben werden, denn es heißt: *und Bewahrtes und Befestigtes fort ist* (ebd.); wenn, als ob dies denkbar wäre, Israel seine Stütze und seinen Helfer aufgegeben haben wird.
> § 7 So pflegte R. Sera (Tiberias, Ende 3. Jh.), wenn er die Jünger traf, wie sie sich über (die messianische Zeit) unterhielten, zu ihnen zu sagen: Ich bitte euch, sie nicht hinauszuschieben, denn es wird gelehrt, drei Dinge treffen ein, wenn man an sie nicht denkt, und zwar: der Messias, ein Fund und ein Skorpion.

Wie schon gesagt, geht es zuerst um die dringendste Frage: *Wann* kommt der Messias (*Emat Ate*)? Die sechs bzw. sieben Antworten auf diese Wann-Frage konzentrieren sich aber nicht auf »Zeit und Stund« (Dan 7,12), sondern es geht in ihnen um die Zeichen der Zeit. Und diese sind fast sämtlich negativ. Der Messias wird nicht als Zielpunkt des Fortschritts, sondern als Umschlag am Tiefpunkt des Verfalls erwartet.

Solche Listen von Dekadenzsymptomen sind eine Erkennungsmarke von Apokalypsen,[29] darum werden diese Stücke auch als rabbinische »Apokalypse« bezeichnet.[30] Die letzte, die siebente Meinung in dieser Reihe (§7), stellt allerdings die Frage selbst infrage, ja, sie macht diese Frage gar für die Heilsverzögerung verantwortlich, denn der Advent komme vielmehr unangekündigt. Der launisch-humorvolle Vergleich mit dem Skorpionstich lässt freilich offen, ob es nicht auch eine böse Überraschung geben könnte. Damit wird die erste Fragerunde durch ein »Unentschieden« (*Teku*) abgerundet. Das zeigt den Willen der Redaktion, aus den vorhandenen Traditions-

29 Vgl. II Baruch XXVII, Ephraim E. Urbach, The Sages. Their Concepts and Beliefs (orig. hebr., übers. ins Englische v. I. Abrahms), Jerusalem 1979, 608; Mireille Hadas-Lebel, Jérusalem contre Rome, Paris 1990, 446 f.

30 Günther Stemberger, Der Talmud. Einführung. Texte. Erläuterung, München, 2. Aufl. 1987, 226 ff.

materialien einen kunst- und sinnvollen Diskussionszusammenhang zu konstruieren. Ginge man von dem Prinzip aus, dass die letzte Meinung die Konklusion ist, dann würde die Skepsis in dieser Diskussion die Oberhand behalten.

2.2 Ankunftstermine des Messias

Trotz dieser Skepsis wendet sich die Diskussion in der Folge der Frage zu, wann mit dem Messias zu rechnen sei.

> § 8 R. Qatina (Sura, Mitte 3. Jh.) sagte: Sechstausend Jahre wird die Welt bestehen (*Hawu Alma*) und eintausend zerstört sein, denn es heißt: *Und der Herr wird allein an jenem Tage erhaben sein* (Jes 2,11).
> – Abajje (4. Jh.) sagte: Zweitausend werde sie zerstört sein, denn es heißt: *Er wird uns nach zwei Tagen beleben, am dritten Tage uns wiederaufrichten, dass wir vor ihm leben* (Hos 6,2).
> – Übereinstimmend mit R. Qatina wird gelehrt: Wie in jedem Siebenjahr-Zyklus ein Jahr Brachjahr ist, ebenso wird die Welt in siebentausend Jahren eintausend Jahre brachliegen, denn es heißt: *Und der Herr wird allein an jenem Tage erhaben sein;* ferner heißt es: *ein Psalmlied* für den Sabbattag (Ps 92,1), ein Tag, der ganz Ruhetag ist, und es heißt: *denn tausend Jahre sind in deinen Augen wie der gestrige Tag* (Ps 90,4).
> § 9 In der Schule des Elijahu wurde gelehrt: Sechstausend Jahre wird die Welt bestehen (*Hawe Alma*); zweitausend Jahre der Nichtigkeit (–1760), zweitausend Jahre der Tora (ab + 240) und zweitausend Jahre der messianischen Zeit;

עין משפט נר מצוה

י א מיי' פי"ב מהלכות מלכים ומלחמותיהם הלכה ב:

יא ב מיי' פ"ז מהל' תשובה הלכה ה:

מסורת הש"ס

ובעונותינו שרבו יצאו מהם מה שיצאו אמר ליה אליהו לרב יהודה אחוה דרב סלא חסידא אין העולם פחות משמונים וחמשה יובלות וביובל האחרון בן דוד בא אמר ליה בתחילתו או בסופו אמר ליה איני יודע כלה או אינו כלה אמר ליה איני יודע רב אשי אמר הכי א"ל עד הכא לא תיסתכי ליה מכאן ואילך איסתכי ליה שלח ליה רב חנן בר תחליפא לרב יוסף מצאתי אדם אחד ובידו מגילה אחת כתובה אשורית ולשון קדש אמרתי לו זו מניין לך אמר לי לחיילות של רומי נשכרתי ובין גינזי רומי מצאתיה וכתוב בה לאחר ד' אלפים ומאתים [א]ותשעים ואחד שנה לבריאתו של עולם העולם יתום מהן מלחמות תנינים מהן מלחמות גוג ומגוג ושאר ימות המשיח ואין הקב"ה מחדש את עולמו אלא לאחר שבעת אלפים שנה רב אחא בריה דרבא אמר לאחר חמשת אלפים שנה איתמר תניא רבי נתן אומר מקרא זה נוקב ויורד עד תהום °כי עוד חזון למועד ויפח לקץ ולא יכזב אם יתמהמה חכה לו כי בא יבא לא יאחר לא כרבותינו שהיו דורשין °עד עידן עידנין ופלג עידן ולא כר' שמלאי שהיה דורש °האכלתם לחם דמעה ותשקמו בדמעות שליש ולא כרבי עקיבא שהיה דורש °עוד אחת מעט היא ואני מרעיש את השמים ואת הארץ אלא מלכות ראשון שבעים שנה מלכות שניה חמשים ושתים ומלכות בן כוזיבא שתי שנים ומחצה מאי ויפח לקץ ולא יכזב א"ר שמואל בר נחמני אמר ר' יונתן *תיפח עצמן של מחשבי קיצין שהיו אומרים כיון שהגיע את הקץ ולא בא שוב אינו בא אלא חכה לו שנאמר אם יתמהמה חכה לו שמא תאמר אנו מחכין והוא אינו מחכה ת"ל °לכן יחכה ה' לחננכם ולכן ירום לרחמכם וכי מאחר שאנו מחכים והוא מחכה מי מעכב מדת הדין מעכבת וכי מאחר שמדת הדין מעכבת אנו למה מחכין לקבל שכר שנאמר °אשרי כל חוכי לו *אמר אביי °לא פחות עלמא מתלתין ושיתא צדיקי דמקבלי אפי שכינה בכל דרא שנאמר אשרי כל חוכי לו לו בגימטריא תלתין ושיתא הוו איני והאמר רבא דרא דקמי קודשא בריך הוא תמני סרי אלפי [פרסא] הואי שנאמר °סביב שמנה עשר אלף לא קשיא הא דמסתכלי באיספקלריא המאירה הא דמסתכלי באיספקלריא שאינה מאירה ומי נפישי כולי האי *והאמר חזקיה א"ר ירמיה משום רשב"י ראיתי בני עלייה והן מועטין אם אלף הם אני ובני מהם אם מאה הם אני ובני מהם אם שנים הם אני ובני הם לא קשיא הא דעיילי בבר הא דעיילי בלא בר אמר רב כלו כל הקיצין ואין הדבר תלוי אלא בתשובה ומעשים טובים ושמואל אמר דיו לאבל שיעמוד באבלו כתנאי ר' אליעזר אומר אם ישראל עושין תשובה נגאלין ואם לאו אין נגאלין אמר ליה רבי יהושע אם אין עושין תשובה אין נגאלין *אלא הקב"ה מעמיד להן מלך שגזרותיו קשות כהמן °וישראל עושין תשובה ומחזירן למוטב תניא אידך ר' אליעזר אומר אם ישראל עושין תשובה נגאלין שנאמר °שובו בנים שובבים ארפא משובותיכם אמר לו רבי יהושע והלא כבר נאמר °חנם נמכרתם ולא בכסף תגאלו חנם נמכרתם בעבודת כוכבים ולא בכסף תגאלו לא בתשובה ומעשים טובים אמר לו רבי אליעזר לר' יהושע והלא כבר נאמר °שובו אלי ואשובה אליכם אמר ליה רבי יהושע והלא כבר נאמר °כי אנכי בעלתי בכם ולקחתי אתכם אחד מעיר ושנים ממשפחה והבאתי אתכם ציון אמר לו ר' אליעזר והלא כבר נאמר °בשובה ונחת תושעון אמר לו ר' יהושע לרבי אליעזר והלא כבר נאמר °כה אמר ה' גואל ישראל וקדושו לבזה נפש למתעב גוי לעבד מושלים מלכים

חבקוק ב / דניאל ז / תהלים פ / חגי ב / ישעיה ל / שם / סוכה מה: ע"ש / יחזקאל מח / ג"ו שם: / ירושלמי תעני' א"ל ר"א / ירמיה ג / ישעיה נב / מלאכי ג / ירמיה ג / ישעיה ל / שם מט

אבל בשביל עונותינו שרבו. לא בא משיח לסוף ד' אלפים ויצאו מה שיצאו שעדיין הוא מעוכב לבא: שמנים וחמשה יובלין. היינו ד' אלפים מאתים וחמשים [שנה]: בתחלתו. היובל האחרון הוא בא או בסופו: כלה. זמן הזה קודם שיבא משיח או אינו כלה דבתוך היובל בסופו הוא בא: עד הכא לא תיסתכי ליה. עד יובל האחרון לא תצפה לו דודאי לא יבא קודם הזמן הזה: איסתכי ליה. חכה לו שיבא: אשורית. כתב שלנו אשורית שבא מאשור כדאמר באידך פירקין (ד' כב.): לחיילות של פרס נשכרתי. שהייתי גולייר לאחד מהם: תנינים. דגים: ושאר ימות המשיח. שכלה השעבוד ומשיח בא: מחדש עולמו. לברוא עולם חדש: נוקב ויורד עד התהום. מה תהום אין לו קץ וסוף כך אין אדם יכול לעמוד על סוף פסוק זה (וכי קא מפרש אימת קאמר אם) יתמהמה חכה לו דאין לו סוף: לא כרבותינו. אל תצפו לאותו קץ שהיו רבותינו דורשין: עד עידן עידנין ופלג עידן. עידן כעידן הגלות של מצרים והיינו ד' מאות ב' עידנין ח' מאות היינו י"ב מאות ופלג עידן ב' מאות סך הכל אלף וד' מאות: ותשקמו בדמעות שליש. כלומר השקה אותם הקב"ה בין גלות מצרים לגלות בבל שליש גלות אדום כי קץ גלות אדום זה יהיה לסוף ג' פעמים ת' שנים וג' פעמים ע' שנה כנגד גלות בבל דהיינו לסוף אלף וארבע מאות ועשר שנים[ג]כבר עברו ולא היה כך מצאתי כתוב בשם הרב רבי שמואל בר דוד ז"ל: עוד אחת מעט היא. בנבואת חגי כתיב שהיה מתנבא כשעלו ישראל מגלות בבל ויבנה בית המקדש והיינו עוד אחת מעט היא מעט כבוד אתן להם לישראל ואני מרעיש את השמים ואת הארץ והבאתי כל חמדת גוים לירושלים ור"ע דריש ליה לימות המשיח ולאחר חורבן והכי דריש ליה [עוד אחת מעט היא מעט כבוד אתן לישראל ואח"כ יבא המשיח ודרשה זו אינה אלא קרא אלפני הבית קאי וה"ק] עוד אחת מעט היא מעט כבוד אתן להם לישראל ושוב לא אתן להם כל ימות בית אחרון וכן היה דמלכות ראשונה של מלכות חשמונאי נתקיימה שבעים שנה ואע"ג דאמרינן בסדר עולם דמלכות בית חשמונאי מאה ושלש ומלכות הורדוס מאה ושלש עיקר כבודם ופארם שלא שלטה בהם אומה לא נתקיימו כל כך ומלכות שניה של הורדוס כ"ב שנה ומלכות בן כוזיבא ב' שנים ומחצה ושוב לא היה להם מלך מ"ר. וכל הנך דרשות לאו משנה ולאו ברייתא. ל"א עוד אחת מעט היא מעט מלכות אתן להם לישראל לאחר חורבן ולאחר אותו מלכות הנני מרעיש שמים וארץ ויבא משיח. ואין דרשה זו כלום שהרי ראינו כמה מלכיות לישראל לאחר חורבן ואעפ"כ לא בא משיח שהמלכות הראשונה שהיתה להם לישראל לאחר חורבן שבעים שנה הורדוס כ"ב בן כוזיבא ב' ומחצה ומצינו בסדר עולם מפולמוס של אספסיאנוס עד פולמוס של טיטוס שתים עשרה שנה ומפולמוס של טיטוס עד מלכות בן כוזיבא י"ו שנים ומלכות בן כוזיבא ב' שנים ומחצה: [בן כוזיבא מלך בביתר]: ויפח לקץ. תיפח נפשו של מחשב הקץ שלא היה לו לכזב ולומר כיון שהגיע וכו': יחכה ה'. הוא עצמו מחכה ומתאוה שיבא משיח: סביב י"ח אלף. בירושלים של מעלה משתעי קרא בסוף יחזקאל: באספקלריא המאירה. בחוזק נגהו של הקב"ה אין מסתכלין אלא תלתין ושית אבל בקלישות הנוגה לצדדין מרחוק מסתכלין כתות הרבה: ומי נפישי טלי האי. דלהוי בריר לן תלתין ושיתא הוו ולא פחות: והא רבי שמעון בן יוחאי. לא הוה ידע אם אלף הם אם מאה הם אם שנים הם: הא דעיילי בבר. שצריכין ליטול רשות כשנכנסין להסתכל באספקלריא המאירה בהנהו לא פחיתי מתלתין ושית אבל אותן הנכנסין בלא רשות ברוב צדקם הנהו מספקא לן כמה הוו: בתשובה. אם כל ישראל חוזרין בתשובה יבא ואם לאו לא יבא: דיו לאבל שעומד באבלו. דיו להקב"ה שעומד כמה ימים ויגיע אחור כלומר אם לא יעשו תשובה אינו עומד באבלו כל הימים אלא ודאי קץ לדבר ל"א דיו לאבל דיין לישראל צער גלות אפילו בלא תשובה נגאלין: לא בכסף. לא בתשובה ומעשים טובים דאפילו אין עושין תשובה נגאלין משום דאמר חנם נמכרתם קרי כסף בלשון תשובה: בעלתי אתכם. משמע בעל כרחכם בלא תשובה: אחד מעיר. אברור הצדיקים ואביאם לציון אע"פ שאין כולם חוזרין: כה אמר ה' לבזה נפש למתעב גוי. אותן הבזויין ומתועבין בעבירות אעפ"כ יגאלו מלכים יראו וקמו:

כי

תורה אור

הגהות הגר"א

[א] גמ' ותשעים. נמחק ול"ג שלשים (עי' בפ"ו פ' ב' ובתוס' ד"ה לאחר): [ב] רש"י ד"ה ותשקמו כו' עשר שנים. פה כאן נקודות להפסיק ותיבת וכבר עברו וכו' עד בר דוד ז"ל נמחק:

...שאין קץ למשיח אלא אם

גליון הש"ס

גמ' לא פחות עלמא. ועי' במ"ר בראשית פ' ל"ה שמאיתא לא פחות מתלתין צדיקי ועיין במ"ר במדבר פ' ג':

(*97b*)
wegen unserer zahlreichen Sünden aber sind schon manche von diesen (messianischen Jahren) verstrichen.
– Elijahu sprach zu Rabbi Jehuda, dem Bruder Rabbi Sala des Frommen (Nehardea, 3./4. Jh.): Die Welt hat nicht weniger (*Ejn Olam Pachot*) als 85 Jubelzyklen (4250 AM), und im letzten Jubelzyklus wird der Sohn Davids kommen (*Ben David Ba,* d. i. ab 439 u. Z.).
– Dieser fragte: Am Anfang oder am Schluss?
– Jener erwiderte: Ich weiß es nicht.
– Wird (der 85. Jubelzyklus) vollständig werden oder nicht?
– Jener erwiderte: Ich weiß es nicht.
– R. Aschi (Sura, 4./5. Jh.) sagt, er habe ihm Folgendes gesagt: Bis dahin hoffe nicht auf ihn, von dann ab aber kannst du auf ihn hoffen.
§ 10 Rabbi Hanan b. Tachlifa (1. Hälfte 4. Jh.) teilte R. Josef (bar Chijja, gest. 323) mit: Ich traf einen Menschen, der eine in Quadratschrift und in der Heilgensprache geschriebene Rolle in seinem Besitze hatte, und auf meine Frage, woher er sie habe, erwiderte er mir, er habe sich an das römische Heer vermietet und sie in einem römischen Archiv gefunden. Auf dieser stand geschrieben, 4291 Jahre nach der Weltschöpfung wird die Welt verwaist sein (d. i. bis ins Jahr 531), davon die Kriege der Seeungeheuer, die Kriege von Gog und Magog (Ez 38–39) und darauf die messianischen Tage (*Jemot HaMaschiach*); erst nach siebentausend Jahren wird der Heilige, gepriesen sei er, seine Welt von neuem errichten (*MeChadesch Et Olamo*).
– Rabbi Acha, Sohn des Rawa (Lydda, 4. Jh.), sagte: Es wurde gelehrt: nach fünftausend Jahren.

Nach der Frage, woran man das Kommen des Messias erkennen könnte, wird nun also der *Termin* seines Kommens debattiert. Es handelt sich hier in den Paragraphen 8 bis 10 um drei millenaristische Traditionen, denen eines gemein ist: Gegen die These der Unberechenbarkeit der Ankunft des Messias, seines plötzlichen Erscheinens, werden apokalyptische Endzeitberechnungen in Anschlag gebracht; der Indeterminismus, die Unbestimmtheit, wird durch präzise Termine widerlegt. Berechnungsgrundlage für die Zukunftsvorhersagen ist das biblische Periodensystem. Das Nebeneinander so vieler verschiedener Ergebnisse stellt freilich jedes einzelne von ihnen infrage. In der Diskussion fallen auch Worte, die man sonst nicht oft aus dem Mund von Apokalyptikern und Gnostikern hört, wie: »Ich weiß nicht.« (§ 9).

Insgesamt hat man den Rabbinen eine Mäßigung des apokalyptischen Tons nachgesagt, der vor den Jüdischen Kriegen in den Berichten von Josephus, in der Bibliothek von Qumran, in weiteren Schriften der Zeit des Zweiten Tempels und nicht zuletzt im Neuen Testament, vorab in den Evangelien (Mt 24,1–36; Mk 13,3–37; Lk 21,6–36) und in der Offenbarung (Offb 7,13–11,1) so dominant ist. Dieser Abschnitt zeigt aber, dass die Endzeitberechnungen aus dem rabbinischen Judentum nicht verschwunden sind, wenn es auch bittere Ironie ist, dass der Erlösungstermin ausgerechnet in einem römischen Heeresarchiv aufbewahrt gewesen sein soll (§ 10).

Rechnet man die einzelnen Termine aus der Schöpfungsära um, dann erkennt man, dass die rabbinischen Apokalyptiker nicht uneigennützig kalkulierten, und es ist eine historische Tatsache, dass die messianischen Hoffnungen in der talmudischen Zeit in West und Ost immer wieder aufflammten.[31] Mit dem Schlusswort Rabbi Achas in diesem Abschnitt scheint uns der Talmud sagen zu wollen, dass Voraussagen mit einer Messunsicherheit von 2000 Jahren bei einem Erdalter von insgesamt 7000 Jahren kaum glaubwürdig sind. Auch hier scheint also wiederum die Skepsis zu obsiegen.

31 Vgl. Michael Avi-Yonah, Geschichte der Juden im Zeitalter des Talmud, in den Tagen von Rom und Byzanz, Berlin 1962, 127–132.

2.3 Bedingungen des Kommens des Messias

Und die Skepsis setzt sich fort, indem in der Folge alle Berechnungen infrage gestellt werden.

§ 11 Es wird gelehrt (*Baraita*): R. Nathan (Uscha, Mitte 2. Jh.) sagte: Folgender Schriftvers durchbohrt und dringt bis in den Abgrund hinab: *Für die Weissagung ist eine Frist bestimmt, sie eilt dem Ende entgegen und trügt nicht. Wenn sie sich verzögert, so harre ihrer, denn sie kommt gewiss und bleibt nicht aus* (Hab 2,3). Nicht wie unsere Meister, die gedeutet haben: *Zeit, Zeiten und eine halbe Zeit* (Dan 7,25)
und nicht wie Rabbi Simlai (Mitte 3. Jh.), der gedeutet hat: *Du speistest sie mit Tränenbrot und tränktest sie in reichem Maße mit Tränen* (*schalisch, dreifach* – Ps 80,6)
und nicht wie Rabbi Akiwa (ben Josef, Bne Brak ca. 55–137) der gedeutet hat: *Denn nur noch eine kleine Frist währt es, so erschüttere ich Himmel und Erde* (Hag 2,6).
Vielmehr, das erste Reich währte siebzig Jahre, das zweite Reich währte zweiundfünfzig Jahre und das dritte Reich des Bar Kochba zweieinhalb Jahre.
– Was heißt: *Sie eilt* (*Jafeach*) *dem Ende entgegen und trügt nicht* (Hab 2,3)?
– Rabbi Schmuel bar Nachmani (Tiberias, 3. Jh.) erwiderte im Namen Rabbi Jonathans (ben Eleasar, 3. Jh.): Es verhauche der Geist derjenigen, die das Ende berechnen wollen (*Mechaschwe Kizin*); diese sagen nämlich, sobald das (berechnete) Ende kommt und er nicht gekommen ist, so werde er nicht mehr kommen; vielmehr harre man seiner, wie es heißt: *Wenn sie sich verzögert, so harre ihrer* (Hab 2,3).
– Vielleicht denkst du, wir harren wohl, er aber nicht, so heißt es: *Daher harrt der Herr, euch zu begnadigen, und er wird sich erheben, sich eurer zu erbarmen* (Jes 30,18).
– Wenn nun wir harren und er ebenfalls harrt, wer hält es denn zurück? Die Eigenschaft der Gerechtigkeit hält es zurück. Weshalb harren wir nun, wenn es die Eigenschaft der Gerechtigkeit zurückhält? Um eine Belohnung zu erhalten, denn es heißt: *Heil allen, die auf ihn harren* (Jes 30,18).

§ 12 Abajje (Pumbedita, 1. Hälfte 4. Jh.) sagte: Die Welt hat in jeder Generation nicht weniger als sechsunddreißig Gerechte, die das Gesicht der Göttlichkeit empfangen, denn es heißt: *Heil allen, die auf ihn harren* (Jes 30,18); לו [ihn] hat den Zahlenwert sechsunddreißig.

– Ist das so? Rawa (bar Josef bar Chama, Machosa, 1. Hälfte 4. Jh.) sagte ja, die Reihe [der Gerechten] vor dem Heiligen, gepriesen sei er, betrage achtzehntausend persische Meilen (ca. 90 000 km), denn es heißt: *ringsum sind es achtzehntausend* (Ez 48,35)?

– Das ist kein Widerspruch: Eines gilt von denen, die den leuchtenden Spiegel (*Ispaklarja*) schauen, und eines von denen, die nur den matten Spiegel schauen.

– Sind sie denn so zahlreich? Sagt doch Chiskija (ben Rabbi Chijja d. Große, 2./3. Jh.) im Namen Rabbi Jirmejas (Ende 2. Jh.) im Namen des Rabbi Schimon bar Jochais (Mitte 2. Jh.): Ich sah die erhabenen Leute, ihrer sind nur wenige vorhanden; sind deren tausend, so gehöre ich und mein Sohn zu ihnen, sind deren hundert, so gehöre ich und mein Sohn zu ihnen, sind deren zwei, so sind es ich und mein Sohn.

– Das ist kein Widerspruch, eines gilt von denen, die nur mit Erlaubnis eintreten, und eines von denen, die ohne Erlaubnis eintreten.

§ 13 Raw (Anf. 3. Jh.) sagte: *Alle Enden sind bereits vorüber;* die Sache ist nur von Buße und guten Handlungen abhängig (*Kalu Kol HaQizin*).

– Schmuel (Nehardea, gest. 254) aber sagte: Es genügt, wenn der Trauernde in seiner Trauer verweilt.

Hierüber folgende Tannaim:

R. Elieser (ben Hyrkanos, Jawne, 1./2. Jh.) sagte: Wenn die Israeliten *Buße* tun (*Tschuwa*), so werden sie erlöst, wenn aber nicht, so werden sie nicht erlöst.

– Rabbi Jehoschua (ben Chananja, Jawne 1./2. Jh.) sprach zu ihm: Wenn sie keine Buße tun, werden sie etwa nicht erlöst? Vielmehr wird der Heilige, gepriesen sei er, gegen sie einen König auftreten lassen, der über sie böse Bestimmungen wie die des Haman verhängen wird, der sie zur Buße bringen und zum Besseren bekehren wird.

– Die andere (Lehre) lehrt, R. Elieser sagte: Wenn die Israeliten *Buße* tun (*Tschuwa*), so werden sie erlöst, denn es heißt: *Kehret*

zurück, ihr abtrünnigen Söhne, ich will eure Abtrünnigkeit heilen (Jer 3,22).
– R. Jehoschua sprach zu ihm: Es heißt ja bereits: *Umsonst wurdet ihr verkauft, und ohne Geld sollt ihr erlöst werden. Umsonst wurdet ihr verkauft* wegen des Götzendienstes, *und ohne Geld sollt ihr erlöst werden,* ohne Buße und gute Handlungen (Jes 52,3).
– R. Elieser erwiderte R. Jehoschua: Es heißt ja bereits: *Kehret zu mir zurück* (*Schuwu Elai*), *so will ich zu euch zurückkehren* (Mal 3,7).
– R. Jehoschua entgegnete ihm: Es heißt ja bereits: *Ich habe euch mir angetraut, ich will euch holen, einen aus einer Stadt und zwei aus einem Geschlechte, und euch nach Zion bringen* (Jer 3,14).
– R. Elieser erwiderte ihm: Es heißt ja bereits: *Durch* Rückkehr (*BeSchuwa*) *und Ruhe soll euch geholfen werden* (Jes 30,15).
– R. Jehoschua entgegnete R. Elieser: Es heißt ja bereits: *So spricht der Herr, der Erlöser Israels, sein Heiliger, zu dem, der von jedem verachtet wird, der von den Völkern verabscheut wird, zu dem Sklaven von Tyrannen;*

מלכים יראו וקמו שרים וישתחוו אמר לו רבי אליעזר והלא כבר נאמר °אם תשוב ישראל נאום ה' אלי תשוב אמר לו רבי יהושע והלא כבר נאמר °ואשמע את האיש לבוש הבדים אשר ממעל למימי היאור וירם ימינו ושמאלו אל השמים וישבע בחי העולם כי למועד מועדים וחצי וככלות נפץ יד עם קדש תכלינה כל אלה וגו' ושתק רבי אליעזר ואמר רבי אבא אין לך קץ מגולה מזה שנאמר °ואתם הרי ישראל ענפכם תתנו ופריכם תשאו לעמי ישראל וגו' רבי (*אליעזר) אומר אף מזה שנאמר °כי לפני הימים (האלה) [ההם] שכר האדם לא נהיה ושכר הבהמה איננה וליוצא ולבא אין שלום מן הצר *מאי ליוצא ולבא אין שלום מן הצר רב אמר אף תלמידי חכמים שכתוב בהם שלום דכתיב °שלום רב לאהבי תורתך אין שלום מפני צר ושמואל אמר עד שיהיו כל השערים כולן שקולין אמר רבי חנינא אין בן דוד בא עד שיתבקש דג לחולה ולא ימצא שנאמר °אז אשקיע מימיהם ונהרותם כשמן אוליך וכתב (*בתריה) °ביום ההוא אצמיח קרן לבית ישראל אמר רבי חמא בר חנינא אין בן דוד בא עד שתכלה מלכות הזלה מישראל שנאמר °וכרת הזלזלים במזמרות "]וכתיב בתריה בעת ההיא יובל שי לה' צבאות עם ממשך ומורט אמר זעירי אמר רבי חנינא אין בן דוד בא עד שיכלו גסי הרוח מישראל שנאמר °כי אז אסיר מקרבך עליזי גאותך וכתיב °והשארתי בקרבך עם עני ודל וחסו בשם ה' אמר רבי שמלאי משום רבי אלעזר בר"ש *אין בן דוד בא עד שיכלו כל שופטים ושוטרים מישראל שנאמר °ואשיבה ידי עליך ואצרוף כבור סיגיך וגו' ואשיבה שופטיך *אמר עולא אין *ירושלים נפדית אלא בצדקה שנאמר °ציון במשפט תפדה ושביה בצדקה אמר רב פפא אי בטלי יהירי בטלי אמגושי אי בטלי דייני בטלי **גזירפטי אי בטלי יהירי בטלי אמגושי דכתיב °ואצרוף כבור סיגיך ואסירה כל בדיליך ואי בטלי דייני בטלי גזירפטי דכתיב °הסיר ה' משפטיך פנה אויבך אמר ר' יוחנן אם ראית דור שמתמעט והולך חכה לו שנאמר °ואת עם עני תושיע וגו' אמר רבי יוחנן אם ראית דור שצרות רבות באות עליו כנהר חכה לו שנאמר °כי יבא כנהר צר (ו)רוח ה' נוססה בו וסמיך ליה ובא לציון גואל ואמר רבי יוחנן אין בן דוד בא אלא בדור שכולו זכאי או כולו חייב בדור שכולו זכאי דכתיב °ועמך כולם צדיקים לעולם יירשו ארץ בדור שכולו חייב דכתיב °וירא כי אין איש וישתומם כי אין מפגיע וכתיב °למעני אעשה אמר רבי אלכסנדרי רבי יהושע בן לוי רמי כתיב °בעתה וכתיב אחישנה זכו אחישנה לא זכו בעתה אמר רבי אלכסנדרי רבי יהושע בן לוי רמי כתיב °וארו עם ענני שמיא כבר אינש אתה וכתיב °עני ורוכב על חמור זכו עם ענני שמיא לא זכו עני רוכב על חמור אמר ליה שבור מלכא לשמואל אמריתו משיח על חמרא אתי אישדר ליה סוסיא *ברקא דאית לי אמר ליה מי אית לך בר חיור גווני ר' יהושע בן לוי אשכח לאליהו דהוי קיימי אפיתחא דמערתא דרבי שמעון בן יוחאי אמר ליה אתינא לעלמא דאתי אמר ליה אם ירצה אדון הזה אמר רבי יהושע בן לוי שנים ראיתי וקול ג' שמעתי אמר ליה אימת אתי משיח אמר ליה זיל שייליה לדידיה והיכא יתיב אפיתחא [א] דקרתא ומאי סימניה יתיב ביני עניי סובלי חלאים וכולן שרו ואסירי בחד זימנא איהו שרי חד ואסיר חד אמר דילמא מבעינא דלא איעכב אזל לגביה אמר ליה שלום עליך רבי ומורי אמר ליה שלום עליך בר ליואי א"ל לאימת אתי מר א"ל היום אתא לגבי אליהו א"ל מאי אמר לך א"ל שלום עליך בר ליואי א"ל אבטחך לך ולאבוך לעלמא דאתי א"ל שקורי קא שקר בי דאמר לי היום אתינא ולא אתא א"ל הכי אמר לך °היום אם בקולו תשמעו שאלו תלמידיו את רבי יוסי בן קיסמא אימתי בן דוד בא אמר מתיירא אני שמא תבקשו ממני אות אמרו לו אין אנו מבקשין ממך אות א"ל לכשיפול השער הזה ויבנה ויפול ויבנה ויפול ואין מספיקין לבנותו עד שבן דוד בא אמרו לו רבינו תן לנו אות אמר להם ולא כך אמרתם לי שאין אתם מבקשין ממני אות אמרו לו ואף על פי כן אמר להם אם כך יהפכו מי מערת פמייס לדם ונהפכו לדם בשעת פטירתו אמר להן העמיקו לי ארוני שאין

כי למועד מועדים. אלמא יש קץ בדבר: וככלות נפץ יד עם קדש. כשתכלה תקומתם וחוזק ידיהם שהיתה נפולה הולך והולך גבורה ותועלת לפשוט אנה ואנה ואחר שתכלה גבורתם שיהיו שפלים למאד: תכלינה. אלו הגרות ויבא משיח כדאמרינן כי אזלת יד: מגולה מזה. כשתתן ארץ ישראל פריה בעין יפה תורה אור אז יקרב הקץ ואין לך קץ מגולה יותר: ר' אליעזר אומר מזה. הפסוק בשתראה דאין שום אדם משתכר ואף שכר הבהמה לא נהיה והיינו כדאמרן עד שתכלה פרוטה מן הכיס אין תמות מצויות בכיס: שכר בהמה. עבודת האדמה שהיא על ידי בהמה איננה: וליוצא ולבא אין שלום. לא יבא משיח: [שלום רב]. והיינו וליוצא ולבא אלו תלמידי חכמים אותם שהיה דינם ללאת ולבא בשלום כדכתיב שלום רב לאוהבי תורתך אפילו להנהו אין שלום: מן הצר. מרוב הצרות ל"א מיצר הרע: שקולין. שוין שער התבואה ויין רוחי' כדאמרן תמישית שובע גדול ל"א שקולין שוין שכולן יקרין: כשמן אוליך. שיהיו כולן קפויין וכיון שהם קפויין אין דגים נמצאין בתוכה: עד שתכלה מלכות הזלה שלא תהא להם שום שולטנות לישראל אפילו שולטנות קלה ודלה: נטישותיו. ענפים קטנים כלומר השרים והשופטים: וחסו בשם השם. כלומר שתבא להם גאולה ויחסו בצל שדי: סיגיך. תערובות שבך: בדיליך המובדלים לראשי עם: יהירי. גסי רוח מישראל: אמגושי. פרסיים מכשפין שמלערין ישראל במס' שבת (דף עה:) פלוגתא איכא למאן דאמר אמגושי חרשי ואיכא מ"ד גדופי עובדי כוכבים: גזירפטי. שופטים עובדי כוכבים המוכסין את ישראל במקלות: ואצרוף כבור סיגיך. רבים וגדולים בגסותם כשאצרוף ואסלקם ממך אזי אסירה כל בדיליך: אמגושי. הבדלים מירא המקום: סיגיך. כמו רב דמתרגמינן סגי: משפטיך. כמו[ב] (צפניה ג) שופטיך: פנה אויבך. גזירפטי: נוססה. כמו (ישעיה י) כמסוס נוסס וכמו (שם נט) יאכלם סס רוח המקום טקבת ומחרבת אותן עם הגרות הבאות שאף הוא מתכוין להשמידם: יירשו ארץ. היינו גאולה: עם ענני שמיא. כבר אינש אתי. במהירות: וכתיב עני ורוכב על החמור. כעני הבא על חמורו בעצלות: סוסי ברקא. סוס מבורק *ומנומר ונאה שיש לי דנגאי הוא שיבא על חמור מנגנע היה ל"א סוסיא בדיקא סוס בדוק לרוץ: בר חיור גווני. כלום יש לך סוס בר מאה גוונין שחמור שלו כן הוא במלאת בעלמא דחייה: חיור. מאה בלשון פרסי: האדון הזה. שכינה היתה עמהם: קול שלשה. דשכינה הוה בהדייהו: לדידיה. למשיח: בפתחא (*דקרתא). נראה למורי לא בפתח העיר ממש אלא גן עדן הוא כנגד כל העולם וקאמר ליה דבאותו לד של גן עדן שכנגד פתח העיר משיח שרוי: סובלי תלאים. מנוגעים והוא נמי מנוגע דכתיב (ישעיה נג) והוא מחולל מפשעינו וכתיב (גם) חליינו הוא נשא: כולהו. מי שיש לו ארבע וחמש נגעים: אסרי להו ושרו בחדא זימנא. מתירין כל נגעתן ביחד ומקנחין אותן וחוזרין וקושרין אותן: ואיהו. משיח: שרי חד. נגע ומקנחו וקושרו ואח"כ מתיר האחר ועושה כן ואינו מתיר שני נגעים יחד דסבר אי בעו לי ללאת ולינאל את ישראל לא איתעכב כדי קשירת שני נגעים: אמר ליה. ר' יהושע למשיח לאימת אתי מר אמר ליה היום: אבטחך לך ולאביך לעולם הבא. דאי לאו צדיקים גמורין אתם לא הוה יהיב לך שלמא ולא הוה מדכר שמיה דאבוך: היום אם בקולו. של הקב"ה תשמעו: השער הזה. של עיר רומי שבעיר רומי היה אותו שער: ואין מספיקין לבנותו. פעם שלישית: מי פמיים. שירדן נובע ממנו כדתניא בבכורות (דף נה.) דן יוצא ממערת פמיים ומפרש התם שפיר: העמיקו ארוני. עשו לי קבר בקרקע עמוק: שאין

וגוון רש"ל

נ"ל דרומי

הגהות הגר"א
[א] גמ' אפתחא דקרתא. נמחק תיבת דקרתא ונ"ב דרומי: [ב] רש"י ד"ה משפטיך כמו (צפניה ג) נמחק צפניה ג:

עיין רש"א במ"א

[בבת קמא פ"ש]

[הרמב"ם פרק י מהלכות מתנות עניים וכן בטור י"ד פי' כמו איתא ישראל וכצ"ל לתוכן ושבים בצדקה ודלא כפ"ש רש"א במ"א שגרסו בזה סוגא כד"ה עד שיאת שופטים מישראל וכו' ע"ש כרם לנסחא שניים עניים נאמנים הרמב"ם ושור אתי' לשפיר]

**[גיר' הערוך גאוני ראשי פי' פריסי ושוטרי הפרים]

[פי' ברש"י דבבא ופי' ברש"י דע"ז ל' ד"ה מי בארג ופי' בארג לשון פרס משנה כמו פוסי בארג בחלק פ"ש]

הגהות מהר"ב רנשבורג
א) גמ' שנאמר וכרת הזלזלים במזמרות ולא הנטישות הסר כצ"ל:

(98a)
Könige sollen es sehen und aufstehen, Fürsten sollen sich bücken (Jes 49,7).
– R. Elieser erwiderte ihm: Es heißt ja bereits: *Wenn du* umkehrst, *Israel* (*Im Taschuw*), *Spruch des Herrn, so kehre zu mir um* (Jer 4,1).
– R. Jehoschua entgegnete ihm: Es heißt ja bereits: *Da hörte ich den in leinenen Gewändern gekleideten Mann, der sich oben über dem Wasser des Stromes befand – dabei erhob er seine Rechte und seine Linke gegen den Himmel und schwur bei dem, der ewig lebt – sagen: Nach einer Zeit, Zeiten und einer halben, wenn die Zertrümmerung der Macht des heiligen Volkes vollendet ist, so wird dies alles aufhören* etc. (Dan 12,7).
– Da schwieg R. Eliezer.

Natürlich kennt auch der Talmud das Problem der ergebnislos verstrichenen Erlösungsjahre und des enttäuschten Glaubens. Deshalb werden in diesen drei Paragraphen (§§ 11–13) antithetisch zum vorigen Abschnitt alle Berechnungen infrage gestellt, sämtliche Endzeittermine für überholt erklärt, die Endzeitrechner verdammt und die Gläubigen um Geduld gebeten. Insbesondere eine Prognose des Buches Daniel (12,7) das bei den sogenannten »Bedrängern des Endes« stets Hochkonjunktur hat, wird falsifiziert. Will man aber nicht in das entgegengesetzte Übel zum apokalyptischen Determinismus geraten, nämlich in den agnostischen Indeterminismus oder den Agnostizismus *tout court*, dann muss man die Frage beantworten, wovon das Kommen des Messias abhängt. Hier stoßen zwei antagonistische Positionen aufeinander (§ 13), die man unter dem Titel »Werke und Gnade« zusammenfassen kann. Muss Israel die Erlösung durch Umkehr und gute Taten bewerkstelligen, oder wird es unabhängig von seinen Verdiensten auf jeden Fall erlöst? Steht das Kommen des Messias mit anderen Worten in der Macht Israels, kann es das Ende sogar beschleunigen und erzwingen, oder liegt es gar nicht in seiner Hand? Diese »ewige« Debatte zwischen messianischem Aktivismus und Quietismus wogt eine ganze Weile unentschieden hin und her. Das letzte Wort hat der Quietist ausgerechnet mit der eingangs zurückgewiesenen Prognose Daniels (12,7). Allerdings ist der letzte »Sprechakt« dieses Abschnitts das Schweigen des Aktivisten (»Da schwieg R. Eliezer«), das man in diesem Zusammenhang vielleicht so verstehen kann, dass er sich auf Endzeitberechnungen nicht einlassen mag. Nicht ohne Grund haben die Rabbinen das apokalyptische Buch Daniel im Kanon nicht unter die *Propheten* aufgenommen – aus denen bisher alle Zitate in dieser Debatte stammten –, sondern unter die weniger wichtigen *Schriften.* Vielleicht wird damit ausgedrückt, dass ein Argument aus dem Buch Daniel in den Augen des Kontrahenten nicht so viel Wert hat.

2.4 Kennzeichen des Messias

Wenn der Termin des Messias weder vorbestimmt noch unbestimmt ist, dann stellt sich die Frage danach, woran man das Kommen des Messias erkennen kann, was denn die messianischen Kennzeichen (*Maj Simane*) sind.

> § 14 R. Abba (2. Hälfte 3. Jh.) sagte: Du hast kein deutlicheres [Kennzeichen] für das Ende als das folgende (*Ejn Lecha Kez Megule MiSe*): *Ihr aber, ihr Berge Israels, lasst euer Laub sprossen und tragt eure Frucht für mein Volk Israel* (Ez 36,8).
> - R. Elieser (oder Elasar ben Pedat, 2. Hälfte 3. Jh.) sagte: Auch kein deutlicheres als das folgende: *Denn vor jenen Tagen wird es für die Arbeit des Menschen keinen Lohn geben und keinen Ertrag von der Arbeit des Viehs: Für den Aus- und Einziehenden gibt es keinen Frieden vor dem Feind* (Sach 8,10).

– Was heißt: Für den *Aus- und Einziehenden gibt es keinen Frieden vor dem Feind?* Raw (Anf. 3. Jh.) erklärte, selbst die Schriftgelehrten, von denen es heißt, *Viel Friede denen, die dein Gesetz lieben* (Ps 119,165), werden keinen Frieden finden.
– Schmuel (1. Hälfte 3. Jh., Nehardea) erklärte: Alle Tore werden einander gleichen.
§ 15 R. Chanina sagte: Der Sohn Davids wird nicht eher kommen (*Ejn David Ba Ad*), als bis man für einen Kranken einen Fisch suchen und nicht finden wird, denn es heißt: *Dann will ich ihre Wasser sinken lassen und ihre Ströme wie Öl dahinführen* (Ez 32,14), und [darauf] heißt es: *An jenem Tage will ich dem Hause Israel ein Horn sprossen lassen* (Ez 29,21).
§ 16 R. Chama b. Chanina sagte: Der Sohn Davids wird nicht eher kommen (*Ejn David Ba Ad*), als bis auch die geringste Herrschaft über Israel aufhören wird, des es heißt: *Er wird die Reben mit Winzermessern abschneiden* (Jes 18,5), und darauf heißt es: *Zu jener Zeit wird das zerrissene und geplünderte Volk dem Herrn der Heerscharen Geschenke bringen* (Jes 18,7).
§ 17 Se'eri (Sepphoris, 3. Jh.) sagte im Namen R. Chaninas (bar Chama): Der Sohn Davids wird nicht eher kommen (*Ejn David Ba Ad*), als bis es keine Hochmütigen in Israel geben wird, denn es heißt: *Alsdann werde ich aus deiner Mitte entfernen, die hochmütig in dir jubeln* (Zef 3,11), und darauf folgt: *Und ich werde in dir ein armes und geringes Volk übrig lassen; sie werden Zuflucht haben beim Namen des Herrn* (Zef 3,12).
§ 18 R. Simlai (3. Jh.) sagte im Namen des R. Eleasar b. R. Schimon (Ende 2. Jh.): Der Sohn Davids wird nicht eher kommen (*Ejn David Ba Ad*), als bis es weder Richter noch Befehlshaber in Israel geben wird, denn es heißt: *Ich will meine Hand wieder gegen dich kehren und will wie mit Lauge all dein unedles Metall läutern* (…) *und will deine Richter wiedereinsetzen* (Jes 1,25).
§ 19 Ula (b. Jischmael, 2. Hälfte 3. Jh.) sagte: Jerusalem wird nur durch Gerechtigkeit erlöst werden, denn es heißt: *Zion soll durch Recht erlöst werden und seine Heimkehrenden durch Gerechtigkeit* (Jes 1,27).
– R. Papa (bar Chanan, Naresch bei Sura, gest. 375) sagte: Wenn es keine Hochmütigen mehr geben wird, so wird es auch keine Magier geben, und wenn es keine Richter mehr geben wird, so wird es auch keine Zwingherren geben. Wenn es keine Hoch-

mütigen mehr geben wird, so wird es auch keine Magier geben, denn es heißt: *Ich will wie mit Lauge all dein unedles Metall läutern und all dein Blei ausscheiden* (Jes 1,27); und wenn es keine Richter mehr geben wird, wird es auch keine Zwingherren geben, denn es heißt: *Der Herr hat deine Gerichte entfernt, deinen Feind hinweggeräumt* (Zef 3,15).

§ 20 R. Jochanan (bar Nappacha, Tiberias, gest. 279) sagte: Wenn du ein Zeitalter siehst (*Im Ra'ita Dor*), das mehr und mehr verkümmert, so hoffe auf ihn, denn es heißt: *Und dem gedrückten Volke schaffst du Hilfe* (2 Sam 22,28).

– R. Jochanan sagte: Wenn du ein Zeitalter siehst (*Im Ra'ita Dor*), über das die Leiden sich wie ein Strom ergießen, so hoffe auf ihn, denn es heißt: *Denn der Bedränger bricht wie ein Strom herein, den der Hauch des Herrn anstürmt* (Jes 59,19), und darauf folgt: *Und es wird für Zion der Erlöser kommen* (Jes 59,20).

– Ferner sagte R. Jochanan: Der Sohn Davids kommt nur dann (*Ejn Ben David Ba Ela*), wenn das Zeitalter (*Dor*) entweder vollständig unschuldig oder vollständig schuldig ist. Wenn das Zeitalter vollständig unschuldig ist, denn es heißt: *Dein Volk besteht aus lauter Gerechten, für immer werden sie das Land in Besitz nehmen* (Jes 60,21); wenn das Zeitalter vollständig schuldig ist, denn es heißt: *Und er sah, dass niemand da war, und staunte, dass keiner da war, der ins Mittel treten könnte* (Jes 59,16), und es heißt: *Um meinetwillen tue ich es* (Jes 48,11).

§21 R. Alexandrai (Lydda, 3. Jh.) sagte: R. Jehoschua b. Levi wies auf einen Widerspruch hin. Es heißt *zu seiner Zeit* (*Be'Ita*, Jes 60,22), dagegen heißt es: *es beschleunigen* (*Achischena*)? Haben sie sich verdient gemacht, so will ich es beschleunigen, haben sie sich nicht verdient gemacht, erst zur Zeit.

– R. Alexandrai sagte: R. Jehosua b. Levi (Lydda, 1. Hälfte 3. Jh.) wies auf einen Widerspruch hin. Es heißt: *Wie ein Menschensohn kam er mit den Wolken des Himmels heran* (Dan 7,13), dagegen heißt es: *demütig und reitet auf einem Esel* (Sach 9,9). Haben sie sich verdient gemacht, mit den Wolken des Himmels, haben sie sich nicht verdient gemacht, demütig und auf einem Esel reitend?

§ 22 Der König Schawor sprach zu Schmuel (3. Jh.): Ihr sagt, der Messias werde auf einem Esel kommen; ich will ihm ein scheckiges Pferd schicken, das ich habe. Dieser erwiderte: Hast du etwa ein tausendfarbiges?

§ 23 R. Jehoschua ben Levi (1. Hälfte 3. Jh.) traf einst Elijahu am Eingange der Höhle des R. Schimon bar Jochai stehen; da sprach er zu ihm:
– Werde ich in die zukünftige Welt kommen?
– Dieser erwiderte: Wenn es diesem Herrn gefällig sein wird. R. Schimon bar Jochai erzählte, er habe zwei Personen gesehen und die Stimme eines Dritten gehört.
– Hierauf fragte er ihn weiter: Wann wird der Messias kommen (*Emat Ate Maschiach*)?
– Dieser erwiderte: Geh, frage ihn selbst.
– Wo befindet er sich?
– Am Tor von Rom.
– An welchen Zeichen (*Maj Simane*) erkennt man ihn?
– Er sitzt zwischen den mit Krankheiten behafteten Armen; alle übrigen binden (ihre Wunden) mit einem Male auf und verbinden sie wieder, er aber bindet sie einzeln auf und verbindet sie, denn er denkt: Vielleicht werde ich verlangt, so soll keine Verzögerung entstehen.[32]
– Hierauf ging er zu ihm hin und sprach zu ihm: Friede mit dir, Herr und Meister!
– Dieser erwiderte: Friede mit dir, Sohn Levis!
– Er fragte: Wann kommt der Meister?
– Dieser erwiderte: Heute.
– Darauf kehrte er zu Elijahu zurück, der ihn fragte: Was sagte er dir?
– Er erwiderte: Friede mit dir, Sohn Levis!
– Da sprach dieser: Er hat dir und deinem Vater die zukünftige Welt verheißen.
– Jener entgegnete: Er hat mich belogen, denn er sagte mir, er werde heute kommen, und er kam nicht.
Dieser erwiderte: Er hat es wie folgt gemeint: *wenn ihr heute auf seine Stimme hören werdet* (Ps 95,7).
§2 4 Seine Schüler fragten R. Jossi b. Kissma (Anfang 2. Jh.): Wann kommt der Sohn Davids (*Ematai Ben David Ba*)?
– Dieser erwiderte: Ich fürchte, ihr werdet von mir ein Zeichen verlangen.

32 Zum verborgenen Leben des Messias vor seinem Auftreten vgl. bTa'an 64a und SchirR V, 2.

מסורת הש"ס

תורה אור

שאין כל דקל ודקל שבבבל שאין סוס של פרסים נקשר בו ואין לך כל ארון וארון שבארץ ישראל שאין סוס מדי אוכל בו תבן *אמר רב אין בן דוד בא עד שתתפשט המלכות *על ישראל תשעה חדשים שנאמר °לכן יתנם עד עת יולדה ילדה ויתר אחיו ישובון על בני ישראל אמר עולא ייתי ולא איחמיניה וכן אמר [*רבה] ייתי ולא איחמיניה רב יוסף אמר ייתי ואזכי דאיתיב בטולא דכופיתא דחמריה אמר ליה אביי (לרבא) [*לרבה] מאי טעמא אילימא משום חבלו של משיח והתניא שאלו תלמידיו את רבי אלעזר מה יעשה אדם וינצל מחבלו של משיח יעסוק בתורה ובגמילות חסדים ומר הא תורה והא גמילות חסדים אמר [ליה] שמא יגרום החטא כדר' יעקב בר אידי *דר' יעקב בר אידי רמי כתיב °הנה אנכי עמך ושמרתיך בכל אשר תלך וכתיב °ויירא יעקב מאד ויצר לו שהיה מתיירא שמא *יגרום החטא כדתניא °עד יעבור עמך ה' זו ביאה ראשונה עד יעבור עם זו קנית זו ביאה שניה אמור מעתה ראויים היו ישראל לעשות להם נס בביאה שניה כביאה ראשונה אלא שגרם החטא וכן אמר ר' יוחנן ייתי ולא איחמיניה א"ל ריש לקיש מ"ט אילימא משום דכתיב °כאשר ינום איש מפני הארי ופגעו הדוב [ובא הבית] וסמך ידו אל הקיר ונשכו נחש בא ואראך דוגמתו בעולם הזה בזמן שאדם יוצא לשדה ופגע בו סנטר דומה כמי שפגע בו ארי נכנס לעיר פגע בו גבאי דומה כמי שפגעו דוב נכנס לביתו ומצא בניו ובנותיו מוטלין ברעב דומה כמי שנשכו נחש אלא משום דכתיב °שאלו נא וראו אם ילד זכר מדוע ראיתי כל גבר ידיו על חלציו כיולדה ונהפכו כל פנים לירקון מאי ראיתי כל גבר אמר רבא בר יצחק אמר רב מי שכל גבורה שלו ומאי ונהפכו כל פנים לירקון אמר רבי יוחנן פמליא של מעלה ופמליא של מטה בשעה שאמר הקב"ה הללו מעשה ידי והללו מעשה ידי היאך אאבד אלו מפני אלו אמר רב פפא היינו דאמרי אינשי רהיט ונפל תורא ואזיל ושדי ליה סוסיא באורייה אמר רב גידל אמר רב עתידין ישראל דאכלי שני משיח אמר רב יוסף פשיטא ואלא מאן אכיל להו חילק ובילק אכלי להו לאפוקי *מדרבי הילל דאמר אין משיח לישראל שכבר אכלוהו בימי חזקיה אמר רב לא אברי עלמא אלא לדוד ושמואל אמר למשה ורבי יוחנן אמר למשיח מה שמו דבי רבי שילא אמרי שילה שמו שנאמר °עד כי יבא שילה דבי רבי ינאי אמרי ינון שמו שנאמר °יהי שמו לעולם לפני שמש ינון שמו דבי רבי חנינה אמר חנינה שמו שנאמר °אשר לא אתן לכם חנינה ויש אומרים מנחם בן חזקיה שמו שנאמר °כי רחק ממני מנחם משיב נפשי ורבנן אמרי חיוורא דבי רבי שמו שנאמר °אכן חליינו הוא נשא ומכאובינו סבלם ואנחנו חשבנוהו נגוע מוכה אלהים ומעונה אמר רב נחמן אי מן חייא הוא כגון אנא שנאמר °והיה אדירו ממנו ומושלו מקרבו יצא אמר רב אי מן חייא הוא כגון רבינו הקדוש אי מן מתיא הוא כגון דניאל איש חמודות אמר רב יהודה אמר רב עתיד הקדוש ברוך הוא להעמיד להם דוד אחר שנאמר °ועבדו את ה' אלהיהם ואת דוד מלכם אשר אקים להם הקים לא נאמר אלא אקים א"ל רב פפא לאביי והכתיב °ודוד עבדי נשיא להם לעולם כגון קיסר ופלגי קיסר דרש רבי שמלאי מאי דכתיב °הוי המתאוים את יום ה' למה זה לכם יום ה' הוא חשך ולא אור משל לתרנגול ועטלף שהיו מצפין לאור א"ל תרנגול לעטלף אני מצפה לאורה שאורה שלי היא ואתה למה לך אורה

והיינו

שאין סוס מדי אוכל בו תבן. שמוליכין הארונות חוץ לקרקע ועושין מהן אבוסים במלחמת גוג ומגוג: שאין כל דקל וכו'. כלומר עתידין פרס ומדי לבא על בבל וללכדה ונתמלאה כל ארץ בבל חיילות פרסיים וסוסיהם ומשם באים לא"י ולוכדים אותה: עד שתפשוט מלכות על ישראל ט' חדשים שנאמר לכן יתנם לישראל עד עת יולדה ילדה. היינו ט' חדשים כדמתרגמינן בכן יתמסרון כעידן דילדתא למילד וכתיב (מיכה ה) ועמד ורעה בעוז ה' וגו' וישבו כי עתה יגדל ומתרגמינן ויתיבון מביני גלוותהון: על בני ישראל. היינו כל העולם שישראל מפוזרים בו: ייתי. משיח ולא אחמיניה: בטולא דכופיתא דחמריה. בצל הרעי של חמורו כלומר אפילו בכך אני רוצה ובלבד שאראנו: כופיתא. רעי כמו רמא כופתא' וסכר ירדנא בבבא בתרא (ד' עג:): מאי טעמא. אמר לא אחמיניה: חבלו של משיח. גורלו ולקמן בעי מאי היא ל"א חבלו פחדים וחבלים שיהיו בימיו מחיל העובדי כוכבים: לעשות להם נס. לעלות בזרוע על כרחם של מלכי פרס: בביאה שניה. בימי עזרא כביאה ראשונה בימי יהושע מדקדקין הכתוב: מאי טעמא. אחזו צרה בארץ בימיו שאתה אומר לא אחמיניה: סנטר. מפרש בב"ב (דף סח:) בר מחוזייתא שיודע מיצרי השדות וגבוליהן עד כאן של פלוני מכאן ואילך של פלוני ובידו לרבות לאחד ולמעט לאחר וכשפוגעו אותו סנטר רוצה למדוד שדותיו לקצר מיצרי השדות ודומה כמי שפגע בו ארי: גבאי. גובה מס המלך: מי שכל הגבורה שלו. הקב"ה מצטער בעצמו כיולדה ואומר בשעה שמעביר העובדי כוכבים מפני ישראל היאך אאביד אלו מפני אלו: פמליא של מעלה ושל מטה. מלאכים וישראל: אפילו הגרים לא גרסינן: רהיט ונפיל תורא ואזיל ושדי סוסיא באורייה. כשרץ השור ונפל מעמידין סוס במקומו באבוסו מה שלא היה רוצה לעשות קודם מפלתו של שור שהיה חביב עליו שורו ביותר וכשמתרפא השור היום או למחר ממפלתו קשה לו להוציא סוסו מפני השור לאחר שהעמידו שם כך הקב"ה כיון שראה מפלתן של ישראל נותן גדולתו לעובדי כוכבים וכשחוזרים ישראל בתשובה ונגאלין קשה לו לאבד עובדי כוכבים מפני ישראל: אורייה. כמו (מלכים א ה) ארוות סוסים: דאכלי שני משיח.

שופע שיהיה באותן הימים לישראל יהיה: אלא חילק ובילק אכלי להו. כך היו רגילין לומר כאדם שאומר וכי שדים ושדות יאכלוהו ובמסכת חולין (דף יט.) לא חילק ידענא ולא בילק ידענא ולי נראה דמשמעות לשון חילק ובילק לשון חורבה כמו בוקה ומבוקה ומבולקה (נחום ב) ואמרינן בחולין (שם) לא חילק דרבנן דמצריכין לחלק הסימן שמצריכין לחלק כל הטבעת ולשייר על פני כולו ולא בילק לרבי יוסי שמחריב הסימן שחותך קצת בתוך הטבעת והשאר חוץ לטבעת ונראה למורי דאין לו משמעות לא הכא ולא התם ל"א חילק ובילק ב' דייני סדום שהיו שמותיהן כך: אין משיח לישראל. שחזקיה היה משיח ועליו נאמרו כל הנבואות אצמיח קרן לבית ישראל ועמד ורעה בעוז ה'*: אלא לדוד. בזכות דוד שהיה עתיד לומר כמה שירות ותושבחות: למשה. בשביל משה שהיה עתיד לקבל את התורה: מה שמו. של משיח: ינון שמו. כמו יגאי כל אחד היה דורש אחר שמו: לפני שמש. עד שלא נברא היה שמו ינון והיינו אחד *מז' דברים שעלו במחשבה ליבראות: ולא אתן להם חנינה. עדיין לא יבא משיח: מנחם. בן חזקיה: חיוורא דבי רבי. מצורע של בית רבי: אי מן חייא הוא כגון רבינו הקדוש. אם משיח מאותן שחיים עכשיו ודאי היינו רבינו הקדוש דסובל תחלואים וחסיד גמור הוה כדאמרינן בבבא מציעא (דף פה.) ואם היה מאותן שמתו כבר היה דניאל איש חמודות שנדון ביסורין בגוב אריות וחסיד גמור היה והאי כגון לאו דווקא ל"א כגון רבינו הקדוש כלומר אם יש דוגמתו בחיים היינו רבינו הקדוש ואם דוגמא הוא למתים היינו כגון דניאל איש חמודות: דוד אחר. שעתיד למלוך עליהם: אקים. הקים לא נאמר אלא אקים: כגון קיסר ופלגי קיסר. מלך ושני לו כן דוד החדש מלך כדכתיב ודוד מלכם אשר אקים ודוד המלך שני לו כדכתיב נשיא להם ולא כתוב מלך: עטלף. קלבא שורי"ץ בלע"ז ואין לה עינים: שאורה שלי הוא. שיש לי עינים לראות ובמגלתי נהגית בה כך ישראל מצפין לגאולה שיום ה' יהיה להם אור אבל העובדי כוכבים למה מקוים אותו הרי הוא להם חשך ולא אור:

ה"ג

[יומא י. פ"ש] [שם איתא כל העולם כולו וכו'] [פיכה ה] [פסחים נד. נדרים לט:] [לקמן צט. ופי"ש פירש"י ד"ה אין לכם]

מיכה ה · כ"ש · לאשית כח · שם גנ · שמות טו · עמוס ה · ירמיה ל · בראשית מט · תהלים עב · ירמיה טז · איכה א · ישעיה נג · ירמיה ל · שם · יחזקאל לז · עמוס ה

– Sie entgegneten: Wir werden von dir kein Zeichen verlangen.
– Da erwiderte er ihnen: Wenn dieses Tor einstürzen und wieder errichtet werden, einstürzen und wieder errichtet werden wird, und wiederum einstürzen wird, und bevor man noch dazu kommen wird, es wieder zu errichten, bis der Sohn Davids kommt (*Ad ScheBenDavid Ba*).
– Darauf sprachen sie zu ihm: Meister, gib uns ein Zeichen.
– Er entgegnete ihnen: Habt ihr mir etwa nicht gesagt, dass ihr kein Zeichen verlangen werdet!?
Sie erwiderten ihm: Aber dennoch.
– Da sprach er zu ihnen: Ist dies wahr, so werde das Wasser der Pamjas-Höhle in Blut verwandelt.
Hierauf wurde es in Blut verwandelt.
– Bei seinem Hinscheiden sprach er zu ihnen: Versenkt meinen Sarg (98b) ganz tief, denn es gibt keine Palme in Babylonien, an der nicht ein persisches Pferd angebunden sein wird, und es gibt keinen Sarg im Land Israel, aus dem nicht ein medisches Pferd Stroh fressen wird.
§ 25 Raw (Abba bar Abbio, Sura, 3. Jh.) sagte: Der Sohn Davids wird nicht eher kommen (*Ejn David Ba Ad*), als bis das Reich des Bösen (= Rom) neun Monate sich über Israel ausgedehnt haben wird, denn es heißt: *Er wird sie eine Zeit lassen, wie die Gebärende gebiert; und seine übrigen Brüder werden zu den Kindern Israel zurückkehren* (Mich 5,2).

Im Talmud werden zwölf Vorschläge angeführt und diskutiert (§§ 14–25), wie man das nahende Reich an den ökonomischen, politischen und moralischen Pegelständen – Tiefst- oder Höchstständen – erkennt, wobei die vormessianische Zeit immer als eine Zeit der Extreme charakterisiert wird (§ 20). In diesem Zusammenhang kommt noch einmal die Frage auf, ob sich die messianische Generation durch ihre besonderen Verdienste auszeichnet oder unabhängig davon auf jeden Fall erlöst wird. Diesmal sind die Antworten nicht widersprüchlich, sondern kasuistisch, das heißt, auf den jeweiligen Fall bezogen. Ist die Generation ganz und gar würdig, wird sie wegen ihrer Verdienste erlöst, ist sie ganz und gar unwürdig, tritt die Erlösung wie ein Verhängnis ein (§ 20). Das Volk Israel kann mit anderen Worten die Erlösung durch Verdienste beschleunigen, aufhalten kann sie sie durch ihr schlechtes Betragen nicht (§ 21).

Das wohl eindrucksvollste Zeugnis für die messianische Verantwortung Israels ist die Parabel vom aussätzigen Messias in den Leprosorien Roms (§ 23). Der Messias ist jederzeit zu seinem Auftritt bereit, das Einzige, was ihn zurückhält, ist die mangelnde Bereitschaft des Volkes. Es wartet also nicht nur das Volk auf den Messias, sondern auch der Messias auf das Volk. Der Messias ist kein Traum, soll das heißen – wenn ihr nur wollt! Allerdings hat in diesem Abschnitt nicht der Voluntarismus das letzte Wort, ein babylonischer Amoräer meint, die Zeit sei noch nicht reif für das Kommen des Messias. Es sei noch eine Verfolgungszeit vorzuschalten, die mit dem Messias schwanger geht, also nicht jeder Augenblick wäre demnach die kleine Tür, durch die der Messias eintreten könne (Walter Benjamin). Mit der messiasschwangeren Leidenszeit ist auch bereits das Thema des nächsten Abschnitts angeschlagen (§ 25).

2.5 Wehen der messianischen Zeit

Das Warten auf das Kommen des Messias und das Leiden, das mit diesem Warten verbunden ist, wecken nicht in jedem Fall Vorfreude, im Gegenteil.

§ 26 Ula (b. Jischmael, 2. Hälfte 3. Jh.) sagte: Mag er kommen, ich aber will ihn nicht sehen (*Jete WeLa Ichmene*).
– Ebenso sagte Rabba (bar Nachmani, Pumbediuta 1. Hälfte 4. Jh.): Mag er kommen (*Jete*), ich aber will ihn nicht sehen.

– R. Joseph (bar Chijja, Pumbedita, 3./4. Jh.) sagte: Möge er doch kommen (*Jete*), und mir sei es beschieden, im Schatten des Mistes seines Esels zu sitzen.
– Abajje (1. Hälfte 4. Jh.) sprach zu Rabba: Weshalb? Wenn etwa wegen der Leiden der messianischen Zeit (*Chewlo Schel Maschiach*), so wird ja gelehrt: Seine Schüler fragten R. Eleasar (ben Schamua, Mitte 2. Jh.), was ein Mensch zu tun habe, um vor den Leiden der messianischen Zeit geschützt zu sein, und er erwiderte ihnen, er befasse sich mit der Tora und Liebeswerken, und der Meister befasst sich ja sowohl mit der Tora als auch mit Liebeswerken!?
– Er erwiderte ihm: Die Sünde könnte es verursachen. Dies nach R. Jakob b. Idi (Israel, 2. Hälfte 3. Jh.), denn R. Jakob b. Idi wies auf einen Widerspruch hin: Es heißt: *Siehe, ich bin mit dir und werde dich behüten überall, wohin du gehst* (Gen 28,15), und es heißt: *Und Jakob fürchtete sich sehr und es war ihm bange* (Gen 32,8)? Er fürchtete, die Sünde könnte es verursachen.
– So wird auch gelehrt: *Bis hinübergezogen ist dein Volk, o Herr* (Ex 15,16), das ist der erste Einzug, *bis hinübergezogen* ist *das Volk, das du erworben hast* (Ex 15,16), das ist der zweite Einzug. Hieraus ist zu entnehmen, dass die Israeliten würdig waren, dass ihnen beim zweiten Einzug Wunder geschehen wie beim ersten Einzug, nur hat es die Sünde verursacht.
– Ebenso sagte R. Jochanan (2. Hälfte 3. Jh): Mag er kommen, ich aber will ihn nicht sehen (*Jete WeLo Ichmene*).
– Res Lakisch (2. Hälfte 3. Jh) sprach zu ihm: Weshalb? Wenn etwa, weil es heißt: *Wie wenn jemand, der einem Löwen entflieht, von einem Bären gestellt wird und, wenn er nach Hause gelangt ist und sich mit der Hand gegen die Wand stemmt, von einer Schlange gebissen wird* (Am 5,19), so komm und ich will dir solches auch auf dieser Welt zeigen. Wenn jemand aufs Feld hinausgeht und einem Landvogt begegnet, so ist es ebenso, als ob er einem Löwen begegnete; wenn er in die Stadt kommt und einen Zolleinnehmer begegnet, so ist es ebenso, als ob er einem Bären begegnete; wenn er nach Haus kommt und seine Töchter vor Hunger verschmachtet findet, so ist es ebenso, als ob ihn eine Schlange bisse.
– Vielmehr, weil es heißt: *Fragt doch nach und seht zu, ob wohl ein Mannsbild gebiert? Warum sehe ich denn alle Männer mit*

den Händen an den Hüften, einer Gebärenden gleich; warum jedes Angesicht fahlgelb? (Jer 30,6)
– Was heißt: *sehe ich alle Männer?* Rawa b. Jizchak (Bab., Anfang 4. Jh.) erwiderte im Namen Raws: Bei dem alle Mannhaftigkeit ist (= Gott, der diese Geburtswehen erleidet).
– Was heißt: *jedes Angesicht fahlgelb?* R. Jochanan erwiderte: Sein oberer Kreis (= Engel) und sein unterer Kreis (= Israel); wenn nämlich der Heilige, gepriesen sei er, sagen wird: diese sind mein Händewerk (= Israel) und jene (= Völker) sind mein Händewerk, wie soll ich nun die einen wegen der anderen untergehen lassen? R. Papa (bar Chanan, Naresch bei Sura, gest. 375) sagte: Das ist es, was die Leute sagen: Stürzt der Ochs beim Laufen, so stellt man das Pferd an dessen Krippe.
§ 27 R. Gidel (2. Hälfte 3. Jh.) sagte im Namen Raws: Dereinst werden die Israeliten die messianischen Jahre genießen. R. Josef sprach: Selbstverständlich, wer denn sollte sie genießen, etwa Hinz und Kunz?
– Dies schließt die Ansicht R. Hillels aus, welcher sagte, die Israeliten hätten keinen Messias mehr (*Ejn Maschiach LeJisrael*), da sie ihn bereits in den Tagen Chiskijas verzehrt haben.
§ 28 Raw (Abba bar Abbio, Sura, 3. Jh.) sagte, die Welt sei nur wegen [der Verdienste] Davids erschaffen worden;
– Schmuel (Nehardea, gest. 254) sagte wegen der des Moses;
– R. Jochanan (Tiberias, 2. Hälfte 3. Jh.) sagte wegen der des Messias.

Angesichts der zu erwartenden Geburtswehen wollen manche die Ankunft des Messias lieber nicht miterleben. Man kann im Prinzip für die Weltrevolution sein und trotzdem ihren unvermeidlichen Wirren und Gräueln aus dem Weg gehen wollen. Natürlich gibt es immer auch die Sturmvögel des Fortschritts, die unbedingt dabei sein wollen, türme sich der Misthaufen der Geschichte auch bis zum Himmel. Aber die Bedenkenträger überwiegen in diesem Abschnitt zunächst, und die Utopiemüdigkeit gipfelt in dem in diesen messianischen Blättern zweimal wiederholten singulären Ausspruch eines nicht identifizierten Rabbi Hillel, dass der Messias in Israel längst passé sei (§ 26). Auch die Meinung, dass der Messias schon gekommen sei, findet sich also im Talmud. Die beschwichtigenden Gegenstimmen haben Mühe zu versichern, dass die Guten und Gelehrten gegen die Wehen des Messias immun seien, dass die Wehen der Endzeit auch nicht schlimmer seien als das Weh der Jetztzeit usw. Die Skepsis überwiegt in Anbetracht der für Israel zu erwartenden Verwerfungen fast bis zum Schluss. Aber der Talmud lässt hier keinen Zweifel, wo er steht. Das letzte Wort lautet: Der Messias sei Sinn und Ziel der Welt.

2.6 Namen des Messias

Sinn und Ziel der Welt sei der Messias. Doch wer wird es sein? Damit beschäftigt sich die Debatte in der Folge.

> § 29 Wie heißt er (*Ma Schmo*)?[33]
> – In der Schule R. Schelas (Nheardea, 1. Hälfte 3. Jh.) sagten sie, er heiße Schilo, denn es heißt: *bis Schilo kommt* (Gen 49,10). R. Jannaj (Sepphoris, 1. Hälfte 3. Jh.) sagte, er heiße Jinon, denn es heißt: *Im Angesichte der Sonne wird sein Name sprossen (jinon)* (Ps 72,17).
> – In der Schule R. Chaninas sagten sie, er heiße Chanina, denn es heißt: *Ich werde euch kein Erbarmen (Chanina) schenken* (Jer 16,13).
> – Manche sagen, er heiße Menachem Sohn Chiskijas, denn es heißt: *Denn fern ist mir der Tröster* (*Menachem*), *der mein Herz erquickte* (Klgl 1,16).
> – Die Rabbanan sagten, er heiße »der Aussätzige des Lehrhauses von Rabbi« (Jehuda HaNassi), denn es heißt: *Unsere Krankheiten hat er getragen und unsere Schmerzen hat er auf sich geladen; wir aber hielten ihn für von Gott gestraft, geschlagen und geplagt* (Jes 53,4).

33 Zur Präexistenz des Namens des Messias s. bPes 54a und bNed 39b.

והיינו דא"ל ההוא מינא לרבי אבהו אימתי אתי משיח א"ל לכי חפי להו חשוכא להנהו אינשי א"ל מילט קא לייטת לי א"ל קרא כתיב °כי הנה החשך יכסה ארץ וערפל לאומים ועליך יזרח ה' וכבודו עליך יראה תניא ר' אליעזר אומר ימות המשיח ארבעים שנה שנאמר °ארבעים שנה אקוט בדור רבי אלעזר בן עזריה אומר שבעים שנה שנאמר °והיה ביום ההוא ונשכחת צור שבעים שנה כימי מלך אחד איזהו מלך מיוחד הוי אומר זה משיח רבי אומר שלשה דורות שנאמר °ייראוך עם שמש ולפני ירח דור דורים *ר' הילל אומר אין להם משיח לישראל שכבר אכלוהו בימי חזקיה אמר רב יוסף שרא ליה מריה לרבי הילל חזקיה אימת הוה בבית ראשון ואילו זכריה קא מתנבי בבית שני ואמר °גילי מאד בת ציון הריעי בת ירושלים הנה מלכך יבא לך צדיק ונושע הוא עני ורוכב על חמור ועל עיר בן אתונות תניא אידך ר' אליעזר אומר ימות המשיח ארבעים שנה כתיב הכא °ויענך וירעיבך ויאכילך וכתיב התם °שמחנו כימות עניתנו שנות ראינו רעה רבי דוסא אומר ד' מאות שנה כתיב הכא °ועבדום וענו אותם ארבע מאות שנה וכתיב התם שמחנו כימות עניתנו רבי אומר ג' מאות וששים וחמש שנה כמנין ימות החמה שנאמר °כי יום נקם בלבי ושנת גאולי באה מאי יום נקם בלבי א"ר יוחנן ללבי גליתי לאברי לא גליתי ר"ש בן לקיש אמר ללבי גליתי למלאכי השרת לא גליתי תני אבימי בריה דרבי אבהו ימות המשיח לישראל שבעת אלפים שנה שנאמר °ומשוש חתן על כלה (כן) ישיש עליך (ה') אלהיך אמר רב יהודה אמר שמואל ימות המשיח כמיום שנברא העולם ועד עכשיו שנאמר °כימי השמים על הארץ רב נחמן בר יצחק אמר כימי נח עד עכשיו שנאמר °כי מי נח זאת לי אשר נשבעתי *אמר רבי חייא בר אבא א"ר יוחנן *כל הנביאים כולן לא נתנבאו אלא לימות המשיח אבל לעולם הבא °עין לא ראתה אלהים זולתך (אלהים) יעשה למחכה לו ופליגא דשמואל דאמר שמואל *אין בין העולם הזה לימות המשיח אלא שעבוד מלכיות בלבד ואמר רבי חייא בר אבא א"ר יוחנן כל הנביאים לא נתנבאו אלא לבעלי תשובה אבל צדיקים גמורים עין לא ראתה אלהים זולתך ופליגא דרבי אבהו דא"ר אבהו (*א"ר) [ג]מקום שבעלי תשובה עומדין שם צדיקים אינן עומדין שם שנאמר °שלום שלום לרחוק ולקרוב ברישא רחוק והדר קרוב מאי רחוק רחוק דמעיקרא ומאי קרוב קרוב דמעיקרא והשתא ורבי יוחנן אמר לרחוק שהוא רחוק מעבירה קרוב שהוא קרוב מעבירה ונתרחק ממנה וא"ר חייא בר אבא *א"ר יוחנן כל הנביאים כולן לא נתנבאו אלא למשיא בתו לתלמיד חכם ולעושה פרקמטיא לתלמיד חכם ולמהנה תלמיד חכם מנכסיו אבל תלמידי חכמים עצמן עין לא ראתה אלהים זולתך *מאי עין לא ראתה אמר רבי יהושע בן לוי זה יין המשומר בענביו מששת ימי בראשית *ר"ל אמר זה עדן לא ראתה עין מעולם וא"ת אדם היכן דר בגן ואם תאמר גן הוא עדן תלמוד לומר °ונהר יוצא מעדן להשקות את הגן: והאומר אין תורה מן השמים וכו': תנו רבנן °כי דבר ה' בזה *ומצותו הפר הכרת תכרת זה האומר אין תורה מן השמים ד"א *כי דבר ה' בזה זה אפיקורוס ד"א כי דבר ה' בזה זה המגלה פנים בתורה ואת מצותו הפר זה המפר ברית בשר הכרת תכרת הכרת בעולם הזה תכרת לעולם הבא מכאן אמר *רבי אליעזר המודעי [ג]המחלל את הקדשים והמבזה את המועדות והמפר בריתו של אברהם אבינו והמגלה פנים בתורה שלא כהלכה והמלבין פני חבירו ברבים אף על פי שיש בידו תורה ומעשים טובים אין לו חלק לעולם הבא תניא אידך כי דבר ה' בזה זה האומר אין תורה מן השמים [ג]ואפילו אמר כל התורה כולה מן השמים חוץ מפסוק זה שלא אמרו הקדוש ברוך הוא אלא משה מפי עצמו זהו כי דבר ה' בזה ואפילו אמר כל התורה כולה מן השמים חוץ מדקדוק זה מקל וחומר זה מגזרה שוה זו זה הוא כי דבר ה' בזה תניא היה רבי מאיר אומר הלומד תורה ואינו מלמדה זה הוא דבר ה' בזה רבי נתן אומר כל מי שאינו משגיח על המשנה ר' נהוראי אומר [ג]כל שאפשר לעסוק בתורה ואינו עוסק רבי ישמעאל אומר זה העובד עבודת כוכבים מאי משמעה דתנא דבי ר' ישמעאל כי דבר ה' בזה זה המבזה דבור שנאמר [א] לו למשה מסיני °אנכי ה' אלהיך לא יהיה לך אלהים אחרים וגו' *רבי יהושע בן קרחה אומר כל הלומד תורה ואינו חוזר עליה דומה לאדם שזורע ואינו קוצר רבי יהושע אומר כל הלומד תורה ומשכחה דומה לאשה שיולדת וקוברת רבי עקיבא אומר

זמר

רש"י

ה"ג הייט דאמר ליה ההוא מינא לרבי אבהו וכו': אקוט בדור. אקוט ישראל ואמלוך עליהם כמו נקטיה ארבעים שנה אקוט בדור בדור קטן של ארבעים שנה שהוא משונה מדורות שלפניו ומסתמא הייט משיח שסיטין גדולים יהיו בדורו ופסקיה דקרא מיהא גבי מתי מדבר אבל מדכתיב אקוט משמע אף להבא היה מתנבא: מיוחד. חשוב: ה"ג רבי אומר ג' דורות שנאמר ייראוך עם שמש. כלומר בהדי משיח שכתב בו (תהלים עב) לפני שמש ינון שמו ייראוך ישראל ולפני ירח לפני מלכות בית דוד שנמשל כירח כדכתיב (שם שם) כירח יכון עולם וגו' כמו כן ייראוך דור דורים דור אחד דורים ב' הרי ג': אין להם משיח לישראל. אלא הקב"ה ימלוך בעצמו ויגאלם לבדו: שרי ליה מריה. ימחול לו הקב"ה שאמר דברים אשר לא כן: ואלו זכריה מיהא מתנבא על משיח בבית שני. דכתיב בתרי עשר הנה מלכך יבא לך וגו' ולאו הייט זכריה בן יהוידע הכהן שניבא בבית ראשון אלא זכריה בן ברכיה שהיה במלכות דריוש: רבי אומר שס"ה כמנין ימות החמה דכתיב כי יום נקם בלבי ושנת גאולי באה. [ליום נקם של מרגלים ארבעים יום מה יום נקם של מרגלים] שנה אחת בכל יום כדכתיב (במדבר יד) יום לשנה יום לשנה וגו' כך שנת גאולה באה שנה ליום שנה ליום שלכל יום ויום של שנה זו הכתובה שנת גאולי במקרא זה עתידים שנה אחת ואית דגרסי רבי אומר שס"ה אלפים שנה דכתיב שנת גאולי באה ושנה של הקב"ה הכי הוי דכתיב (תהלים צ) כי אלף שנים בעיניך כיום: ועד עכשיו. ימות המשיח:

לאוכלי לא גליתי. שלא הודעתי דבר מפני שהיו אוכלי יכולין לשמוע אבל בלבי היה טמון הדבר: למען ירבו ימיכם כימי השמים על הארץ. ולא עמדו בארץ כל כך אבל עתידין לעמוד כשיבא משיח: כמשוש חתן. שבעת ימי המשתה כן ישיש עליך שבעת ימים ויומו של הקב"ה אלף שנה: כי מי נח. כמו כימי נח כחשבון השנים שמגלא בידו לאותו זמן שנשבע ה' מעבור מי נח עוד על הארץ כן נשבעתי כפי אותו חשבון כשבעתי מקצף עליך ומגער בך שלא אחריב את עולמי לאחר ביאת משיח עד שיכלה זה הזמן: לא נתנבאו. טובה לישראל: עין לא ראתה. דאין קץ לדבר: צדיקים אינן עומדין. דגדול כחן של בעלי תשובה שאין בריה יכולה לעמוד (לפניהם) [במחיצתם]: ברישא רחוק. שנתרחק מן הקב"ה ואח"כ שב אליו בתשובה והדר שלום לקרוב מעיקרא לצדיק גמור דגדול כחן של בעלי תשובה: שהיה רחוק מן העבירה. כל ימיו דהייט צדיק גמור: אפיקורוס ומגלה פנים. מפורש לקמן: ברית בשר. מילה: מכאן. מן הפסוק הזה שכתוב כי דבר ה' בזה (אמר ר"א וכו' מחלל את הקדשים דמחלל קדשים ומבזה מועדות ומגלה פנים ס' הייט דבר ה' בזה) דבזיון הוא: מפר ברית. הייט את בריתי הפר: מועדות. חולו של מועד: דקדוק זה. חסרות ויתרות: מק"ו [זה] ומגזירה שוה [זו]. [ושא"ל רבו גזירה שוה] לא גמר מרבו: המשנה. זה ששונה כמו שאינה עיקר: זה העובד ע"ז. הייט דבר ה' דבור שדבר הקב"ה בעצמו לישראל דאנכי ולא יהיה לך מפי הגבורה שמעום: חוזר. לשונה:

עין משפט נר מצוה

יב א מיי' פ"ח מהל' תשובה הלכה ז ועי"ש בכ"מ:

יג ב מיי' שם פ"ז הלכה ד:

יד ג מיי' שם פ"ג הלכה יד:

טו ד מיי' שם הלכה ח:

טז ה מיי' פ"ג מהל' ת"ת הלכה יג סמג עשין יב טוש"ע יו"ד סי' רמו סעיף כה:

תורה אור

ישעיה ס · תהלים צה · ישעיה כג · תהלים עב · זכריה ט · דברים ח · תהלים צ · בראשית טו · ישעיה סג · שם סב · ישעיה נד · ישעיה סד · שם נז · בראשית ב · במדבר טו · שמות כ

מסורת הש"ס

[לעיל צז:] · שם סב · דברים יא · ברכות לד: שבת סג. · ברכות לד: שבת סג. קנא: פסחים סח: לעיל צא: · [ברכות ליתא] · ברכות לד: · [שם] · [ברכות ליתא ובר נחמני] · [נ"ל ואת מצותו] · [שבועות יג. פי"ש] · אבות פ"ג משנה יא · [תוספתא דפרה פ"ג ותוספתא דאהלות פט"ז]

הגהות הגר"א

[א] גמ' זה המבזה דיבור אי' לו למשה. חק ב' תיבות למשה וכ"ב ס לישראל:

R. Nachman (bar Jakow, Nehardea, 2. Hälfte 3. Jh.) sagte: Gehört er zu den Lebenden, so bin ich es, denn es heißt: *Sein Machthaber soll aus ihm selbst und sein Herrscher aus seiner Mitte hervorgehen* (Jer 30,21).
Raw (Abba bar Abbio, Sura, 3. Jh.) sagte: Gehört er zu den Lebenden, so ist es unser heiliger Rabbi (Jehuda HaNassi), gehört er zu den Toten, so ist es Daniel, der Liebling.
§ 30 R. Jehuda (bar Jecheskel, Pumbedita, 3 Jh.) sagte im Namen Raws: Dereinst wird ihnen der Heilige, gepriesen sei er, einen anderen David aufstellen, denn es heißt: *Sie werden dem Herrn, ihrem Gott dienen und ihrem Könige David, den ich ihnen aufstellen werde* (Jer 30,9); es heißt nicht »aufgestellt habe«, sondern »aufstellen werde«.
R. Papa (bar Chanan, Naresch bei Sura, gest. 375) sprach zu Abajje: Es heißt ja aber: *und mein Knecht David soll für immer Herrscher sein* (Ez 37,25)? – »Wie Kaiser und Vizekaiser.«
§ 31 R. Simlai (Anf. 3. Jh.) trug vor: Es heißt: *Wehe denen, die sich den Tag des Herrn herbeiwünschen; was soll euch der Tag des Herrn, er ist ja Finsternis, nicht Licht* (Am 5,18). Ein Gleichnis: Ein Hahn und eine Fledermaus warteten auf das Tageslicht; da sprach der Hahn zur Fledermaus: Ich warte auf das Tageslicht, denn es ist für mich bestimmt, was soll dir aber das Tageslicht?

(*99a*)
Dem entspricht auch Folgendes.
– Einst fragte ein Minäer den R. Abahu (Caesarea, 1. Hälfte 4. Jh.), wann der Messias kommen werde (*Ematai Ate Maschiach*), und dieser erwiderte ihm: Wenn eure Leute von der Finsternis bedeckt sein werden.
– Jener entgegnete: Du fluchst mir also! Dieser erwiderte: Es ist ein Schriftvers: *Denn fürwahr, Finsternis bedeckt die Erde und tiefes Dunkel die Völker; doch über dir wird der Herr aufstrahlen und seine Herrlichkeit über dir erscheinen* (Jes 60,2).

Wer ist der Messias? Im Gegensatz zu dem Ernst, mit dem die Rabbinen die Leiden der vormessianischen Zeit erwägen, steht die geradezu humorvolle Leichtigkeit, mit der sie auf die Frage nach dem Namen und das heißt die Identität des Messias eingehen (§§ 29–31). In den vorgeschlagenen Namen klingen jeweils die Namen der Vorschlagenden an (§ 29), und mancher sagt auch geradeheraus: Ich bin's (*Ana*) – oder könnte es wenigstens sein. Die Frage nach der davidischen Abstammung stellt sich gar nicht. Nicht jeder hat vielleicht das Zeug zum Messias, aber einer von den »Professoren«, den Tora-Experten – deren Schwund die rabbinischen Apokalypsen in der vormessianischen Zeit regelmäßig beklagen – könnte es sein. Die Krone der Tora (*Keter Tora*) verdrängt in der rabbinischen Weisheit auch in puncto Messias die Krone des Königtums (*Keter Malchut*) und die Krone des Priestertums (*Keter Kehuna*). Ein Halbgott, machtvoller Herrscher oder Märtyrer oder alles in einem muss der Messias jedenfalls nicht sein. In diesem Geist haben die *Meschichisten* von Lubawitsch ihren Rebben auf den Schild gehoben (→ Kap. III.3). Im Talmud ist dem Personenkult dadurch vorgebaut, dass bei der Frage, wer der Messias sei, gleichzeitig sechs Finger in die Höhe schnellen und keiner von ihnen weltlichen oder religiösen Herrschaftsvorstellungen entspricht.

2.7 Dauer der messianischen Zeit

Am Messias selbst sind die Rabbinen nur bedingt interessiert. Das größere Gewicht liegt in diesen messianischen Blättern eindeutig auf Überlegungen zur messianischen Zeit – ihre Vorzeichen, ihr Termine, ihre Bedingungen, ihre Kennzeichen, ihre Wehen, ihre Dauer – und nicht auf Überlegungen zum Messias.

> § 32 Es wird gelehrt, R. Elieser (ben Hyrkanos, Anfang 2. Jh.) sagte: Die messianischen Tage (*Jemot HaMaschiach*) werden vierzig Jahre anhalten, denn es heißt: *Vierzig Jahre hab ich Verdruss mit diesem Geschlechte* (Ps 95,10).

– R. Elasar b. Asarja (Anfang 1.–2. Jh.) sagte: Siebzig Jahre, denn es heißt: *An jenem Tage wird Tyrus siebzig Jahre in Vergessenheit geraten wie die Tage eines einzigen Königs* (Jes 23,15); wer ist der einzige König? Der Messias.
– Rabbi (2. Hälfte 2. Jh.) sagte: Drei Generationen, denn es heißt: *Sie werden dich fürchten so lange die Sonne leuchtet und in Gegenwart des Mondes, Geschlecht auf Geschlechter* (Ps 72,5).
– R. Hillel (?) sagte: Die Israeliten haben keinen Messias mehr, denn sie haben ihn bereits in den Tagen Chiskijas verzehrt.
– R. Josef (bar Chijja, 3.–4. Jh., Pumbedita) sprach: Der Herr verzeihe R. Hillel; Chiskija lebte ja während des ersten Tempels, und während des zweiten Tempels weissagte Sacharja: *Juble laut, Tochter Zion, jauchze, Tochter Jerusalem; fürwahr, dein König wird bei dir einziehen; gerecht ist er und siegreich; arm ist er und reitet auf einem Esel, auf einem Füllen, dem Jungen einer Eselin* (Sach 9,9).
– Eine andere (Lehre) lehrt: R. Elieser (der Große, Anfang 2. Jh.) sagte: Die messianischen Tage werden vierzig Jahre anhalten, denn hier heißt es: *Er demütigte dich, ließ dich Hunger leiden und speiste dich* (Deut 8,3), und dort heißt es: *Erfreue uns so viele Tage, als du uns gedemütigt hast, so viele Jahre, als wir Unglück erlebt haben* (Ps 90,15).
– R. Dossa (vermutlich Mitte 2. Jh.) sagte: Vierhundert Jahre; denn hier heißt es: *Man wird sie knechten und hart bedrücken vierhundert Jahre lang* (Gen 15,13), und dort heißt es: *Erfreue uns so viele Tage als du uns gedemütigt hast* (Ps 90,15).
– Rabbi (Jehuda HaNassi, Galiläa, ca. 135–218), sagte: Dreihundertfünfundsechzig Jahre, die Zahl der Tage des Sonnenjahres, denn es heißt: *Denn einen Tag der Rache hatte ich in meinem Herzen, und mein Erlösungsjahr kommt herbei* (Jes 63,4).
– Was heißt *einen Tag der Rache hatte ich in meinem Herzen?* R. Jochanan (3. Jh.) erwiderte: Nur meinem Herzen habe ich es geoffenbart, nicht aber meinen anderen Organen.
– R. Schimon ben Lakisch (3. Jh.) erwiderte: Nur meinem Herzen habe ich es geoffenbart, nicht aber den Dienstengeln.
– Awimi, Sohn des R. Abahu (Caesarea, 1. Hälfte 4. Jh.), lehrte: Die messianischen Tage werden für Israel siebentausend Jahre anhalten, denn es heißt: *Wie sich der Bräutigam mit seiner Braut freut, so wird sich der Herr, dein Gott, mit dir freuen* (Jes 62,5, s. Ps 90,4).

> – R. Jehuda (b. Jecheskel, Pumbedita, 3. Jh.) sagte im Namen Schmuels: Die messianischen Tage werden so lange anhalten, wie seit dem Tage, an dem die Welt erschaffen worden ist, bis jetzt, denn es heißt: *So lange, als der Himmel über der Erde steht* (Deut 11,21).
> R. Nachman b. Jizchak (Pumbedita, 1. Hälfte 4. Jh.) sagte: Wie seit Tagen Noachs bis jetzt, denn es heißt: *Wie seit den Tagen Noahs gilt mir dies, wo ich geschworen habe* (Jes 54,9).

Messianische Zeit und Messias waren auch ursprünglich verschiedene Aspekte eschatologischer Szenarien. Sie fusionierten zum Teil in den Deutungen prophetischer Heilsorakel, können aber exegetisch wieder voneinander geschieden werden. Auch die Rabbinen setzten Messias und messianische Zeit nicht gleich. Der Messias leitet die messianische Zeit ein (*Jemot HaMaschiach*), wie lange sie auch immer dauern mag, im Übrigen wird seiner Person in diesen repräsentativen Blättern nicht viel Beachtung geschenkt. Jedenfalls zieht der Messias nicht so sehr die Aufmerksamkeit auf sich, dass darüber das bleibende Unheil der gegenwärtigen Zeit in Vergessenheit geriete. Aber auch die messianische Zeit wird in diesem Abschnitt nicht näher beschrieben, es wird allenfalls über ihre Dauer spekuliert. Die Meinungen dazu schwanken zwischen null und 7000 Jahren. Die Proponenten überbieten sich wie bei einer Versteigerung mit Vorschlägen und Schriftbelegen. Nur die Option null von Rabbi Hillel wird widerlegt. In jedem Fall ist die messianische Zeit nach allen diesen Vorschlägen eine mehr oder weniger lange irdische Periode, die klar von der kommenden Welt unterschieden ist.

2.8 Zweidimensionalität der Eschatologie

Damit ist das Thema des letzten Abschnitts angeschnitten. Die messianische Zeit ist nur eine Dimension der jüdischen Eschatologie.

§ 33. R. Chija b. Abba (Tiberias 2./3. Jh.) sagte im Namen R. Jochanans: Alle Propheten zusammen weissagten nur von den messianischen Tagen, von der zukünftigen Welt aber (heißt es:) *Es hat außer dir, o Gott, kein Auge geschaut, was er dem tun wird, der auf ihn harrt* (Jes 64,3).
– Er streitet somit gegen Schmuel (Nehardea, gest. 254), denn Schmuel sagte, zwischen dieser Welt und den messianischen Tagen gebe es keinen anderen Unterschied als die Knechtschaft der Regierungen.
– Ferner sagte R. Chija b. Abba im Namen R. Jochanans: Alle Propheten weissagten nur von den Bußfertigen, von den vollständig Frommen aber [heißt es:] *Es hat außer dir, o Gott, kein Auge geschaut* (Jes 64,3).
– Er streitet somit gegen R. Abahu (Caesarea, 2./3. Jh.), denn R. Abahu sagte im Namen Raws: Auf der Stufe, auf der die Bußfertigen stehen, stehen nicht die vollständig Frommen, denn es heißt: *Friede, Friede dem Fernen und dem Nahen* (Jes 57,19) – zuerst dem Fernen, nachher dem Nahen. Unter Fernen ist nämlich derjenige zu verstehen, der früher (Gott) fern war, und unter Nahen ist derjenige zu verstehen, der ihm (früher und) später nahe war.
– R. Jochanan erklärte, unter Fernen sei derjenige zu verstehen, der der Sünde fernblieb, und unter Nahen sei derjenige zu verstehen, der der Sünde nahe war und sich später von ihr entfernt hat.
– Ferner sagte R. Chija b. Abba im Namen R. Jochanans: Alle Propheten zusammen weissagten nur von einem, der seine Tochter an einen Schriftgelehrten verheiratet, der für einen Schriftgelehrten das Geschäft betreibt, und der Schriftgelehrte von seinem Vermögen genießen lässt; von den Schriftgelehrten selbst aber (heißt es:) *Es hat außer dir, o Gott, kein Auge geschaut* (Jes 64,3).
– Worauf beziehen sich (die Worte), *es hat kein Auge geschaut?* R. Jehoschua b. Levi (1. Hälfte 3. Jh.) erwiderte: Dies bezieht

> sich auf den seit den sechs Schöpfungstagen in seinen Trauben aufbewahrten Wein.
> – Resch Lakisch erwiderte: Dies bezieht sich auf Eden, den noch nie ein Auge geschaut hat.
> – Wenn du aber einwendest: Wo wohnte Adam?
> – Im Garten.
> – Wenn du aber einwendest, der Garten sei mit dem Eden identisch, so heißt es: *und ein Strom ging von Eden aus, den Garten zu bewässern* (Gen 2,10).

Im Finale der *Gemara* zum ersten Stichwort der Mischna werden die beiden eschatologischen Aspekte, die zuletzt behandelte messianische Zeit (§ 32) und die zuerst behandelte kommende Welt, ins Verhältnis gesetzt, was noch einmal die wohldurchdachte Komposition des Ganzen beweist.

Biblisch lassen sich diese beiden eschatologischen Aspekte nicht so klar unterscheiden. Der Ausdruck *Acharit HaJamim* (Deut 31,29), der gewöhnlich im Sinne von Welt-Endzeit verstanden wird, bedeutet ursprünglich nur die absehbare »Zukunft der Tage«. Und auf dieser immanenten Zeitachse liegen in einer näheren oder ferneren Zukunft sämtliche eschatologischen Aspekte: Messias und Reich, Neues Jerusalem und Völkerwallfahrt, Auferstehung der Toten und Jüngstes Gericht, Paradies und Hölle etc.[34] Anders bei den Rabbinen: Sie unterscheiden die innergeschichtliche politische von der jenseits der historischen Dimension gedachten Eschatologie und ordnen die messianische Zeit der ersteren, die kommende Welt und die Auferstehung hingegen der letzteren Dimension zu. Den jesajanischen Schriftbeleg dafür müssen sie sich zurechtbiegen. Der Vers: »Nie hat ein Auge gesehen einen Gott außer dir solches Tun dem auf ihn Harrenden« (Jes 64,3) bezog sich

34 Siehe auch Teil I.

ursprünglich auf das öffentliche Spektakel der Aktion Gottes für sein Volk. Die Rabbinen lesen dies als Aussage über die Gott vorbehaltene Vision der kommenden Welt: »Es hat außer dir, o Gott, kein Auge geschaut, was er dem tun wird, der auf ihn harrt.« In der Mischna ist die kommende Welt eine jedem und jederzeit bevorstehende Welt (mAb IV, 21; mSot IX, 15). Die Zweidimensionalität der rabbinischen Eschatologie ist bemerkenswert,[35] und wir möchten hier ausdrücklich die Bedeutung dieser Konzeption unterstreichen. Wenn nämlich eine der beiden eschatologischen Dimensionen annulliert wird, ergeben sich gefährliche Einseitigkeiten. Wird die historische Horizontale annulliert, zählt nur noch das Himmelreich, dann geht die Hoffnung für die Erde verloren, sie wird lediglich zu einer Startrampe für geistige Aufsteiger und Überflieger. Wird umgekehrt die Vertikale annulliert, dann zählt nur noch das politische Ziel der Gegenwart, um welchen Preis auch immer. Die Eschatologie, so die Rabbinen, muss zweidimensional sein, damit der Einzelne nicht dem kollektiven Heil und das Kollektiv nicht dem individuellen Seelenheil geopfert wird. Beispiele für eine ausgesprochen eindimensionale Eschatologie sind die materialistische Fortschrittsideologie auf der einen Seite, die die Transzendenz als spiritualistische Weltflucht einschätzt, die gnostische Aufstiegsideologie auf der anderen Seite, die die Immanenz als Weltverfallenheit verurteilt. Es geht nicht um die apologetische Figur: Gnosis rechts, Materialismus links, das Judentum in der Mitte, sondern um die Korrektur eines Vorurteils. Die christliche Polemik hat die jüdische Eschatologie auf die horizontale Dimension verkürzt

35 Vgl. Daniel Krochmalnik, Was dürfen wir hoffen. Jüdische Eschatologie nach Moses Maimonides, in Hoffnung über den Tod hinaus. Eschatologie im interreligiösen Lernen und Lehren, hg. v. Katja Boehme, Heidelberg 2015, 17–33.

und sich als Novum und Proprium die vertikale Dimension zugesprochen. In der antijüdischen Polemik galt das Judentum als diesseitsorientiert und materialistisch. Die Überbetonung des Himmelreichs und die Kapitulation vor den Fürsten dieser Welt wäre freilich eine ebenso unbefriedigende Einseitigkeit. Mit der Rückkehr zur Religion des Exodus hat die christliche »Theologie der Befreiung« diese Einseitigkeit in unserer Zeit korrigiert.

Fazit

Das Fazit aus den messianischen Blättern im Talmud ist ambivalent. Sämtliche relevanten Fragen in Bezug auf das Kommen des Messias: die Vorzeichen (1), die Termine (2), die Bedingungen (3), die Kennzeichen (4), Wehen (5), die Namen (6), die Dauer (7) und Dimensionen (8) werden behandelt, und die 110 Meinungen lassen sich im Großen und Ganzen unter eben diese acht Gedankenbögen bringen. Die einzelnen Fragen werden aber so beantwortet, dass man am Ende nicht weiß, was man genau glauben soll, es werden zu jeder Frage verschiedene Meinungen neben-, teilweise auch gegeneinandergestellt. Die Regel, dass die letzte Stimme den Ausschlag gibt, steht keineswegs fest, so bleiben die Antworten auf jede Frage in der Schwebe. Die *Aggada* drängt anders als die *Halacha* nicht auf Entscheidung, jedem steht es frei zu glauben, was ihm oder ihr einleuchtet, wie Schmuel HaNagid in seiner Einleitung zum Talmud zum Stichwort *Haggada* ausführt. Daraus kann man aber nicht schließen, dass der Talmud den Glauben an den Messias und an die messianische Zeit überhaupt freistellt. Die Glaubensfreiheit betrifft nur die konkreten Einzelheiten jedes Punktes, an den Punkten selbst aber und am Messianismus insgesamt hält der Talmud als Ideal und Ziel der Geschichte fest. Diese Beobachtung betrifft einige Punkte mehr als andere: Wer der Messias ist und wie lange sein Reich andauern werde, dazu gibt es allerlei unverbindliche Vorschläge, die Messiasfigur steht dabei nicht grundlegend im Zentrum und ist nicht das Ziel messianischer Ereignisse, sie ist lediglich der Türöffner zur messianischen Zeit. In dem Sinn gibt es keine Messianismusverdrossenheit im Talmud, den Ausblick auf eine andere Welt wie auf die kommende Welt hält er offen, aber nicht mit spezifischem Fokus auf die Person eines Messias. Wenn wir so nun das Bild in seiner Gesamtheit in den Blick nehmen, dann zeigt sich, dass im rabbinischen Messianismus fast alle möglichen Denkalternativen vertreten sind: Determinismus und Indeterminismus (§ 11), Aktivismus oder Quietismus (§ 13), Katastrophismus und Meliorismus (§§ 27 f.), Konservatismus und Utopismus (§ 33), Partikularismus und Universalismus. Insgesamt könnte man den Messianismus dieser Blätter wie folgt charakterisieren: Der Talmud relativiert die messianischen Antworten, aber er autorisiert die messianischen Fragen. Deshalb werden die aufgeworfenen theoretischen Alternativen nicht abschließend entschieden.

Nur eine der »Säulen der Lehre« hat den Messias und die messianische Zeit als praktisches Problem betrachtet und die *Halacha* des Messias kodifiziert – Moses Maimonides.

3. Halachische Entscheidungen – im Licht des Messianismus

Mit der *Halacha* des Messias beendet Maimonides seine *Summa Nomologiae*, der er nach Deuteronomium 17,19 den stolzen Titel *Mischne Tora, Wiederholung der Tora,* gab. Sie steht in den beiden letzten von 1000 Kapiteln der 14 Bücher und 83 Teile des Riesenkodex. Den Gesetzesstoff sortiert Maimonides in 613 Fächer ein, das sind die 613 Gebote (+) und Verbote (–) der fünf Bücher Moses.[36] Das Gesetz des Messias gehört in diesem Schubladenschrank in das Fach +173 und bildet einen Sonderfall der Königsgesetze (*Hilchot Melachim*), deren biblische Quelle gleichfalls Deuteronomium 17 ist.[37]

Maimonides ist nach den Angaben seiner Familie 1135 u. Z. geboren worden, also genau 1000 Jahre nach dem Tod des letzten Königs der Juden, des »*Nassi*« Schimon bar Kochba (135 u. Z.). Was hat den Rabbiner im tiefsten Exil dazu veranlasst, die jüdischen Königsgesetze zu entscheiden? Was hat ihn dazu bewogen, die land- und tempelbezogenen jüdischen Gesetze zu kodifizieren, während die Kreuzzügler und Sarazenen unabsehbar das Heilige Land und den Tempelberg für sich beanspruchten? Gewiss, er folgte darin der *Mischna*, die nach der Zerstörung des Tempels dennoch die Opfer- und Reinheitsgebote bewahrt hat. Die Reinheitsgebote im sechsten und letzten Teil der *Mischna* machen mehr

36 Die Fächermetapher stammt von A. J. Heschel (s. u.). Zu Maimonides systematischer Zählung der 613 Gebote im Sefer HaMizwot (Moses Maimonides, Mischne Tora, hg. v. Mordechai Dow Rabinowitz, 8. Aufl., Jerusalem 1987, Abkürzung: MT) Bd. 1, 1–53.

37 Vgl. Sefer HaMizwot, MT, Bd. 1, 137.

als ein Drittel ihres Umfangs aus; aber auch ein Traktat zu einem aktuellen Thema wie dem Versöhnungstag befasst sich zu sieben Achteln mit dem überholten Tempelritual. Abraham Jehoschua Heschel äußerte zur kontrafaktischen *Halacha* des Maimonides in seiner 1935 in Deutschland verfassten Maimonides-Biographie folgende Vermutung: »Vielleicht ist die Rücksicht des Maimonides auf die Totalität des Gesetzes in der messianischen Hoffnung auf eine baldige Anwendungsmöglichkeit mit begründet.«[38] In diesem Fall wären nicht nur die beiden letzten Kapitel, sondern auch die 998 davor – *Hilcheta LiMschicha*, wie der Talmud es nennt – eine Verfassung für die messianische Zeit, wie sie der Prophet Ezechiel geschaut hat:

> *Und mein Knecht David sei König über sie, und ein Hirt sei für alle, und in meinen Rechten sollen sie wandeln, und meine Satzungen wahren und sie üben. Und sie sollen wohnen in dem Land, das ich gegeben meinem Knecht, Jakob, worin eure Väter gewohnt, und sie sollen darin wohnen, sie und ihre Söhne und die Söhne ihrer Söhne auf ewig, und David, mein Knecht, sei Fürst (Nassi) über sie auf ewig. (37,24–25)*

Messianismus heißt demnach an dieser Stelle Restauration des davidischen Königtums und Reappropriation des Heiligen Landes zum Zweck der Wiedereinsetzung in den vorherigen Stand des göttlichen Gesetzes. Genau das hat auch Maimo-

38 Abraham J. Heschel, Maimonides. Eine Biographie (1935), Neuausgabe v. F. Hansen u. F. Rosen, Neukirchen-Vluyn 1992, 102; dagegen Simon-Raymond Schwarzfuchs, Les los royales de Maïmonide, Revue des Études Juives 11 (1951), 63–86, hier 78, Anm 2.

nides unter Messias und messianische Zeit verstanden: Herrschaft des göttlichen Gesetzes, Nomokratie:

> *[…] alle Gesetze treten wieder in Kraft, wie sie vordem waren, man bringt Opfer dar und übt Erlass- und Jobeljahre aus, ganz nach ihrem in der Tora ausgesprochenem Gebot. (Hilchot Melachim 11,1).*[39]

Nimmt man Anfang und Ende des Kodex zusammen, dann kann die *Mischne Tora* als Weg vom Gebot der Gotteserkenntnis zu seiner letztendlichen Erfüllung beschrieben werden. Bei diesem langen Marsch weisen vier »Leitungen« die Richtung, die bereits der junge Maimonides in seiner Logik als die vier Richtungen der politischen Wissenschaft unterschieden hat: die Leitung der Seele (*Hanhagat HaAdam Nafscho*), die Leitung des Haushalts (*Hanhagat HaBajit*), die Leitung der Stadt (*Hanhagat HaMedinah*) und die Leitung des ganzen Volkes (*Hanhagat HaUmah HaGdolah*).[40] Die gleiche Vierteilung kann man auch in der *Mischne Tora* wiedererkennen. Der gesamte Gesetzesstoff wird in vier konzentrische soziale Kreise mit wachsendem Radius angeordnet: Buch 1–3 behandelt die Leitung der Seele, Buch 4–6 die Leitung der Familie,

39 Die Zitate der Mishne Tora entstammen der folgenden Ausgabe: Moses Maimonides, Mischne tora. Sefer ha madda, Buch des Denkens (Hilchot Mamrim 1–4 und Hilchot Melachim). Aus dem Hebräischen übersetzt von Rainer Wenzel, frommann-holzboog Verlag, Stuttgart-Bad Cannstatt (erscheint voraussichtlich 2022).

40 Maimonides, Logik, Maimonides' Treatise on Logic (Makalah Fi-Sina'at Al-Mantik). The Original Arabic and Three Hebrew Translations, hg. u. engl. Üb. von Israel Efros (Hg.), engl. Üb. New York 1938 (Abk.: Logik), 63 (engl.) u. 62 (hebr.), Sarah Stroumsa verteidigt die Autorschaft des Maimonides (Maimonides in His World: Portrait of a Mediterranean Thinker, Princeton and Oxford 2009, 126–128).

Buch 7–10 die Leitung der Gemeinschaft und Buch 11–14 die Leitung von Recht und Staat. Dieser Tractatus Theologico-Oeconomico-Socio-Politicus könnte als die Verfassung des »Musterstaates« angesprochen werden, eine Art Verfassung für die messianische Zeit.

Man wird sich bei der Übertragung dieser logischen Vierteilung auf die *Mischne Tora* daran erinnern müssen, dass dieser Kodex Gesetze des biblischen Gottesstaates darstellt. Das zeigt sich schon daran, dass die Prinzipien (*Jessodot*) als Gesetze (*Halachot*) erscheinen und dass die Vernunftgebote (*leges rationales, morales* und *iustitiales*) auf der gleichen Ebene wie die Ritualgesetze (*leges ceremoniales*) abgehandelt werden. Um hier nur das erste Beispiel, die Grobgliederung von Buch 1–3, anzuführen: Das *Buch der Erkenntnis* beginnt mit »*dem ersten Vorhandenen* (hebr.: *HaMazui HaRischon*), dem Urgrund für das Sein von allem, was vorhanden ist«. Maimonides entfaltet sodann das neuplatonische U-Schema: 1. die absteigende Emanation (*hodos kato* oder *prohodos*) vom einen zum vielen, vom Geist zum Körper, 2. die Umkehr (*epistrophe*) und 3. der Wiederaufstieg (*hodos ano* oder *henosis*) vom vielen zum einen. Dieses Schema gliedert das *Buch der Erkenntnis,* das von der wahren Gottes- und Welterkenntnis (*Hilchot Jessode HaTora*) hinab zum Irrtum der Sterneanbeter (*Hilchot AKU«M*) und nach der Umkehr (*Hilchot Tschuwa*) zurück zur wahren Gottes- und Welterkenntnis führt. Deshalb, so der Schluss,

> *[...] muss der Mensch sich auf sich selbst zurückziehen, um Wissenschaften und Vernunfteinsichten zu verstehen und zu begreifen, die ihn seinen Eigentumsherrn erkennen lassen, gemäß dem einem Menschen innewohnen-*

den Vermögen zu verstehen und zu begreifen, wie wir in den Hilchot jesode hatora erklärt haben (10,6).

Auf das *Buch der Erkenntnis* folgen das *Buch der Liebe* und das *Buch der Zeiten*, die die permanenten Rituale sowie die periodischen Fest- und Fastenzeiten des Synagogenjahres kodifizieren. Den Zweck dieser Disposition verrät Maimonides in der Einleitung zur Mischne Tora: Das Zeremonialgesetz fungiert als Erinnerungstechnik, die die Vernunftgebote zur Herzenssache machen (*Niqscheret BeLibo, Hilchot Tschwa* 10, 6).[41]

Gewöhnlich bezieht sich das neuplatonische Ab- und Aufstiegs-Schema auf den Einzelnen, vorzüglich den Philosophen selbst (vgl. Plotins IV. Enneade VIII, 1). Die Mischne Tora will aber auch die Familie, die Stadt und das ganze Volk mit auf die Reise zu Gott nehmen, weshalb die Leitung der Seele durch die besagten drei Leitungen des Haushaltes, der Stadt und des Volkes ergänzt werden, sodass schließlich »aller Welt Geschäft ganz allein sein (wird), JHWH zu erkennen, Israel aus großen Weisen bestehen werde, tiefgründige, verborgene Dinge erkennend«.

In den Vorbemerkungen zu seinen 13 Glaubensgrundsätzen im *Mischna*-Kommentar zum *Pereq Cheleq* (mSan 10)[42] erklärt Maimonides die eschatologischen Termini. Demnach ist der traditionelle Begriff »kommende Welt« (*Olam HaBa*) nicht die neue Welt nach der Auferstehung, sondern eine immer gegenwärtige Welt. Die kommende Welt (*Olam HaBa*)

41 Diese lässt sich auch in der Feingliederung nachweisen, so folgt z. B. unmittelbar auf die grandiose Schau des Kosmos in den ersten vier Kapiteln des Buches der Erkenntnis (*Hilchot Jessode HaTora* 1–4) das Märtyrergesetz (5. *Qiddusch HaSchem*).

42 MT Bd. 10, 109–136; arab. Text, Schailat 1994, 360–374.

verhält sich zu dieser unserer Welt (*Olam HaSe*) also nicht wie »später« zu »früher«, sie wird von uns nur früher oder später oder auch nie erreicht, in Wahrheit handelt es sich um Parallelwelten. Der Eintritt in die kommende Welt bedeutet die geistige Überwindung der Sinneswelt (*mundus sensibilis*, *HaOlam HaGaschmi*) und die Teilhabe an der Geisteswelt (*mundus intelligibilis*, *HaOlam HaRuchani*). Wer das Diesseits geistig transzendiert und in das Jenseits gelangt, kommt in den unaussprechlichen Genuss des *amor dei intellectualis* (der geistigen Liebe zu Gott), den Maimonides ganz offen nach den »großen Philosophen« schildert,[43] wobei er zweifellos die Philosophen al-Farabi[44] und Avicenna[45] im Sinn hat. Diese philosophische Glückseligkeit setzt er mit der Unsterblichkeit der Seele gleich (*Qijum HaNefesch*), die allerdings nicht erst nach dem Tod des Körpers beginnt, sondern schon vorher erworben werden muss und in eben diesem Maß auch nachher genossen werden kann. Im Gegensatz zu diesem höchsten Gut sei das größte Übel der Ausschluss aus dem Leben des Geistes, den Maimonides mit der *Karet*-Strafe in Bibel und Talmud identifiziert (ebd., 126). Die messianische Zeit gehört einer ganz anderen Kategorie als die kommende Welt an: Erstere ist ein diesseitiger politischer Zustand, Letztere ein jenseitiger intellektueller. Beide Zustände stehen jedoch in einem funktionalen Zusammenhang, da die messianischen Rahmenbedingungen, Frieden und Überfluss, ungleich bessere Aussichten in die Ewigkeit eröffnen.

---

43 MT Bd. 10, 124–125 (Seitenangabe nach dieser Ausgabe künftig im Text).

44 Vgl. Farabi, Kitab al-Sijjassa al-madinijja al-mulaqqab bi mabadi al-mawdjudat (Staatspolitik, auch genannt: Prinzipen des Seins, Ed. Fawzi Nadjar, Beirut 1964 (gewöhnlich zitiert: Principles of Being, hebr.: T'chilat Hanimza'ot), 35 f.

45 Vgl. Die Metaphysik Avicennas (al-Ilahijjat min Kitab asch-Schifa' I-X), dt. Üb. von M. Horten, Halle u. New York 1907, 633–649.

Maimonides war kein Popularphilosoph, an Volksaufklärung hat er nicht geglaubt, wohl aber an einen signifikanten Lernfortschritt. Dadurch wird eine dauerhafte Verknüpfung der beiden Welten möglich,[46] zu einer Verschmelzung kommt es damit jedoch nicht. Im 8. und 9. Kapitel der *Gesetze der Umkehr* kodifiziert Maimonides den Dualismus der zwei Welten und ihre messianische Verbindung.

> *Und deswegen verlangten ganz Israel, ihre Propheten und ihre Weisen nach den Tagen des gesalbten Königs, des Messias, damit sie Ruhe haben vor dem frevelhaften Königreich, welches Israel sich nicht gehörig mit Tora und Geboten beschäftigen läßt, eine Rast für sich finden und an Weisheit zunehmen, auf daß sie des Lebens der kommenden Welt teilhaftig werden. [...] weil jener König, welcher aus dem Samen David aufstehen wird, mehr Weisheit als Schelomo besitzen und ein Mosche naher großer Prophet sein wird [...]. Und die Vollendung des ganzen Lohnes und das letzte Gute, unvergänglich und ungeschmälert, ist das Leben der kommenden Welt. Jedoch die Tage des Messias, das ist diese Welt, eine Welt, die ihren Gang geht (bAbSa 54b), nur daß die Königsherrschaft zurückkehren wird zu Israel. Die frühen Weisen sprachen bereits (bBer 34b): Diese Welt und die Tage des Messias unterscheidet bloß die Verknechtung unter die Königreiche. (Hilchot Tschuwa 9, 2)*

46 Zum Problem der Einordnung der leiblichen Auferstehung (*Tchijat Ha-Metim*) in dieser spiritualistischen Eschatologie s. Krochmalnik, Jüdische Eschatologie, 17–33.

So aufregend die Aussicht auf das kommende Reich sein mag, so wünschenswert ein gesalbter »Schlomosche« erscheinen mag, der den Konflikt zwischen Weisheit und Macht überwindet, bleibt das Politische und Utopische in Maimonides' Eschatologie dennoch sekundär, es ist nur Mittel zur Erreichung der kommenden Welt. Diesem Ziel müssten alle anderen Zwecke untergeordnet werden, wenn der Mensch seine wahre Bestimmung erfüllen und seine höchste Glückseligkeit erreichen will. Darin seien sich die Propheten und Philosophen vollkommen einig gewesen, wie Maimonides meint. Aber es ist nicht einfach, biblische Hinweise auf dieses höchste Gut zu finden, weil es das Vorstellungsvermögen und somit auch die Sehergabe der Propheten übersteigt. Darum zitiert Maimonides Verse, die dieses Gut zwar andeuten, aber nicht ausmalen, wie z. B. Psalm 31,20: »Wie groß ist dein Gut, das du verborgen hast für die, die dich fürchten.«[47] Vor allem der rabbinische *locus classicus* Jesaja 64,3, mit dem Rabbi Jochanan im Talmud den Unterschied zwischen den Messias- und den Jenseitserwartungen macht, ist hier wesentlich. In seiner Erläuterung zu dieser Stelle verallgemeinert Maimonides die Ansicht des Rabbi Jochanan zur Ansicht der Weisen und liefert zugleich eine Erklärung dafür, weshalb die Hebräische Bibel mit dem Jenseits so geizt.

> *Die frühen Weisen haben bereits zu erkennen gegeben, daß dem Menschen nicht das Vermögen innewohnt, das Gute der kommenden Welt vollkommen zu fassen, seine Größe, Schönheit und Stärke ganz allein der Heilige, gepriesen sei er, erkennt und all das Gute, worüber die Propheten eine Prophetie an Israel empfingen, sich auf*

47 Hilchot Tschuwa 8, 6 u. 7.

körperliche Dinge bezieht, welche Israel in den Tagen des gesalbten Königs, des Messias, genießt, wenn die Herrschaft zurückkehren wird zu Israel. Aber das Gute des Lebens der kommenden Welt ist auf nichts zu beziehen und mit nichts zu vergleichen, und die Propheten verglichen es nicht, damit sie es durch einen Vergleich nicht mindern. Das ist es, was Jeschajahu sagt: »Nie sah ein Auge, Gott, außer dir, was er für den tut, der auf ihn harrt«, das heißt, das Gute, das kein Auge eines Propheten sah und das nur Gott sah, das tat Gott für den Menschen, der auf ihn harrt. Die Weisen sprachen: Alle Propheten prophezeiten nur über die Tage des Messias, aber die kommende Welt sah kein Auge, Gott, außer dir (Hilchot Tschuwa 8,7).

Wird hier nicht umgekehrt der biblisch-rabbinische Heilskollektivismus in den philosophischen Heilsegoismus aufgehoben und die vier politischen *Leitungen* (*Hanhagot*) der Mischne Tora durch die philosophische »Hanhaga des Einsamen« verdrängt? *Leitung des Einsamen* (arab.: *Tadbir al-Mutawahid*, hebr.: *Hanhagat HaMitbodet*), so lautet der Titel eines Werkes des von Maimonides hochgeschätzten andalusischen Philosophen Ibn Badscha aus Saragossa (um 1195–1138).[48] In diesem Werk, das wie so viele Werke der mittelalterlichen arabischen Philosophie auf Hebräisch überliefert wurde,[49] sieht Ibn Bad-

48 Maimonides, Moses, Iggrot HaRambam (Letters and Essays of Moses Maimonides), hg. u. üb. v. Isaac Shailat, 2 Bände, Ma'ale Adumim 1988, Bd. 2, 553, 4: »Pilosoph Gadol«.

49 Ein Resümee der hebräischen Version von Moïse von Narbonne bei Munk, Mélanges de philosophie juive et arabe, Paris 1859, 389–409 und in der arabischen Version bei Maurice R. Hayoun, La Philosophie et la Théologie der Moïse de Narbonne, Tübingen 1989, 41–47.

scha die höchste Glückseligkeit des Menschen in der Vereinigung des Intellektuellen mit dem göttlichen Intellekt, wodurch der Intellektuelle selber unsterblich und göttlich (*illahi*) wird.[50] Ibn Badscha nennt solche Vollendeten »Pflanzen« eines *künftigen Musterstaates und rät ihnen, sich von den intellektuell Minderbemittelten abzusondern.*[51] Derartige »asoziale« Tendenzen finden sich unbestreitbar auch bei Maimonides und den Maimoniden,[52] und der Elitismus führt unvermeidlich zu einer Form des Eremitismus. So empfiehlt er am Schluss seines *Führers*:

> *Es ist einleuchtend, dass das Endziel darin besteht, sich, wenn man Gott erkannt hat, ihm zu widmen und das vernünftige Denken stets auf die Sehnsucht nach ihm zu richten. Dies wird aber zumeist durch Einsamkeit und Zurückgezogenheit erreicht, und deshalb soll sich jeder Fromme meist (Row) einsam und zurückgezogen halten (Hipared, Hitboded) und sich anderen Menschen nur im notwendigen Bedarfsfall zugesellen.*[53]

Aber Maimonides propagiert keineswegs einen totalen Rückzug aus der Gesellschaft, er sagt im vorigen Zitat auch nur: »zumeist« (*Row*). Seine Nachkommen und Nachfolger, sein Sohn R. Abraham He-Chassid Maimonides (1186–1237), sein Enkel R. Owadja Maimonides (1228–1265) und der letzte Dynast die-

50 Vgl. Munk, Mélanges, 398; Alexander Altmann, Ibn Bajja on Man's Ultimate Felicity (1965), in: Studies in Religious Philosophy, hg. v. A. Altmann, London 1969, 72–107, hier: 81.

51 Vgl. Munk, Mélanges, 402–3.

52 Vgl. die besonders krasse Stelle Führer II, 36, hebr., 328; franz., Bd. 2, 286 u. Anm. 4 zu Ibn Badscha, dtsch. Tl. 2, 244.

53 Führer III, 51, arab. Bd. 3; 125; hebr., 581; dtsch. Tl. 3, 344.

ser Linie, R. David Maimonides (ca. 1355–1415), haben diesen zeitweiligen Rückzug praktiziert, allerdings nur im stillen Kämmerlein (*Hitbodedut*).[54] Das hat sie nicht daran gehindert, das von ihrem berühmten Vorfahren ererbte Amt des Gemeindeführers (*Nagid*) auszuüben. Im Übrigen hat der große Arzt die Nützlichkeit von Besitz, Gesundheit und Geselligkeit nie infrage gestellt. Er kritisiert nur, dass diese niederen Güter gewöhnlich zum Endzweck erhoben werden, während dem wahren und höchsten Gut keine Beachtung geschenkt oder, schlimmer noch, offene Verachtung gezeigt wird. Wer allerdings in so einem »Torheits- und Irrstaat« lebt, dem macht Maimonides das Aussteigen zur Pflicht. Im 2. Teil des *Buches der Erkenntnis über die Sittengesetze (Hilchot De'ot*) schreibt er dazu:

> *Ebenso soll er, wenn er in einem Lande ist, dessen Bräuche schlecht sind und dessen Leute nicht auf einem geraden Weg gehen, an einen Ort gehen, dessen Leute gerecht sind und sich auf dem Weg der Guten halten. Und wenn alle Länder, die er kennt und von denen er hört, sich auf einem unguten Weg halten, wie unsere Zeit, oder er der Kriegsscharen oder einer Krankheit wegen nicht in ein Land gehen kann, dessen Bräuche gut sind, soll er für sich allein wohnen, wie da, wo es heißt: »Er sitze einsam und still« (Klgl 3,28). Und*

54 Vgl. Paul B. Fenton, La »Hitbodedut« chez les permiers qabbalistes en orient et chez les soufis, in Prière. mystique et judaïsme (Colloque de Strasbourg 10–12 September 1984), hg. v. R. Goetschel, Paris 1987, 133–157; David Maimonides, Doctor ad solitudinem et ductor ad simplictatem, (Mekize Nirdamim) Jerusalem 1987 (Hebräisch), 8b ff.; Paul B. Fenton, Maimonides und die Maimonideische Schule der Exegese im Osten: Philosophische und mystische Exegese, in: Die Philosophische Aktualität der Jüdischen Tradition, hg. v. W. Stegmaier, Frankfurt a. M. 2000, 150–187.

> *wenn es Böse und Sünder sind, welche ihn nur im Lande wohnen lassen, wenn er sich unter sie mischt und ihren bösen Brauch übt, soll er in Höhlen und Dickichte und Wüsten fortziehen und sich nicht auf den Weg der Sünde begeben, wie da, wo es heißt: »Wer gäbe mir in der Wüste eine Nachthütte für die Wanderer.« (Jer 9,1, Hilchot De'ot 6,1)*

Wie wichtig Maimonides die »Leitung des Staates« (*HaHagat HaMedina*) jederzeit geblieben ist, zeigt schon der Umfang der einschlägigen Partie im Schlussteil des *Führers*. In 22 Kapiteln (III, 27–49) behandelt er den Sinn der Gebote (*Ta'ame HaMizwot*), wobei mit Sinn stets der politische Sinn gemeint ist. Die darin ausgeführte Anleitung zur psychischen und physischen Perfektion des Sozialkörpers ist freilich kein Selbstzweck, sie soll nur die Rahmenbedingung für die Entwicklung von Philosophie und Wissenschaft schaffen. Damit ist die politische Aufgabe des Königs und auch des Königs Messias umschrieben: Er ist dazu berufen, die Verfassung des Idealstaates in Kraft zu setzen und zu halten.

Nach diesen Ausführungen kann Maimonides gewiss nicht vorgeworfen werden, dass er den biblisch-rabbinischen Heilskollektivismus dem philosophischen Heilsegoismus geopfert hätte. Ob freilich sein Perfektionismus (*Tikkun*) dem Katastrophismus der Propheten und Rabbinen gerecht wird, das haben Gelehrte wie Gershom Scholem bezweifelt.[55] Aber Maimonides ist in seinem Rationalismus nicht so weit gegangen, die messianische Endzeit *in toto* als Allegorie zu betrachten, so

55 Vgl. Gershom Scholem, Zum Verständnis der messianischen Idee im Judentum, Eranos-Jahrbuch 28, Zürich 1960, 193–239 = Judaica 1, hg. v. Gershom Scholem, Frankfurt am Main 1963, 7–74, hier 54.

wie er die paradiesische Urzeit, namentlich die Ureltern, zur Allegorie erklärt hatte.[56] Der Messias hängt wohl mit einem psychologischen Prozess zusammen, aber er ist mehr als ein psychologischer Prozess.[57]

Der Messias ist für Maimonides mit der messianischen Zeit verbunden. Er glaubte an den Messias, und er verpflichtet die Juden, an den Messias zu glauben. In der ersten Halacha des Messias stellt er fest:

> *Jeder, der nicht auf ihn vertraut oder seine Ankunft nicht erwartet, verleugnet nicht bloß die übrigen Propheten, sondern die Tora und unseren Meister Mosche. (Hilchot Melachim 11,1)*

In der halachischen Durchführung der messianischen Idee folgt er freilich nicht dem Utopismus R. Jochanans, sondern dem Realismus Mar Schmuels (siehe bSan 99a, siehe oben § 33). In der dritten Halacha des Messias warnt er:

> *Komme nicht auf den Gedanken, der gesalbte König müsse Zeichen und Wunder tun, erschaffe neue Dinge in der Welt oder erwecke Tote und dergleichen, was die Dummköpfe sagen. (Hilchot Melachim 11,3)*

Gar nicht erst zu reden davon, dass der Messias ein Übermensch oder Gottmensch sein müsse. Maimonides tut vielmehr

---

56 Führer Einl., dtsch. Tl. 1, 16; Führer I, Kap. 6, dtsch. Tl. 1, 42 und II, Kap. 30, 211 ff.

57 Vgl. Moshe Idel, Messianic Mystics, New Haven/London 1988, 75; u. Aviezer Ravitzky, ›To the Utmost Human Capacity‹: Maimonides on the Days of the Messiah, in: Perspectives on Maimonides. Philosophical and Historical Studies, hg. v. Joel L. Kraemer, Oxford 1991, 221–256, hier 245 ff.

alles, um den Messias zu entzaubern und auf das Normal- oder das normale Idealmaß eines israelitischen Herrschers zurückzuführen.[58] Wie dieser hat er zwar einige Sonder- und Ausnahmerechte (*Hilchot Melachim* 3,10), aber er ist weit davon entfernt, ein absolutistischer Monarch zu sein, der über dem Gesetz steht, vielmehr ist er der oberste Hüter und Schützer der göttlichen Verfassung. Wie alle Könige Israels muss er die Tora mindestens einmal abschreiben – wofür ein Sofer (Schreiber) ein Jahr braucht. Sein Exemplar darf nie von seiner Seite weichen, außer wenn er auf Toilette geht oder im Bad ist. Zieht er in den Krieg, ist sie mit ihm, kehrt er heim, ist sie mit ihm, sitzt er zu Gericht, ist sie mit ihm, beim Bankett sitzt sie ihm gegenüber, nach dem Schriftwort: »Und sie soll bei ihm sein (Imo), dass er darin lese alle Tage seines Lebens.« (Deut 17,19; *Hilchot Melachim* 3,1). Dieser Messias steht, wie bereits gesagt, für eine legalistische Restauration: »alle Gesetze treten wieder in Kraft, wie sie vordem waren« (ebd. 11,1), und er nötigt ganz Israel, »in den Wegen (der Tora) zu wandeln und ihre Schäden ausbessern« (ebd. 11,4). Der Ausdruck »LeChasek Bedikah« (*Ausbessern des Baufälligen*, 2. Kön 12,6) kann exakt mit »Restauration« wiedergegeben werden (→ Kap. III.1).

Wenn aber der Messias ein ganz normaler Herrscher ist, woran soll man ihn dann erkennen? Am Erfolg. Gelingt ihm die Wiedererrichtung des alten Reichs, der Wiederaufbau des Tempels und die Einsammlung der Diaspora (ebd. 11,1 u. 4), dann ist er *der* Messias; scheitert er, dann darf man ihn nicht gleich als »Lügenmessias« abstempeln, seine Mühe weist ihn als frommen Mann aus, auch wenn sie nicht von Erfolg gekrönt wurde (ebd. 11,4). Er ist also keine übermenschliche

58 Siehe dazu auch Kapitel 1.

Erlösergestalt. An dieser in den früheren Drucken freilich entstellten Stelle geht Maimonides auch auf Jesus und Muhammad ein.[59] Insbesondere Jesus erschien ihm als Antichrist, weil er den Juden das genaue Gegenteil dessen gebracht hat, was sie von einem »Christus«, also einem Messias, erwartet hatten. Andererseits konnte Maimonides den Welterfolg der beiden Tochterreligionen nicht ignorieren und als Unfall der Weltgeschichte abtun. Er musste sich fragen, welche Rolle diese beiden Akteure im Heilsplan Gottes spielen. So sah er sie als Wegbereiter des Messias:

> *[...] alle diese Dinge des Nazareners Jeschua und jenes Jischmaeli, welcher nach ihm aufstand, dienen allein dazu, dem gesalbten König den Weg zu ebnen und die ganze Welt zurechtzurücken, gemeinsam dem Ewigen zu dienen (Hilchot Melachim 11,4).*

Ja, Gott bedient sich bei dieser *preparatio messianica* einer List, er setzt die Eifersucht des einen gegen den anderen ein (Qoh 4,14), um sein Endziel zu erreichen. Indem die Christen und Muslime der ganzen Welt beweisen wollen, dass die Juden unrecht haben, dass ihr Gesetz abgeschafft oder nur noch im christologischen Sinn gültig sei, machen sie dieses Gesetz wider Willen auf der ganzen Erde bekannt (Jes 66,19) und sammeln als weltliche Arme des Judentums die Menschheit ein. Wenn der Messias kommt, dann werden sie einsehen, dass

---

59 In der Editio princeps fehlt nur der Name von Jesus: Mosche ben Maimon, Mischneh Torah, Editio princeps, Rom 5240 (1480), Nachdruck Jerusalem 1954/5, 692. In den üblichen Drucken fehlte die Stelle ganz. In den neueren Ausgaben wurde sie aus den jemenitischen Handschriften wiederhergestellt, MT Bd. 9, 415 u. Anm. 35.

die vermeintlich zurückgebliebenen Juden recht gehabt hatten (*Hilchot Melachim* 11,4 in fine).

Der universalistische Ausblick des Maimonides bleibt aber hinter den jesajanischen Erwartungen zurück. Den Vorstellungen einer Neuschöpfung (Jes 65,17 u. a.) erteilt Maimonides eine klare Absage: Die Welt wird weiterhin ihren gewohnten Gang gehen (*Olam KeMinhago Noheg*, ebd., 12,2). Die jesajanische Idylle sei allegorisch zu verstehen, es ist eine Parabel auf das Ende der Judenverfolgung, was, nebenbei bemerkt, kein geringes Wunder wäre. Diese Stelle sei vollständig wiedergegeben (ebd., 12,1):

> *Es komme einem nicht in den Sinn, in den Tagen des Gesalbten werde etwas vom Gang der Welt aufhören oder es werde etwas neu gemacht am Schöpfungswerk, vielmehr geht die Welt ihren Gang. Was bei Jeschaja gesagt wird: »Und es wohnt der Wolf beim Lamm, der Panther lagert beim Böcklein« (Jes 11,6), ist Gleichnis und Rätsel. Das hat den Sinn, dass Israel sicher bei den Frevlern der Welt siedeln wird, welche mit Wolf und Panther verglichen sind, wie es heißt: »[...] der Wolf der Steppen verwüstet sie, der Panther wacht an ihren Städten« (Jer 5,6), und sie werden sich alle zur Religion der Wahrheit bekehren, nicht rauben und nicht verderben, sondern wie Israel in Ruhe essen, was erlaubt ist, wie es heißt: »[...] und der Löwe frißt Stroh wie ein Rind« (Jes 11,7). So sind alle solche Dinge, welche über die Angelegenheit des Gesalbten geschrieben stehen, Gleichnisse.*

Maimonides fügt dieser Halacha noch eine Bemerkung hinzu:

> *In den Tagen des gesalbten Königs wird allen ersichtlich werden, wofür ein Gleichnis steht und welcher Sinn mit ihnen angedeutet ist.*

Mit anderen Worten: Die prophetischen Verheißungen werden erst nach dem Eintreffen des Ereignisses ihre eigentliche Bedeutung enthüllen, so wie etwa nach christlicher Typologese der Sinn alttestamentlicher Verse erst im Licht neutestamentlicher Ereignisse offenbar wird. Wie gefährlich diese Bestimmung ist, zeigt gerade die christliche Parallele. Sie überlässt es den Messiassen und ihren Bewegungen, die biblischen Stellen auf sich bzw. auf sie zu beziehen. Was Maimonides als Beruhigungsmittel gegen messianische Spekulationsblasen verordnet hat, das hat die messianischen Fieberschübe weiter angeheizt. Die Anhänger Sabbatai Zwis etwa benutzten diese *Halacha*, um die Apostasie des falschen Messias aus dem Buch Esther und anderen biblischen Stellen zu legitimieren[60] (→ Kap. III. 2). Und was sollten Juden, die diese retrospektive Auslegung teilten, christlichen Disputanten erwidern, die die Messianität Jesu mit Jesaja bewiesen? R. Josef Albo, einer der jüdischen Antagonisten bei der großen Religionsdisputation von Tortossa (1413/14), schleuderte ihnen entnervt entgegen: »Posito messiam probari iam venisse non putarem deterior esse judaeus.« (»Gesetzt, man bewiese mir, der Messias sei schon gekommen, ich bliebe nichtsdestoweniger Jude.«) Heute würde man historisch argumentieren und sagen, Jesaja hat für seine Zeitgenossen und nicht für die Zeitgenossen

---

60 Vgl. Gershom Scholem, Sabbtai Zwi. Der mystische Messias (1957), Dtsch. von Angelika Schweikhart, Frankfurt/M: Jüdischer Verlag 2014, 829–830; u. ders., Erlösung durch Sünde (Hebr.: 1937), Üb. Michael Brocke, Gershom Scholem Judaica 5, Frankfurt am Main 1992, 36.

Jesu geweissagt, der 600 Jahre später gelebt hat. Maimonides' Strategie kehrt den Anachronismusvorwurf um, er entschärft die Stellen nicht durch Einbettung in die Vergangenheit, sondern durch Aufschub in die Zukunft. In gleicher Weise geht er gegen die Futorologen vor, die die Katastrophen der letzten Tage prognostizieren und terminieren. Er erinnert zu Recht daran, in welch schlechtem Ruf Zeichen- und Sterndeuter (*Howre Schamajim, HaChosim BaKochawim*) im Gesetz und bei den Propheten stehen (Lev 19,26; Deut 18,10; Jes 44,25–26; 47,13).[61] *Für R. Saadia* Gaon, den Vater der mittelalterlichen jüdischen Theologie, der sich im achten Abschnitt seines Buches *Glauben und Wissen* (*Emunot WeDeot*) ausgiebig derartigen Spekulationen hingibt, findet er mildernde Umstände.[62] Maimonides vertröstet auch in diesem Fall die messianische Ungeduld auf die messianische Zeit – *et qui vivunt videbis*, hebräisch: *Lo Jada Adam Ejch Jihju Ad ScheJihju* (*Hilchot Melachim* 12,2):

> *Wie alle diese Dinge und dergleichen sein werden, weiß kein Mensch, bis sie da sind, da die Dinge verborgen sind bei den Propheten, auch die Weisen haben keine Tradition über diese Dinge, bloß gemäß dem Erwägen der Verse, weshalb sie uneinig sind über diese Dinge. Auf jeden Fall ist die Reihenfolge des Werdens dieser Dinge und ihre genaue Untersuchung keine Hauptsache in der Religion. Niemals soll ein Mensch sich mit Worten der Haggadot befassen und lange mit*

61 Vgl. Brief in den Jemen, MT Bd. 10, 158–159.

62 Vgl. Saadia Gaon, Sefer HaEmunot WeHadeot (arab.-hebr.), hg. v. Josef Qafich, Jerusalem 1973, dtsch. Julius Fürst, Glaubenslehre und Philosophie, Leipzig 1845, Nachdruck Hildesheim, New York 1970, 237 ff., MT 10, 154 f.

den Midraschot abgeben, welche über diese und dergleichen Angelegenheiten gesagt sind, und sie nicht zu einer Hauptsache machen, da sie nicht zu Furcht und nicht zu Liebe führen. Ebenso soll er keine Fristen berechnen, die Weisen sprachen: Es verwehe der Geist derer, die Fristen berechnen. Sondern er soll warten und auf die Sache im Allgemeinen vertrauen, wie wir erläutert haben.

Hier gibt Maimonides zu erkennen, was er von den Aussagen über Vorzeichen, Termine, Bedingungen, Kennzeichen, Geburtswehen und Namen des Messias in den messianischen Blättern des Talmud hält. Im Meinungspluralismus sieht er ein Anzeichen dafür, dass die Weisen keine verbindliche Tradition in diesen Fragen besessen hätten und daher jeder frei war, zu denken und zu sagen, was ihm beliebte – etwas Gewisses wussten sie nicht. Nach dem unwiderruflichen »Niemals soll ein Mensch sich mit Worten der Haggadot befassen« wird man nicht erwarten, dass sich Maimonides an Spekulationen über Endzeitfragen beteiligen wird. Das heißt aber nicht, dass er in den diesen Debatten zugrunde liegenden Denkalternativen von Determinismus und Indeterminismus, Aktivismus und Attentismus, Katastrophismus und Meliorismus, Konservatismus und Utopismus, Partikularismus und Universalismus keine Stellung bezogen hätte. Er ergriff insbesondere, wie wir gesehen haben, Partei für Mar Schmuel, der keinen anderen Unterschied zwischen *dieser Welt* (*Olam HaSe*) und den *messianischen Tagen (Jemot HaMaschiach*) sieht, als die Knechtschaft der Reiche (Ber 34b, Schab 63a, s. o. § 33). Diese Meinung gibt er bezeichnenderweise als Meinung aller Weisen aus:

> *Die Weisen sprachen: Diese Welt und die Tage des Gesalbten unterscheidet bloß die Verknechtung unter die Königreiche.*

Aber die politischen Erfolge des Messias sind für Maimonides, wie gesagt, kein Selbstzweck. Sie sollen nicht etwa Rache- oder Weltherrschaftsfantasien befriedigen, sondern Freiraum und Muße für das Lernen schaffen (*Jihju Penuin BaTora We-CHochmata*, ebd. 12,4): Die *renovatio imperii* (Wiederherstellung des Reiches) ist für ihn nur Voraussetzung der *renovatio studii* (Wiederherstellung des Lernens). Insofern schwingt in Maimonides' Entscheidung nicht nur der Realismus Mar Schmuels, sondern ebenfalls der Utopismus Rabbi Jochanans mit. Allerdings bleibt Maimonides auch im großartigen Finale der *Mischne Tora* Realist, denn die allgemeine Verbesserung der Verhältnisse in der messianischen Zeit fällt bei ihm nicht vom Himmel (wie in Dan 7,13), sie ist das Ergebnis zweckrationalen politischen Handelns.

Hier erhebt sich eine Frage: Kann man nach Maimonides' Halacha des Messias die messianische Zeit mit politischen Mitteln herbeiführen? In der Tradition und bei Maimonides selbst stand ein derartiger messianischer Aktivismus im Verdacht der »Bedrängung des Endes« (*D'chikat HaKez*). Die Quietisten setzten dieser Ungeduld die Beschwörung der Schulamit aus dem Hohelied entgegen: »dass ihr nicht weckt, nicht schreckt die Liebe, bis ihr's gefällt« (Hld 3,5 u. 8,4; bKet 111a). Es ist aber in der Tat möglich, bei Maimonides Stützen für einen aktiven Messianismus zu finden, z. B. in seiner Halacha der Ordination und der Restauration des obersten Gerichtshofes (Hilchot Sanhedrin 4,11), die wiederum Bedingung für die Restauration der Monarchie sind (Hilchot Melachim 1,3).

So weit zur Theorie. Werfen wir noch einen Blick auf die Praxis. Maimonides trug seit 1171 den Titel »Oberhaupt der Juden« (arab.: *Ra'is al-Yahud*).[63] Als solcher hatte er ein ganz praktisches Motiv für seine Halacha des Messias. Das Zeitalter der Kreuzzüge, insbesondere das 12. Jahrhundert, war eine Periode messianischer Gärung, schienen doch die Auseinandersetzungen der Christen und Muslime um das Heilige Land die Prophezeiung des apokalyptischen Endkampfes von Gog und Magog zu erfüllen (Ez 38,14–39, 16; s. auch NT, Offb 20,7–10; Q 18:83–98). Viele der von Leopold Zunz und Abba Hillel Silver aufgelisteten Erlösungstermine fallen in diese Zeit,[64] einige zeitgenössische messianische Bewegungen haben einen bleibenden Eindruck hinterlassen, wie die von David Alroy in Kurdistan. Maimonides selber glaubte, dass mit dem Islam ohne Zweifel die Endzeit angebrochen sei (*Ejn Bo Safek*, sagt er). In ihm sah er das kleine großsprecherische Horn der vierten Bestie aus der Daniel-Apokalypse (Dan 7,8.11),[65] er berichtet aus eigener Kenntnis von einer Reihe von Pseudomessiassen, die er wider Erwarten nicht sämtlich verdammt oder der Lächerlichkeit preisgibt.[66] Um das Jahr 1172 erreichte ihn nun eine Anfrage des Oberrabbiners des Jemen, R. Jakob ben Nethanel ibn al-Fayyumi, über einen dortigen Messiasprätendenten.[67]

63 Shlomo Dov Goitein, Moses Maimonides, Man of Action. A Revision of the Master's Biography in Light of the Geniza Documents, in: Hommage à George Vajda, hg. v. G. Nahon, Ch. Touati, Louvain 1980, 154–167, hier 167.

64 Siehe unsere Anmerkung 4 und Abba Hillel Silver, History of Messianic Speculation in Israel. From the First through the Seventeenth Centuries, New York 1927, 58–88.

65 Vgl. Sendschreiben in den Jemen III, MT Bd. 10, 171.

66 Vgl. Sendschreiben in den Jemen IV in fine, MT Bd. 10, 171 u. 184–188 (künftig geben wir die Seitenzahl dieser Ausgabe im Text an).

67 Seine Identität ist unbekannt, Niewöhners Vorschläge sind purer Sensationshistorismus: Friedrich Niewöhner, Veritas sive varietas. Lessings Toleranz-

Damals beherrschten die fanatischen *Mahdiden* den Jemen, die sich selber – *nomen est omen* – für *Mahdis*, d. h. Führer und Messiasse, hielten und den Juden nur die Wahl zwischen Apostasie oder Exil ließen. Diese zahlten sozusagen mit gleicher Münze heim und schlossen sich zahlreich dem besagten Messias an. Aus Maimonides' berühmtem Sendschreiben *Kitab al-Jaman* (hebräisch: *Iggeret Teman*) lässt sich die verlorene Anfrage mit der Fallschilderung teilweise rekonstruieren. Die mittelalterlichen hebräischen Übersetzer des arabischen Originals haben freilich ein Satzglied ausgelassen, das ihnen vielleicht unverständlich war. Danach habe die große Gefolgschaft dem Messiasprätendenten trotz fehlender Qualifikationen Glauben geschenkt, nämlich »infolge ihres Vergleichs mit dem Aufstieg des Sohn des Mahdis, den sie erlebt hatten« (177).[68] Das bestätigt die Vermutung, dass dieser Messianimus eine Reaktion und eine Eskalation des Mahdismus war. Für Maimonides, den *Ra'is al-Yahud,* war diese Situation ein schmerzhaftes Déjà-vu.[69] Er und seine Familie waren von almohadischen Mahdisten 1148 in Cordoba vor die gleiche Wahl gestellt worden, und sie hatten das Exil gewählt, allerdings im nordafrikanischen Stammland der Almohaden! Weil diese den Schutzbefohlenenstatus abgeschafft hatten, konnten sie dort nur als verdächtigte Scheinmuslime ihr Leben fristen, bis sie nach eineinhalb Jahrzehnten weiterzogen.[70] Der *Ra'is al-Yahud* aus Cordoba war in Nordafrika ein Untergrundjude gewesen, und er empfahl den jemenitischen Juden durchzuhalten. Sein

---

parabel und das Buch von den drei Betrügern, Heidelberg 1988, 299–304.

68 Zur arab. Vs. Moses Maimonides, Iggrot HaRambam (Letters and Essays of Moses Maimonides), hg. u. üb. v. Isaac Shailat, 2 Bände, Ma'ale Adumim 1988, hier Bd. 1, 154, Anm. 4.

69 Er vergleicht die beiden Situationen gleich eingangs in Iggeret Teman I, 111.

70 Stroumsa, Maimonides, 53–61.

Schreiben, das auch den Titel *Petach Tikwa* (*Tor der Hoffnung*) trägt, ist denn auch weniger ein rabbinisches Responsum als eine große Homilie über den Sinn der Judenleiden in Geschichte und Gegenwart.[71] Nach den Propheten (Dan 11,35; 12,10) und Rabbinen gehören die Leiden, einschließlich der Ärger mit Pseudomessiassen (Dan 11,14), zu den unvermeidlichen »Geburtswehen« des wahren Messias (111–113), der freilich noch eine kleine Weile auf sich warten lassen wird. Um die Verfolgten nicht zu entmutigen, teilt ihnen Maimonides widerwillig eine uralte Familientradition des Erlösungstermins auf der Berechnungsgrundlage von Numeri 23,23 mit, wonach die Prophetie – eine Vorbedingung des Messias – im Jahr 5976 der Weltschöpfungsära, d. h. im Jahr 1216 u. Z., wiederkehren werde.[72] Das dämpft die Naherwartung erst einmal, rückt aber den Erlösungstermin nicht in hoffnungslose Ferne. Er liegt immerhin noch innerhalb der realistischen Lebenserwartung des damals 37-jährigen Autors (173–177). Der Petent, Rabbi Jakob ben Nethanel, und seine Kollegen scheinen sich über die Messianität des Prätendenten unschlüssig gewesen zu sein. Dies obwohl der eigene Vater des Petenten, R. Nethanel ibn al-Fayyumi, ein ganzes Kapitel seines Werkes *Garten der Intellekte* (*Bustan al-Ukul*) den überragenden intellektuellen und moralischen Tugenden des Messias gewidmet hatte.[73] Maimonides erinnert den Sohn zudem an die Worte Jesajas: »Auf ihm wird der Geist JHWHs ruhen, Geist der Weisheit und der Einsicht, Geist des Rates und der Macht, Geist der Erkenntnis und der

---

71 Vgl. Moshe Halbertal, Maimonides. Life and Thought, engl. Üb. v. J. Linsider, Princeton, Oxford 2007, 47–56.

72 Die Berechnung entspricht der Tradition in jSchab VI, 9.

73 Vgl. Nethanel Ibn Al-Fayyumi, The Bustan al Ukul, The Garden of the Wisdom, David (judeoarb.), engl. Üb. David Levine (Columbia University Oriental Studies Vol. VI), New York 1908, Kapitel V, 94–115.

Furcht JHWHs.« (179) Was aber ist von der Intelligenz eines Messias zu halten, der die Reichen auffordert, ihr Vermögen an die Armen zu verteilen? Dann müssten doch die Neureichen es wiederum an die Neuarmen verteilen und so endlos hin und her (178 f.). Außerdem widerspräche eine solche messianische Armenfürsorge dem Gesetz, denn wie Mar Schmuel im Talmud die Bibel zitiert: »nicht aufhören wird der Dürftige innerhalb des Landes« (Deut 15,11, bBer 34b). Der Messias kann nach Maimonides unmöglich ein Kommunist sein. Außerdem werde der Messias bestimmt nicht irgendwo am Rande der arabischen Halbinsel erscheinen, sondern wenn schon, dann im Land Israel, dem Nabel der Welt (180). Aber die eigentliche messianische Botschaft des Sendschreibens findet sich gar nicht da, wo Maimonides ausdrücklich vom Messias spricht, sie steht vielmehr zwischen den Zeilen, wo er den Widerstand Israels gegen alle physischen, moralischen und religiösen Vernichtungsversuche der Aggressoren, Kontradiktoren und Imitatoren der Tora in Geschichte und Gegenwart preist.[74] Da für ihn der Messias und die messianische Zeit nichts anderes sind als die Wiederherstellung, der *Tikkun* der Tora, erweist sich Israel durch seine unverbrüchliche Treue zur Tora und sein Zeugnis bis zum »Holocaust« (134 f.) als das messianische Volk. Sein pathetischer Aufruf an alle Juden der Welt, in das folgende Glaubensbekenntnis einzustimmen, ist daher als messianischer Akt zu werten:

74 Zum Antisemitismus als Theo- und Torazid siehe 115 f. und zu den drei Kategorien von Judenvernichtern 126.

> *Deshalb, meine Brüder in ganz Israel, zerstreut bis an der Erde Enden, sollt ihr euch gegenseitig ermutigen, sollen die Großen die Kleinen stärken und anspornen, die Ausnahmen die Masse. Versammelt das Volk für die wahre Sache, die sich niemals ändert und niemals zusammenbricht, zu erheben eure Stimme im Glauben, der niemals hinfällig und niemals vernichtet wird, um öffentlich zu bekennen,* dass Gott, er möge erhoben sein, einer ist, nicht wie die anderen Einheiten, und zu bekennen, dass Moses sein Prophet ist, *mit dem er gesprochen hat, und, dass Moses der Herr aller Propheten ist und, dass er vollkommener als alle anderen [...].*

Unschwer erkennt man in den gefetteten Zeilen eine Kontrafaktur der islamischen *Shahada* (*aschhadu ana la ilaha illa allah waschahadu ana muhammadan rasul allah*). Nur dass hier Moses das »Siegel der Prophetie« ist. Obwohl sich Maimonides der Gefahr für Leib und Leben bewusst war, fordert er den Empfänger seines Sendschreibens auf, dafür zu sorgen, es jedem einzelnen Juden zur Kenntnis zu bringen (190). Und was soll mit dem jemenitischen Pseudomessias geschehen? Die Diagnose des cordobensischen Arztes ist kategorisch, er sei verrückt und solle zu seinem eigenen Schutz und zum Schutz der Gemeinde vor der Rache der Muslime rasch für einige Zeit aus dem Verkehr gezogen werden (182). Aus einem späteren Schreiben an die Weisen von Marseille erfahren wir mehr über den Prätendenten und sein Schicksal. Danach hat er sich nur als Wegbereiter des Messias gesehen, der im Jemen kommen werde, und versammelte in den Bergen viel Volk um sich, Juden und Muslime. Im selben Jahr wurde er von den Machthabern gefasst und geköpft, aber seine Jünger glaubten wie üblich, er werde auferstehen und sie führen.[75] Die jemenitischen Juden mussten glücklicherweise nicht bis 1216 auf Hilfe warten, sie nahte schon bald in Gestalt Turan Schahs, des älteren Bruders Saladins, der 1174 die Mahdiden vertrieb. Man darf Saladin allerdings nicht mit der Figur aus Lessings *Nathan* verwechseln.[76] Er war ein orthodoxer Sunnit, und seine Machtübernahme in Ägypten ging mit der Entlassung sämtlicher Juden aus dem Staatsdienst einher.[77] Die Eroberung Jemens hatte macht- und religionspolitische Gründe, die weit entfernt von Aufklärung und Toleranz waren. Kein anderer hat bitterer als Maimonides im Sendschreiben in den Jemen über das Los der Juden im islamischen Herrschaftsbereich geklagt: »Nie hat uns ein Volk so boshaft behandelt, herabgewürdigt, erniedrigt und gehasst« (183). Gleichwohl diente Maimonides den leidenden Hiobiden bis zu seinem Lebensende als Hofarzt. Seine Intervention haben ihm jedenfalls die jemenitischen Juden mit einer teilweise bis heute anhaltenden besonderen Verehrung gedankt.

Maimonides' durchaus auch politische Ausführungen zum Messias und der messianischen Zeit wurden von ihm selbst also nicht in aktionistischem Sinn verstanden. Und wie wir gesehen haben, hatte der Messias auch keine selbststehende Funktion. Maimonides hat ihn im Kontext der messianischen Zeit gesehen, die hier restaurativ in dieser Welt ein Leben gemäß der Tora ermöglicht, frei von Unterdrückung und Fremd-

75 Zitat in der hebräischen Einleitung zum Sendschreiben, MT Bd. 10, 96.

76 Vgl. Michael Winter, Saladin's Religious Personnality, Policy and Image, in: Perspectives on Maimonides. Philosophical and Historical Studies, hg. v. Joel L. Kraemer, Oxford 1991, 310–322.

77 Vgl. Joseph Drory, The Early Decades of Ayyubid Rule, in: Perspectives on Maimonides. Philosophical and Historical Studies, hg. v. Joel L. Kraemer, Oxford 1991, 295–302, hier 297.

herrschaft. Die Funktion dieser messianischen Zeit bestand darin, den Menschen in Treue zur Tora die Möglichkeit zu geben, sich im Hinblick und für die kommende Welt vorzubereiten, d. h. geistig zu vervollkommnen. Messianische Zeit und messianische Herrschaft sind auch bei Maimonides von der kommenden Welt klar unterschieden.

Es gibt aber eine jüdische Quelle, die in Bezug auf den Messias einen noch größeren Einfluss auf das jüdische Volk ausübt als Bibel, Talmud und Kodizes – das Gebetbuch (*Siddur*).

4. Liturgische Niederschläge

Zu Recht wird die Liturgie des Judentums als seine Theologie bezeichnet.[78] Was Juden glauben, das formulieren sie im Gebet. Deshalb lohnt es sich, der Rolle des Messiasgedankens im Gottesdienst nachzugehen.

Eine gute Zusammenfassung des jüdischen Messiasglaubens steht im Schlusssegen nach der wöchentlichen Prophetenlesung:

> *Erfreue uns, o Herr, unser Gott, durch den Propheten Elja – der Herold des Messias (Mal 3,23) –, deinen Diener, und durch das Reich des Hauses Davids, deines Gesalbten, der recht bald kommen und unser Herz froh machen möge! Kein Fremder wird dann mehr auf seinem Thron weilen, nicht wieder werden andere seine Herrlichkeit in Besitz nehmen; denn bei deinem heili-*

78 Vgl. Walter Homolka, Liturgie als Theologie: Das Gebet als Zentrum im jüdischen Denken, Berlin 2005.

gen Namen hast du ihm geschworen, dass sein Licht nimmer mehr verlöschen soll.

Wir wenden uns aber dem Hauptgebet (*Tfillah*) zu, das jeder gläubige Jude dreimal täglich wiederholt.[79] Das Gebet heißt schlicht »Achtzehn« (*Schmone Essre*), weil es aus achtzehn Segenssprüchen (*Brachot*) bestand – inzwischen sind es allerdings neunzehn. Es wird still und stehend gesprochen, weshalb es auch »Stehen« (*Amida*) heißt. Im orthodoxen Ritus wird es im öffentlichen Gebet am Morgen und am Nachmittag vom Vorbeter noch einmal laut wiederholt (*Chasara*). Die Gemeinde bestätigt dann den Segensspruch mit *Amen*. Wenn irgendein Text so etwas wie ein jüdischer Katechismus ist, dann das Achtzehngebet, denn in ihm wiederholen die Juden dreimal täglich leise und laut, was sie wünschen, was sie glauben, was sie hoffen sollen. Will man also feststellen, wie es Juden mit dem Messias halten, dann wird man erst einmal in dieser Liste der 19 *Essentials* nachsehen. Allerdings stand der genaue Wortlaut des Achtzehngebets ursprünglich nicht fest, nur die Themen der Segenssprüche und ihre Reihenfolge waren seit der talmudischen Zeit gesetzt (bBer 28b). Nach der Feststellung des Wortlauts blieben zwischen Riten in Zeit und Raum erhebliche Abweichungen bestehen. Schließlich nahm das Reformjudentum gerade an diesem Hauptgebet wichtige Anpassungen vor (→ Kap. III.4). Sehen wir uns diese Liste der 19 *Essentials* zunächst in der traditionellen Form genauer an:

79 Vgl. Peter von der Osten-Sacken, R. Chaim Z. Rozwaski (Hgg.), Die Welt des jüdischen Gottesdienstes. Feste, Feiern und Gebete (Veröffentlichungen aus dem Institut Kirche und Judentum, Bd. 29), Berlin 2009, 151–71.

1. Väter (***A**vot*)
2. Machttaten (***G**ewurot*)
3. Heiligung des Namens (***K**eduschat HaSchem*)
4. Verständnis (***B**ina*)
5. Umkehr (***T**schuwa*)
6. Vergebung (***S**licha*)
7. Auslösung (***G**e'ulah*)
8. Heilung (***R**efua*)
9. Segnung der Jahre (***B**irkat HaSchanim*)
10. Sammlung der Zerstreuten (***K**ibbuz Galujot*)
11. Rückkehr der Gerichtshöfe (***Sch**iwat Bate HaMischpat*)
12. Ketzer-»Segen« (***B**irkat HaMinim*)
13. Gerechte (***Z**addikim*)
14. Erbauer Jerusalems (***B**one Jeruschalajim*)
15. Spross Davids (***M**alchut Bejt David*)
16. Gebetserhörung (***K**abbalat Tfillah*)
17. Gottesdienst (***A**woda*)
18. Dank (***H**oda'a*)
19. Friedenssegen (***Sch**alom*)

Die ersten drei Segenssprüche sind Lobgebete (Nr. 1–3, A' G' K'), die letzten drei Dankgebete (Nr. 17–19, A' H' Sch'); nur die 13 mittleren Segenssprüche sind, obwohl das Gebet auch »Achtzehnbittengebet« heißt, im strengen Sinn Bitten. Die klassischen jüdischen Kommentatoren des Gebetsbuches haben die 13 Bitten weiter unterteilt. R. David Abudraham (14. Jh. u. Z.) unterscheidet die sechs ersten persönlichen Bitten (Nr. 4–6, B' T' S' u. Nr. 7–9, G' R' W') von den folgenden nationalen Bitten (Nr. 10–12, K' Sch' W' und Nr. 13–15, Z' B' M'). Erst erbittet sich der Jude persönlich Erkenntnis (Nr. 4, *Bina*), Umkehr (Nr. 5, *Tschuwa*) und Vergebung (Nr. 6,

Slicha), Auslösung (Nr. 7, *Ge'ulah*), Heilung (Nr. 8, *Refua*) und Segnung der Jahre (Nr. 9, *Birkat HaSchanim*), dann erst erbittet er sechs oder sieben weitere nationale Güter, ehe er im Segensspruch 16 um Gebetserhörung (*Kabbalat Tfillah*) bittet.

Das Thema »Erlösung« (*Ge'ulah*) klingt freilich schon im siebten Segensspruch an:

> *Schau auf unser Elend, führe unseren Streit, und erlöse uns rasch [...]. Denn ein starker Erlöser bist du. Gelobt seist du, Herr, der Israel erlöst.*

Allerdings hat diese Bitte keinen messianischen Charakter; Gott selbst wird als Erlöser, *Go'el* angerufen, wie jener, gleichfalls *Go'el* genannte, nächste Verwandte, der verpflichtet ist, jemand aus der Gefangenschaft und anderen Nöten auszulösen (Lev 25,47 ff.). Erst die Bitten Nr. 10–15 weiten den Radius vom Einzelnen ins Allgemeine, vom Gegenwärtigen ins Zukünftige. Sie können als regelrechtes Erlösungsprogramm gelesen werden. Wenn ins große Widderhorn der Befreiung gestoßen werden wird, dann folgt die Wiederkehr der Verbannten (Nr. 10), die Wiederherstellung der Gerichte und das Endgericht (Nr. 11), die Vernichtung der Bösen (Nr. 12) und Belohnung der Gerechten und Frommen (Nr. 13), der Wiederaufbau Jerusalems und die Wiedereinsetzung eines davidischen Herrschers (Nr. 14 und 15), die Wiedereinführung des Opferdienstes auf dem Tempelberg und der Wiedereinzug Gottes auf dem Zion (Nr. 17). Aus dem Erlösungsfahrplan (Rückkehr – Gericht – Strafe und Belohnung – Restauration Jerusalems und Davids – 3. Tempel) kann man schon entnehmen, dass der Messias nur ein eschatologischer Programmpunkt unter anderen ist und nicht einmal der erste. In der Tradition des *Landes Israel* (*Erez Jisrael*), in der das Achtzehnbittengebet nach den Handschriften wirklich nur 18 Bitten zählte, ist er sogar nur ein Unterpunkt des Wiederaufbaus Jerusalems (jBer 4,3). Im sogenannten deutschen Ritus (*Nussach Aschkenas*) enthält der 14. Segensspruch vier Unterpunkte: die Rückkehr Gottes und seine Niederlassung in Jerusalem, der endgültige Aufbau der Stadt und die Wiederherstellung des Davidsohnes auf dem Thron. Im sogenannten spanischen Ritus (*Nussach Sefarad*) ist der Messias der zweite von drei Unterpunkten. Hingegen wird in der babylonischen Tradition dem Messias ein eigener Segensspruch gewidmet, sei es aus formalen Gründen – ein Punkt ein Segen –, sei es aus inhaltlichen Gründen – die Erlösungssehnsucht, um den Preis des Widerspruchs, dass das Achtzehnbittengebet nun 19 Bitten zählt. Die messianische Zeit spielt hingegen in allen traditionellen Versionen des Achtzehngebetes eine zentrale Rolle, nicht weniger als acht von 13 Bitten befassen sich mit diesem Thema.

Der im engeren Sinn auf den Messias bezügliche 15. Segensspruch lautet im traditionellen deutschen Ritus:

> *Den Sprössling deines Knechts Davids lass rasch emporsprießen, sein Horn erhöhe durch dein Heil, denn auf dein Heil hoffen wir den ganzen Tag. Gelobt seist du, Herr, der das Horn des Heils emporsprießen lässt.*

Das Wort »Messias« fällt im Segensspruch kein einziges Mal, dafür aber sein Äquivalent, der Ausdruck »Sprössling Davids« (*Zemach David*). Dieser Ausdruck geht auf den Spruch Jeremias zurück:

Siehe, Tage kommen, ist der Spruch des Herrn, und ich werde aufrechterhalten die gute Verheißung, die ich zugesagt dem Hause Israel und dem Hause Juda. In selbigen Tagen und in derselbigen Zeit lasse ich sprossen (Azmiach) dem David einen Sprössling (Zemach) der Gerechtigkeit, dass er Recht und Gerechtigkeit übe im Lande. In selbigen Tagen wird Juda geholfen werden (Tiwascha), und Jerusalem wird sicher wohnen. (Jer 33,14 f.)

Deshalb gelten die Ausdrücke *Zemach* wie das zahlengleiche *Menachem* (»Tröster«, nach Klgl 1,16) als Messiasnamen (bSan 98b). In die gleiche Richtung weist das hochragende oder emporsprießende Horn, es ist ein biblisches Sinnbild der stolzen Macht und der siegreichen Krone, die z. B. Stufenpsalm 132 auf den Messias David bezieht:

Dort lasse ich wachsen ein Horn dem David, richte eine Leuchte meinem Gesalbten (Meschichai). Seinen Feinden lege ich Schmach an, aber auf ihm blühe seine Krone. (Vers 17–18)

Womöglich schwingen im Horn Davids auch Reminiszenzen an das Widderhorn der Befreiung (Lev 25,9) und an die Posaunen vor Jericho mit (*Qeren HaJowel*, Jos 6,5). Inhaltlich ist der 15. Segensspruch so gespannt wie die Erwartung, die er zum Ausdruck bringt. Einerseits wird diese wie alle anderen Bitten ungeduldig vorgetragen – Adverbien wie »rasch«, »nah«, »bald« kehren ständig wieder –, andererseits bleibt das Judentum in Wartestellung: »auf dein Heil warten wir den ganzen Tag«. Deshalb haben einige moderne Kommentatoren in der

Einfügung dieser überzähligen Bitte eine antichristliche Tendenz erblickt (Elie Munk). Eine Annahme, die noch durch den Wortlaut des Segens verstärkt wird: Das Heil (*Jeschua*), immerhin der Name Jesu (Mt 1,21), wird in dem kurzen Segensspruch gleich zweimal ausdrücklich auf Gott bezogen: »dein Heil« (*Jeschuatecha*). Folglich ist Gott der Heiland. Freilich bleibt bei der unterstellten antichristlichen Tendenz des 15. Segensspruchs die historische Frage, warum sie in Babylonien und nicht in Palästina eingeführt wurde, wo die Christen herrschten. Die 15. Bitte ist jedenfalls nicht messianisch im Sinne einer Ermächtigung und Bevollmächtigung des Königs Messias, der Messias bleibt vielmehr ganz und gar eine Kreatur, oder, um im Bild des Spruchs zu bleiben, ein »Gewächs« Gottes.

Im 19. Jahrhundert hat das Reformjudentum im Kampf um Gleichberechtigung sämtliche nationalen Sonderwünsche aus dem Gebetbuch gestrichen.[80] Der Universalismus entsprang einerseits einer tiefen messianischen Bestrebung, er reagierte aber auch auf den alten Verdacht, die Juden hegten eigene Zukunftsträume und seien ein Staat im Staate. Ein besonderes Augenmerk der Liturgiereformer lag deshalb auf den messianischen Stellen im Achtzehngebet, sie wurden immer wieder weitreichenden Umformulierungen unterworfen. Für jüdische Patrioten ihrer jeweiligen Vaterländer war die Versammlung der Zerstreuten und die Rückkehr nach Zion gar nicht wünschenswert (Nr. 10), und für zivilisierte Europäer war ein dritter Tempel mit blutigen Opfern völlig unakzeptabel (Nr. 17).

80 Vgl. Jan Jonathan Hirsch, Messianismus in Zeiten progressiver Weltgeschichte. Das Reformjudentum und die messianische Idee im Lichte geschichtsphilosophischer Konzepte des 19. Jahrhunderts, Potsdam 2018 (ungedruckte Masterarbeit).

Hinsichtlich der letzten Dinge trat anstelle des Erlösers die Erlösung (Nr. 7), anstelle des Messias die messianische Zeit, anstelle der Auferstehung die Unsterblichkeit der Seele (Nr. 2).[81] Traurig blickt man heute auf die Zuversicht der Reformer des 19. Jahrhunderts zurück.[82] (→ Kap. III. 6) Nach dem grauenhaften Scheitern der Emanzipation der europäischen Juden und nach der Gründung des Staates Israel im 20. Jahrhundert waren wiederum Korrekturen an den Korrekturen fällig. Ein Zeugnis dieses Prozesses sind die verschiedenen Ausgaben des reformierten amerikanischen *Union Prayerbook* (1894). In der 7. Auflage, die 1983 unter dem Titel *Gates of Prayer* (*Scha'are Tefilla*) erschien und 1997 in Annette Böcklers deutscher Übersetzung von Jonathan Magonet und Walter Homolka unter dem Titel *Das jüdische Gebetbuch* herausgegeben wurde, lauten nun die Segenssprüche 14 und 15:

> *Jerusalem – Hab Acht auf Jerusalem, deine Stadt. Lass deine Gegenwart in ihr wohnen und lass es bald und noch in unseren Tagen eine Stadt sein, in der deine Gerechtigkeit wohnt. Möge sie ein Zentrum des Gebets sein für alle Völker. Gepriesen seist du, Ewiger. Du baust Jerusalem.*

Und:

> *Heil – Erfülle in unseren Tagen die Verheißungen, die du David, deinem Knecht, gegeben hast, dass du über*

---

81 Vgl. Jakob J. Petuchowski, Liturgiereform im Judentum heute, in: Jüdische Liturgie. Geschichte – Struktur – Wesen, hg. v. Hans H. Henrix, Freiburg 1986, 119–121.

82 Vgl. Nathan Peter Levinson, Der Messias, Stuttgart 1994, 150 ff.

> *die Welt herrschst in Gerechtigkeit und in Erbarmen. Eilend erleuchte die Welt mit deinem Licht, guter Gott, denn auf deine Hilfe hoffen wir. Gepriesen seist du, Ewiger, du lässt die Kräfte zum Heil wachsen.*

Man beachte zunächst, dass hier gegenüber der älteren Reform der Messias-, der Jerusalem- und der David-Bezug in den Gebeten wiederhergestellt ist – wenn auch David nicht als Endzeitkönig, sondern als Endzeitprophet erscheint und das Ziel nicht die nationale Restauration, sondern die universale Weltherrschaft Gottes ist. Interessant ist die Umformung des Ausdrucks »der das Horn des Heils emporsprießen lässt« (*Mazmiach Qeren Jeschua*) in: »der die Kräfte des Heils erwachsen lässt«. Der Kraftausdruck »Horn« wird unter Beibehaltung der Wachstumsmetapher pluralisiert und somit entpersonalisiert und anonymisiert. Der Wunsch ist nicht mehr, dass ein Heilbringer über alle anderen Machthaber hinauswächst, vielmehr sollen Heilkräfte heranwachsen und sich wie eine Pflanze zum Licht entwickeln. So tritt anstelle des heroischen Messianismus eine allmähliche Weltverbesserung. Im Gebetbuch der konservativen Richtung des Judentums, *Siddur Sim Schalom*, die sich als Mitte zwischen der Orthodoxie und Liberalismus begreift, wird dagegen neben dem unveränderten traditionellen 15. Segensspruchs[83] eine Alternative geboten, in der der Messias geradezu kollektiviert und renationalsiert wird:

> *Möge unser Volk blühen, jeder einzelne davon und bald. Verhilf uns zum aufrechten Gang, zu feiern Deine Befreiung. Tag für Tag sehnen wir uns nach Deiner Be-*

83 1985, 114 u. ö.

freiung. Wir preisen Dich, Gott, durch dessen Willen wir überleben und blühen.[84]

In dieser Formulierung tritt anstelle des Messias das ganze Volk, es soll blühen und – nach Lev 26,13 – erhobenen Hauptes befreit den aufrechten Gang gehen. Das sind freilich zwei repräsentative Beispiele unter vielen Adaptionen, denn sind erst einmal die Tore der liturgischen Kreativität geöffnet, dann gibt es kein Halten mehr.[85] Diese Stimmenvielfalt ist gut rabbinisch.

Deutlich wird: auch in der Liturgie gibt es eine Vielfalt der Anschauungen und damit eine große Offenheit. Ingesamt erweist sich, dass die Vorstellungen zum Messias und zu messianischer Zeit offen, widersprüchlich und v. a. nicht verbindlich festgelegt sind. Maimonides beschäftigt sich mit dem Thema in den 13 Glaubensartikeln. Der Fokus liegt auf der messianischen Zeit und Herrschaft als Vorbereitung und nicht als Ziel der Olam haBa. Ein Persönlichkeitskult um den Messias gibt es bei ihm ebenso wenig wie im Talmud.

---

84 *Siddur Sim Schalom*, S. 234.

85 Vgl. Jakob J. Petuchowski, Die Liturgie als Thema der jüdischen Theologie, in: Liturgie – Ein vergessenes Thema der Theologie?, hg. v. K. Richter, Freiburg 1989, 29–30.

III. Die Messiasvorstellungen im Judentum der Neuzeit

Louis Jacobs (1920–2006) hat mit seiner Frage »Was ist jüdische Theologie?« von 1973 daran erinnert, vor welcher Aufgabe die jüdische Theologie in der Neuzeit steht:

> *Eine jede jüdische Theologie von Bedeutung muß sich mit den Problemen auseinandersetzen, die das moderne Denken aufgeworfen hat, darf jedoch daneben die systematischen Darlegungen der geistigen Giganten des Mittelalters nicht außer Acht lassen. [...] Die jüdische Theologie in unserer Zeit kommt nicht umhin, in noch so unvollkommener Weise für unser Zeitalter das zu leisten, was die Theologen des Mittelalters für das ihre angestrebt haben. Sie müssen ein in sich geschlossenes Bild dessen zu vermitteln suchen, was man als Jude heute ohne Ausflüchte und bei Wahrung seiner intellektuellen Redlichkeit glauben kann.*[1]

Die vorangegangenen Kapitel haben die Entwicklung des Messiasbegriffs in der Antike und im rabbinischen Judentum nachverfolgt. Auf dieser Grundlage – und mit Rekurs auf die dort gewonnenen Beobachtungen – ist zu fragen, was die Messiasvorstellung heute noch leisten kann, um das Verhältnis zwischen Gott und den Menschen aus jüdischer Perspektive zu beschreiben.

Das konservative Judentum hat 1988 in seiner Grundsatzerklärung *Emet Ve-Emunah*[2] noch eine sehr umfassende, aber

1 Louis Jacobs, Was ist jüdische Theologie? in: Lust an der Erkenntnis. Jüdische Theologie im 20. Jahrhundert. Ein Lesebuch, hg. v. Schalom Ben-Chorin und Verena Lenzen, München 1988, 426 f.

2 Robert Gordis (Hg.), Emet ve-Emunah. Statement of Principles of Conservative Judaism, New York 1988.

auch aufschlussreiche Beschreibung zum Messiasgedanken vorgelegt.[3]

Dieser Versuch einer neuzeitlichen Beschreibung dessen, was unter »Messias« zu verstehen ist, spricht von der Utopie eines Endzeitideals ebenso wie von der Möglichkeit eines personalen Messias, um die Welt von allem Bösen zu erlösen. Er geht auf die Vorstellung ein, dass unsere Bestimmung als Juden in der Eigenstaatlichkeit am Zion liege. Vor allem aber betont der Text die Notwendigkeit jedes Einzelnen, dieses messianische Zeitalter durch persönliches Handeln herbeizuführen.[4] Damit ist ein Bedeutungshorizont abgesteckt, der die Bandbreite der Anwendung der Messiasvorstellung in der Neuzeit aufzeigt, aber auch die Erosion dieser Vorstellung in der jüdischen Theologie deutlich macht. Wahr ist nämlich auch, dass 2012 das konservative Judentum mit dem Band *The Observant Life – The Wisdom of Conservative Judaism for Contemporary*

3 »Since no one can say for certain what will happen in the Messianic era each of us is free to fashion personal speculation. Some of us accept these speculations are literally true, while others understand them as elaborate metaphors […]. For the world community we dream of an age when warfare will be abolished, when justice and compassion will be axioms of all, as it is said in Isaiah 11: ›...the land shall be filled with the knowledge of the Lord as the waters cover the sea.‹ For our people, we dream of the ingathering of all Jews to Zion where we can again be masters of our own destiny and express our distinctive genius in every area of our national life. We affirm Isaiah's prophecy (2:3) that ›...Torah shall come forth from Zion, the word of the Lord from Jerusalem.‹« Gordis, Emet ve-Emunah, 25.

4 »We do not know when the Messiah will come, nor whether he will be a charismatic human figure or is a symbol of the redemption of humankind from the evils of the world. Through the doctrine of a Messianic figure, Judaism teaches us that every individual human being must live as if he or she, individually, has the responsibility to bring about the messianic age. Beyond that, we echo the words of Maimonides based on the prophet Habakkuk (2:3) that though he may tarry, yet do we wait for him each day.« Gordis, Emet ve-Emunah, 27.

Jews[5] eine Gesamtschau seiner religiösen Lehre und Praxis auf 935 Seiten vorgelegt hat, die im Index die Begriffe »Messiah« oder »Mashiach« oder »Messianic Age« gar nicht enthält.

Damit stellt sich die Frage, welche Rolle die Messiasvorstellung im zeitgenössischen Judentum eigentlich spielt: Ist sie ein zentrales Deutungsmuster für das Judentum mit klaren Aussagen über das Erlösungshandeln Gottes, oder ist sie ein theologisches Relikt an der Peripherie, dem man bei einiger Überlegung eine Erläuterung aus jüdischer Perspektive unterlegen kann? Um diese Frage zu beantworten, soll der Bedeutungswandel der Messiasvorstellung in den letzten Jahrhunderten in den Blick genommen werden.

1. »Restaurativer« und »utopischer« Messianismus

»Ich glaube mit vollkommenen Glauben an das Kommen des Messias, und wenn er auch zögert, so harre ich doch jeglichen Tages seines Kommens«, lautet der 12. Glaubensartikel des Maimonides (1135–1204), der in der poetischen Form des *Jigdal* Eingang in den Morgengottesdienst gefunden hat und in orthodoxen Gebetbüchern bis heute am Schluss des Morgengebetes als Bekenntnis formuliert wird.[6] Maimonides verweist nicht auf einen utopischen Zustand von Frieden, Liebe und Gerechtigkeit im Sinne von Jes 2 und Mich 4,

5 Martin S. Cohen (Hg.), The Observant Life. The Wisdom of Conservative Judaism for Contemporary Jews, New York 2012.

6 Vgl. Ismar Elbogen, Der jüdische Gottesdienst in seiner geschichtlichen Entwicklung, Leipzig 1913, 88.

sondern zielt auf die Wiederherstellung des Reiches Davids ab:

> *Der gesalbte König wird einst auftreten und das Königtum Davids in seiner vormaligen Macht wiederherstellen [...] Wenn er es dann mit Erfolg unternimmt, das Heiligtum an seiner näheren Stätte aufzubauen und die Verstoßenen Israels zu sammeln, so ist es erwiesen, dass er in der Tat der Messias ist.*[7]

In seinem Kompendium *Mischne Tora* heißt es dazu ferner:

> *Lass es dir nicht in den Sinn kommen, dass es dem gesalbten König (Messias) obliegt, Zeichen und Wunder zu wirken, dass er etwa neue Dinge in der Welt hervorrufen oder die Toten zum Leben erwecken wird und dergleichen mehr. So verhält es sich keineswegs.*[8]

Francesca Albertini hat diese politische Konzeption des Messias als König und Gesetzgeber unter anderem von Platon und Aristoteles hergeleitet und in die Denkstrukturen der jüdisch-islamischen Epoche zwischen dem 8. und dem 12. Jahrhundert u. Z. eingeordnet.[9]

Bei der sehr rationalen Vorstellung des Maimonides geht es also um die Rückkehr der Juden in ihr Land Israel und die Wiedererrichtung eines Staates unter der Herrschaft eines

7 Mischne Tora 11,4, zitiert nach Moritz Zobel, Gottes Gesalbter. Der Messias und die messianische Zeit in Talmud und Midrasch, Berlin 1938, 88.

8 Zitiert nach Zobel, Gottes Gesalbter, 88.

9 Vgl. Francesca Y. Albertini, Die Konzeption des Messias bei Maimonides und die frühmittelalterliche islamische Philosophie (= Studia Judaica, 44), Berlin, New York 2009, 243 f.

Idealkönigs. Dieser zeichne sich weder durch Wunderhandlungen noch durch Totenerweckung aus, sondern einzig durch die erfolgreiche Durchsetzung der Eigenstaatlichkeit und durch die Wiederherstellung des Tempeldienstes. Kenneth Seeskin weist zusätzlich darauf hin, dass Maimonides die Möglichkeit der menschlichen Vervollkommnung in keinen direkten Zusammenhang mit der Erwartung des Messias rückt.[10] Damit hat die Erlösung bei Maimonides keine anthropologische, sondern eine politische Zielrichtung mit einer Orientierung an der Vergangenheit (→ Kap. II. 3).

Ganz im Gegensatz dazu steht die Messiasvorstellung eines zeitgenössischen Denkers, des jüdischen Religionsphilosophen Schalom Ben-Chorin (1913–1999). Er verweist auf die Unterscheidung durch den Bibelwissenschaftler Shemaryahu Talmon (1920–2010) zwischen einem »restaurativen« und einem »utopischen« Messianismus.[11]

Beim restaurativen Messianismus werde die Vorstellung eines goldenen Zeitalters (hier das Reich Davids) an den Beginn der Geschichte gesetzt, es handele sich sozusagen um eine »umgekehrte Eschatologie«. Dieses Verständnis sieht Schalom Ben-Chorin bei Maimonides in einer säkularen Ausprägung, aber auch im Zionismus. Er stellt diesem restaurativen Messianismus den utopischen Messianismus der Propheten gegenüber: als Chiffre für die Hoffnung.[12]

Das restaurative und das utopische Moment sind nicht auf den biblischen Messianismus beschränkt. Auch im Talmud

10 Kenneth Seeskin, Jewish Messianic Thoughts in an Age of Despair, Cambridge, New York 2012, 33.

11 Schalom Ben-Chorin, Jüdischer Glaube. Strukturen einer Theologie des Judentums anhand des Maimonidischen Credo, Tübingen ^{2}1979, 280 f.

12 Ebd., 287.

und in der kabbalistischen Mystik entfalten beide ihre Wirkung.

Die Rabbinen formulierten im Talmud allerdings eine kollektive Mitwirkungsmöglichkeit: Israel könne den Beginn der messianischen Zeit aktiv mitbestimmen. Der Messias werde kommen, wenn ganz Israel zwei- oder auch nur einmal einen Schabbat halte oder ihn aber kollektiv entweihe.[13] Damit rückte man in der rabbinischen Literatur von der Wiedererrichtung eines Idealkönigtums als zentraler Idee ab, der Erlösungsgedanke tritt ins Zentrum (→ Kap. II.2). Gershom Scholem (1897–1982) beschreibt diesen für das Judentum allerdings so:

> *Das Judentum hat, in allen seinen Formen und Gestaltungen, stets an einem Begriff der Erlösung festgehalten, der sie als einen Vorgang auffasse, welcher sich in der Öffentlichkeit vollzieht, auf dem Schauplatz der Geschichte und im Medium der Gemeinschaft, kurz, der sich entscheidend in der Welt des Sichtbaren vollzieht und ohne solche Erscheinung im Sichtbaren nicht gedacht werden kann.*[14]

Die Erlösung vollzieht sich in dieser Welt als eine Befreiung Israels von seinen Leiden und in universeller Erweiterung als Herrschaft von Frieden, Heil und Erneuerung in der ganzen Welt.

13 Vgl. Schabbat 118b, Schemot rabba 25,12, Sanhedrin 98a.

14 Gershom Scholem, Zum Verständnis der messianischen Idee im Judentum, in: ders., Judaica, Frankfurt am Main 1963, 7 ff.

2. Messianische Euphorie und pseudomessianische Bewegungen

Eine besondere Wirkmacht der Messiasvorstellungen entfaltete der Einfluss der mystischen Tradition der Kabbala.[15] Nicht nur die Frage, wann der Messias komme, sondern in welcher Gestalt er auftreten werde, schien in der Mitte des 17. Jahrhunderts beantwortet werden zu können. Die Entstehung dieser messianischen Bewegungen gründet auf der als apokalyptische Erfahrung erlebten Vernichtung ganzer Gemeinden: dem Tod Zehntausender Juden durch die Aufstände des Kosakenführers Bohdan Chmielnicki (1648/49), den Nachwirkungen der Vertreibungen der Juden aus Spanien (1492) und Portugal (1497), dem wirtschaftlichen Niedergang der jüdischen Gemeinden in Ost- und Westeuropa. Es folgte der Verlust der Bedeutung der jüdischen Gemeindeautonomie und mit ihm des Vierländerrates (*Va'ad Arba Artzot*) 1764 in Polen. All dies erschütterte wiederholt die Grundfesten jüdischen Lebens[16] und wurde von vielen als vermeintliche »Geburtswehen des Messias« gedeutet (→ Kap. II.2.5).

15 Byron L. Sherwin, Faith Finding Meaning. A Theology of Judaism, Oxford 2009, 150–154; Vgl.: Klaus Samuel Davidowicz, Einleitung, in: Along the Road to Esau. Studies on Jakob Frank and Frankism, hg. v. Roberta Ascarelli und Klaus Samuel Davidowicz, Arezzo 2011, 1.

16 Hier handelt es sich keineswegs um ein genuin jüdisches Phänomen, denn zu den politischen und religiösen Unruhen infolge des Dreißigjährigen Krieges, der Inquisition kamen schwere Naturkatastrophen, die die christliche Bevölkerung Mitteleuropas gleichermaßen für neue millenaristische Bewegungen wie beispielsweise die Quäker, Mennoniten, Anabaptisten empfänglich machten. Ada Rapoport-Albert, Women and the Messianic Heresy of Sabbatai Zevi, 1666–1816, Oxford 2011, 76.

Darauf beruhte der Erfolg eines jungen Mystikers: Sabbatai Zwi (1626–1676), der die Kabbala[17] über exklusive Gelehrtenkreise hinaus popularisierte. Der erste Schritt zu seinem späteren Erfolg war eine Reise ins Heilige Land, wo er in Safed auf Nathan von Gaza, seinen Propheten, traf, der ihn quasi entdeckte und in Anlehnung an die Gestalt Elijas begleitete. War das Bemühen Sabbatai Zwis primär auf die eigene und die Erlösung seines Gottes gerichtet, so formulierte sein Prophet die theoretischen Grundlagen zur Person des Messias. Yehuda Liebes (*1947) stellt fest, dass es dem Sabbatianismus nicht primär um eine Erlösung des Volkes, sondern um die Erlösung der Religion ging.[18]

> *In seinen Augen [Sabbatai Zwi] sind die Menschen und die Religion nichts anderes als ein Mittel zur Verehrung »des wahren Gottes«, und wenn das Wesen dieses »Gottes« nicht genau bekannt ist, dann ist Gott nicht wahr, die Religion ist eine leere Hülle und es müssen neue Rahmenbedingungen gesucht werden.*[19]

---

17 Die Kabbala ist eine mündlich überlieferte mystische Tradition des Judentums, die eine Erfüllung »jenseits von Raum und Zeit« in der Überzeitlichkeit in der unmittelbaren Gotteserfahrung suchte. Eine ausführliche Erörterung hierzu bietet: Karl Erich Grözinger, Jüdisches Denken. Band 2: Von der mittelalterlichen Kabbala zum Hasidismus, Frankfurt am Main 2005; siehe auch: Werblowsky, Messiaserwartungen, 120. Eine Messiaserwartung ist diesen Schriften nicht inhärent. Vielmehr bezieht sich die messianische Hoffnung auf die Lehre des *tikkun olam* – die Erlösung der Schöpfung aus dem Chaos, deren Gelingen die messianische Zeit einleitet.

18 Yehuda Liebes, Studies in Jewish Myth and Jewish Messianism, Albany 1993, 106.

19 Ebd., 100. Engl.: »In his eyes [Sabbatai Zwi], the people and the religion are nothing but a means for the worship of ›the true God‹ and, if this ›God‹ essence is not precisely known, then God is not true, religion is an empty shell and new frameworks must be sought.« Die deutsche Übersetzung aus dem englischen Original wurde vom Autor erstellt. Dies gilt auch für englische Zitate im Folgenden dieses Kapitels.

Das bewusste Außerkraftsetzen von Geboten und Verboten als gewollter Antagonismus zur jüdischen Lehre – bereits im Mittelalter ein Motiv, das mit dem Kommen des Messias in Zusammenhang gebracht wurde – nahm bei den Anhängern Sabbatai Zwis einen zentralen Stellenwert ein.[20] Der Beginn der Erlösung äußert sich darin, dass die gegenwärtige Welt ein katastrophales Ende durch Terror und Zerstörung nimmt. Verfolgungen und Leiden sind die Vorboten der Revolution. Das vorausgehende Chaos ist ein grundlegender Bestandteil der Dialektik messianischer Utopien. So sei die Erlösung nur durch die Ausradierung der alten Welt möglich.[21] Dennoch sahen die Sabbatianer sich als Juden, die das Judentum jedoch von innen zu erneuern versuchten. Viele Anhänger Sabbatai Zwis verkauften ihren Besitz und gaben ihre Existenz im Exil für ein besseres Leben in Eretz Israel auf. Die Konversion Sabbatai Zwis im Jahr 1666 zum Islam leitete den Niedergang des Sabbatianismus ein, dessen Einfluss aber noch 150 Jahre andauerte, etwa in der kryptojüdischen Gemeinschaft der Dönme in Saloniki.[22] Erklärte Sabbatai Zwi seine Konversion selbst als Wille seines Gottes, war in der Verteidigung Nathan von Gazas die Apostasie ein notwendiger Schritt zur Befreiung der göttlichen Funken aus der Welt des Bösen für den *tikkun olam* – die Heilung der Welt. So wird hier der Bezug auf die Kabbala am deutlichsten. Das Scheitern Sabbatai

20 Vgl. Pawel Maciejko, The Mixed Multitude. Jacob Frank and the Frankist Movement, 1755–1816, Philadelphia 2011, 32 f.

21 R.J. Zwi Werblowsky, Messianism in Jewish History, in: Essential Papers on Messianic Movements and Personalities in Jewish History, hg. v. Marc Saperstein, New York 1992, 39.

22 Robert N. Levine, There is no Messiah and You're It. The Stunning Transformation of Judaism's Most Provocative Idea, Woodstock 2003, 111 passim; Gershom Scholem, Die krypto-jüdische Sekte der Dönme (Sabbatianer) in der Türkei, in: Numen 7 (1960), 93–122.

Zwis bereitete den Weg für eine Reihe weiterer Gestalten wie Baruchio Russo in Saloniki (1676–1720), die sich selbst offenbarten oder von denen als neuer Messias gesprochen wurde. Das Konzept des personalen Messias hatte an Popularität gewonnen, seine Prätendenten sahen sich als Erben Sabbatai Zwis.[23] So auch Jakob Joseph Frank (eigentlich Jankiew Lejbowicz, 1726–1791).[24] Dieser entschied auf seinen Handelsreisen durch Polen und Podolien, die Führung der sabbatianischen Bewegung zu übernehmen, und erklärte sich zum Messias, um die zerstreuten Gruppen wieder zu einen.[25] Er konvertierte 1759 in Lemberg zum katholischen Glauben und wurde noch im selben Jahr in Warschau gefirmt. Die Dispute mit dem katholischen Bischof und örtlichen Rabbinern 1757 in Kamieniec-Podolski und 1795 in Lemberg führten zu einer Polarisierung der jüdischen Gemeinschaft. Auch die formell katholischen Frankisten gründeten ihre Lehre auf der Idee, dass mit dem Bruch der Gesetze die Ankunft des Messias beschleunigt würde. Frank ließ sich 1787 mit einer großen Hofhaltung im Isenburger Schloss im hessischen Offenbach nieder. Größere Gruppen von Anhängern lebten u. a. in Prag, Brünn und Polen. Nach Franks Tod führte seine Tochter Eva (1754–1817) die Sekte an, die schließlich in der Mehrheitsgesellschaft aufging.

23 Im Detail dazu Harris Lenowitz, The Jewish Messiahs. From Galilee to Crown Heights, New York 1998, 168 f.

24 In den vergangenen Jahren wuchs auch das Interesse an Jakob Frank und dem Frankismus, was das Erscheinen genauerer Untersuchungen nach sich zog. Die wichtigsten: Ascarelli, Esau (s. Anm. 15); Maciejko, Multitude (s. Anm. 20).

25 Lenowitz, Galilee (s. Anm. 23), 171. Er sah sich nicht als Inkarnation Sabbatai Zwis, sondern als Messias, der auf Erden gesandt wurde. Vgl.: Maciejko, Multitude (s. Anm. 20), 30.

Gershom Scholem[26] hat die pseudomessianischen Bewegungen wieder ins Bewusstsein gerufen und interpretiert. Überhaupt wird gerade im 20. Jahrhundert dem Phänomen des Sabbatianismus mit neuer Faszination nachgegangen, eng verbunden mit einem neuen Interesse an der jüdischen Mystik. Jacob Neusner (1932–2016) schrieb 1967: »Sabbatai Zwi war nicht einfach ›der Messias‹, sondern spielte eine zentrale Rolle in dem metaphysischen Drama, das durch Spannungen innerhalb der Gottheit selbst entstand.«[27] Yehuda Liebes betont vor allem den Ansatz zionistischer Historiker wie Joseph Klausner (1874–1958), Aaron Zeev Aescoly (1901–1948) und Abba Hillel Silver (1893–1963), im Pseudomessianismus die Sehnsucht nach unmittelbarer politischer Erlösung zu sehen und ihn so als Vorläufer der eigenen Bewegung zu reklamieren. Liebes setzte dieser politischen Vereinnahmung des Sabbatianismus seine Vorstellung von Revolte gegenüber der tradierten Religion in Form spiritueller Erneuerung entgegen. »Dies war das Ziel des Sabbatianismus – die Erlösung und Erneuerung der Religion, des Glaubens und des wahren Gottes. In den Augen der Sabbatianer ist das Exil das Exil von Religion, und der Ort des Exils ist die versteinerte Tradition, die ihre Wurzeln und Ziele längst vergessen hat.«[28]

Zwi Werblowsky (1924–2015) weist zu Recht darauf hin, dass es keinen zwingenden Zusammenhang zwischen katastrophalen Ereignissen in der jüdischen Geschichte und dem Entstehen (pseudo-)messianischer Bewegungen gibt. Eine Vielzahl schwerer Erschütterungen des jüdischen Lebens im

26 Liebes, Myth (s. Anm. 18), 93.

27 »Shabbatai Zvi was not merely ›the Messiah‹, but rather played a central role in the metaphysical drama created by tensions within the Godhead itself.« Jacob Neusner, From Theology to Ideology, in: ders., Collected Writings, Paris 1967, 14.

28 Liebes, Myth, 93, 106.

Exil weckte keinesfalls unweigerlich messianische Erwartungen. Ähnliches gilt nach Werblowskys Auffassung für die Messiasidee, die zwar »zweifellos Vorbedingung, wenn auch kein genügender Grund« für messianische Bewegungen sei.[29] Wenn es einen solchen ursächlichen Zusammenhang auch nicht geben mag, so hatte das Scheitern der pseudomessianischen Euphoriker auf jeden Fall Auswirkungen auf das Konzept des Messianismus. Die Hoffnung auf Erlösung durch einen Messias aus dem Hause Davids, der die Exilierten im Land Israel sammeln werde, geriet durch die Erfahrungen mit dem Sabbatianismus und Frankismus in eine grundlegende Krise. Eine mögliche Antwort auf diese Enttäuschung war der Chassidismus mit seiner frohen Diesseitsorientierung.

3. Der Messiasgedanke im Chassidismus

Johann Maier (1933–2019) beschreibt die Stimmungslage in den großen und religiös unzulänglich versorgten Gemeinden Podoliens und Galiziens ab 1740/50 so: »Das ziemlich formalistische rabbinische Establishment war nicht in der Lage, den Erwartungen einer Frömmigkeitstendenz zu entsprechen, die emotional noch stark durch die Bewegung des Sabbatianismus bestimmt war.«[30] So begann der Chassidismus als Reformbewegung und Reaktion auf die desaströsen Ereignisse der sabbatianischen und frankistischen Bewegungen[31] und

29 Werblowsky, Messiaserwartungen, 119.

30 Johann Maier, Judentum von A bis Z, Freiburg 2001, 92.

31 Benzion Dinur, The Origins of Hasidism and Its Social and Messianic Foundations, in: Essential Papers on Hassidism. Origins to Present, hg. v. Gershon David Hundert, New York 1991, 86–172.

entwickelte sich zu einer der zentralen Strömungen osteuropäischer jüdischer Frömmigkeit im ausgehenden 18. und im gesamten 19. Jahrhundert. Die chassidischen Gemeinschaften widersetzten sich erbittert der jüdischen Aufklärung und wurden ihrerseits von diesen bekämpft, vor allem aber auch durch die Vertreter der klassischen rabbinischen Lehre, später auch durch Sozialisten und Zionisten.

Der Chassidismus ist sicherlich eines der deutlichsten Beispiele in der jüdischen Geschichte für den Versuch, die Sprengkraft der Vorstellung von einem personalen Messias zu neutralisieren. Die Entschärfung der messianischen Idee zeigt sich sehr deutlich in den Erzählungen der Chassidim über die Herbeiführung der messianischen Zeit und über die Aufgabe des Einzelnen – in Gestalt des Rebben oder Zaddik – auf dem Weg dorthin.

> *Ein Ungläubiger hielt einmal dem Berditschewer vor, die großen alten Meister seien auch tief im Irrtum befangen gewesen; so habe Rabbi Akiba an den Empörer Barkochba als den Messias geglaubt und habe ihm gedient.*
>
> *Der Berditschewer antwortete: »Einem Kaiser erkrankte einst sein einziger Sohn. Ein Arzt riet, ein Linnen mit einer scharfen Salbe zu bestreichen und es um den bloßen Leib des Kranken zu legen. Ein anderer widersprach, weil der Knabe zu schwach sei, um die heftigen Schmerzen, die die Salbe verursacht, zu ertragen. Der dritte empfahl nun einen Schlaftrunk; aber der vierte befürchtete, der könnte dem Herzen des Kranken einen Schaden zufügen. Da schlug der fünfte vor, man solle*

den Trunk löffelweise reichen, von Stunden zu Stunden, sooft der Prinz erwache und die Schmerzen spüre. Und so wurde getan.

Als Gott sah, daß die Seele Israels krank war, hüllte er sie in das ätzende Linnen der Galut und legte, daß sie es ertrüge, den Schlaf der Dumpfheit auf sie. Damit aber der sie nicht zerstöre, weckt er sie von Stunden zu Stunden mit einer falschen Messiashoffnung und schläfert sie wieder ein, bis die Nacht vergangen ist und der wahre Messias erscheint. Um dieses Werkes willen werden zuweilen die Augen der Weisen verblendet.«[32]

Innerhalb ihres hagiografischen Systems lässt sich eine Vielzahl von Erzählungen zu Wundern und kosmischer Wiederherstellung finden.[33] Der zuvor in apokalyptischen Visionen betonte Zusammenhang zwischen historischen Ereignissen und dem Erscheinen des Messias verliert jedoch an Bedeutung.

Der Baal Schem Tov (Israel ben Elieser, um 1700–1760) schrieb seinem Schwager 1750 von seiner Himmelsreise; demnach erhielt er seine Weisung vom Messias selbst, der ihm fünf Bedingungen für sein Kommen nannte:

Da fragte ich den Messias: »Wann kommt Ihr, Herr?« Und er antwortete mir: »Daran wirst du es erkennen: Wenn deine Lehre bekannt und in der Welt offenbar sein wird und seine Quellen nach draußen dringen [mit

32 Martin Buber, Die Erzählungen der Chassidim, Zürich [12]1996, 364 f.
33 Lenowitz, Galilee (s. Anm. 23), 199.

> *dem], was ich dich gelehrt habe und du empfangen hast, so dass auch sie mystische Einungen und Aufstiege vollziehen können wie du! Dann werden alle Schalen [Klippot, Kräfte des Bösen] vernichtet sein und es wird eine Zeit des Wohlgefallens und der Erlösung kommen.«*[34]

Als vorrangiges Ziel galt im Chassidismus die individuelle Erlösung, nationale und universale Aspekte wurden marginalisiert.[35] In den Vordergrund tritt nun die Erlösung als Prozess der individuellen Läuterung. Die Individualisierung der messianischen Idee, die die Aufgabe der Erlösung von der Gestalt des Messias loslöste, wird zum Kern der chassidischen Lehre.

> *Ein frommer Rabbi wurde in seinem Studium der Heiligen Bücher unterbrochen, als ein aufgeregter Schüler in den Raum stürmte und rief: »Meister, der Messias ist gekommen!« Der Rabbi erhob sich und sah aus dem Fenster. Nach einer Weile murmelte er: »Nichts hat sich geändert«, und kehrte zu seinen Studien zurück.*[36]

---

34 Zitiert nach: Grözinger, Hasidismus (s. Anm. 17), 755. Vgl.: Simon Dubnow, The Beginnings. The Baal Shem Tov (Besht) and the Center in Podolia, in: Essential Papers on Hasidism. Origins to Present, hg. v. Gershon Hundert, New York 1991, 37.

35 Aviezer Ravitzky, Messianism, Zionism, and Jewish Religious Radicalism, Chicago 1996, 193.

36 Ferdinand Hahn, Jüdische und christliche Messias-Erwartung, in: Das Ende der Tage und die Gegenwart des Heils. Begegnungen mit dem Neuen Testament und seiner Umwelt, hg. v. Michael Becker und Wolfgang Fenske, Leiden 1999, 142.

Im Chassidismus, diesem späten Stadium der jüdischen Mystik, ist es interessant zu sehen, wie Vorstellungen der Kabbala einem Wandel unterzogen werden. Das Schlüsselwort der lurianischen Kabbala, »Tikkun«, erhält hier besondere Bedeutung: die »Restitution oder Reintegration aller Wesen zu ihrem ursprünglichen Stand, wie er im göttlichen Schöpfungsplan angelegt war«. Robert N. Levine (*1951) sagt dazu: »*Tikkun* wurde im Herzen, in der Seele und in der Sehnsucht des Einzelnen geboren, nicht unbedingt im Messias. [...] Der Chassidismus brachte die Kabbala zu ihren Wurzeln zurück: die individuelle Verantwortung für Tikkun, die zur Erlösung der Vielen führen wird, nach der der Messias kommen wird.«[37] Am Ende dieses Prozesses steht die Erlösung. »Die messianische Ladung der Lehre vom Tikkun ungefährlich zu machen war die Aufgabe«,[38] konstatierte Scholem.

Die Bedeutung des messianischen Elements für den Chassidismus ist in der Forschung umstritten. Verstanden Martin Buber (1913–1996) und Gershom Scholem den Chassidismus als Gegenreaktion auf Sabbatianismus und Messianismus, so werteten Benzion Dinur (1884–1973) und Isaiah Tishby (1908–1992) den Messianismus als wichtiges Element des Erfolgs und der Vitalität des Chassidismus.[39] Die Vorstellung eines personalen Messias setzte sich fort und fand neue Resonanz. Ein Beispiel hierfür ist Rabbi Nachman von Bratslav (1772–1810), der bereits zu seiner Zeit eine Ausnahmeerscheinung war, da er sich eher im Rahmen der kabbalis-

37 Levine, Transformation (s. Anm. 22), 130; 133.

38 Gershom Scholem, Von der mystischen Gestalt der Gottheit. Studien zu Grundbegriffen der Kabbala, Zürich 1962, 238.

39 Joseph Dan, Messias/Messianismus. 2. Mittelalter und Neuzeit, in: RGG[4], Bd. 5, Tübingen 2002, 1149.

tischen Moralliteratur bewegte als in den klassischen Lehren des Chassidismus.[40]

Er sah sich selbst als Zaddik und Erlöser, der den Anhängern Hilfe beim *tikkun olam*, der Wiederherstellung des Kosmos und der individuellen Seele anbieten muss.[41] Durch die Betonung der Sünde und der Notwendigkeit der Buße eröffnete Nachman von Bratslav eine weitere Variante für einen aktiven Messianismus, der Eingang in die religiöse Praxis der Bratslaver Chassidim fand. Dass er sich selbst zu höherer Aufgabe berufen fand, zeigt sein messianisches Selbstbewusstsein, als er sich 1806 als *Zaddik haDor*, der als der Wegbereiter des Messias ben David fungieren würde, ausrief und auf das Ritual der Buße (*Tikkun haKelali*), zum Mitternachtsgebet (*Tikkun Chatzot*) und zum Fasten drängte.[42] Damit erntete er nicht nur den Spott der *Mitnagdim* (hebr. für »Gegner«, eine antichassidische Richtung aus dem Umfeld der litauischen Talmudakademien), sondern auch deren gesteigertes Misstrauen, sodass viele Schriften nur im engsten Kreise von Vertrauten weitergegeben wurden.[43]

Die um ihren Einfluss fürchtenden traditionellen Eliten führten einen erbitterten Kampf gegen die Chassidim, deren Lehren sie als Fortführung sabbatianischer Häresie ansahen. Sich des revolutionären Potenzials bewusst, erkannten sie die Gefahr für ihre Stellung innerhalb der traditionellen Gemein-

---

40 Arthur Green, Nahman of Bratslav's Messianic Striving, in: Essential Papers on Messianic Movements and Personalities in Jewish History, hg. v. Marc Saperstein, New York 1992, 389–432, hier: 390 f.

41 Arthur Green, Tormented Master. A Life of Rabbi Nahman of Bratslav, Woodstock 1992, 182–220.

42 Liebes, Myth, 115. »R. Nakhman of Bratslav […] is a messianic figure par excellence and his personality is indeed the main content of its ideology." 115. Green, Nahman, 417.

43 Vgl.: Green, Master, 207.

den sowie für ihre Definitionshoheit in religiösen Fragen. Im Chassidismus ging es nämlich nicht primär um das Halten der Mizwot, um Gelehrsamkeit oder um das Ritual, den Bereichen traditioneller Religiösität. Im Vordergrund standen unmittelbare religiöse Existenzerfahrungen, das Wirken des menschlichen Tuns auf die oberen Sphären, Gebetsekstase und eine Abkehr vom Ritualismus.[44]

Wie stark die Hoffnung auf den Messias im Chassidismus nachwirkt, zeigen heute die Bemühungen der Lubawitscher Chassidim um die Anerkennung ihres verstorbenen geistigen Führers Menachem Mendel Schneerson (1902–1994) als personifizierter Messias. Für seinen Aufruf an die Diaspora, »hier ein Land Israel errichten«,[45] erntete er harsche Kritik zionistischer Rabbiner. Angesichts des konkreten Ausbaus des Jischuws, des jüdischen Gemeinwesens, betonte er dann geistige Werte. Die Bemühungen um die Errichtung eines jüdischen Staates in Eretz Israel sahen die Mitglieder der chassidischen Bewegungen kritisch, da die traditionelle Auffassung »vom jüdischen Volk verlangt, vollständige historische und politische Passivität bis zum Eintreten der göttlichen Erlösung zu üben«,[46] wenngleich sie sich der Möglichkeit der Ansiedlung in Eretz Israel nicht verschlossen.[47] Weniger als Besonderheit denn als Akzentverschiebung lässt sich auch bei Chabad Lubawitsch seit Mitte des vergangenen Jahrhunderts eine akute messiani-

44 »[a]ll spheres of life, like all actions, a potentially sacred. Consequently, the traditional mizwot are no longer necessary to the process of redemption. A Jew fulfills his obligations by hallowing the everyday, that is, by performing all acts in the proper intention.« Laurence J. Silberstein, The Renewal of Jewish Spirituality. Two Views, in: Jewish Spirituality, hg. v. Arthur Green, London 1987, 402–432, hier: 412.

45 Ravitzky, Zionism, 185.

46 Ebd., 194.

47 Ebd., 184 f.

sche Betriebsamkeit feststellen, ein klassisches Beispiel eines Katastrophen-Messianismus.[48] »Seid bereit für die baldige Erlösung, die bald an unserem Tag kommen wird!«[49]

Chabad ist das Akronym für die kabbalistischen Begriffe Chochma (»Weisheit«), Bina (»Erkenntnis«) und Da'at (»Wissen«) und die Selbstbezeichnung einer chassidischen Gemeinschaft, die auf Rabbi Schneur Salman von Ljadi (1745–1812) zurückgeht und aus dem westrussischen Dorf Lubawitsch stammt.

Unter der Führung Menachem Mendel Schneersons erreichte die Erwartung ihren Höhepunkt und wich der Gewissheit, dass es an jedem Juden sei, so zu handeln, dass die Erlösung sogleich eintreten könne, quasi schon heute.[50]

David Berger (*1943) kritisiert vor allem die Verbreitung der Auffassung, dass der Messias mehrere Versuche brauche, die Welt zu erlösen, wie es die Lubawitscher Chassidim offen vertreten.[51]

---

48 Ravitzky, Zionism. Während der Wirkungszeit des charismatischsten Lubawitscher Rebben Menachem Mendel Schneerson kam es u. a. zu verheerenden Pogromen, zu Revolutionen und dem Ausbruch des Zweiten Weltkrieges. Die Menschen standen außerdem unter dem Eindruck sich massiv und schnell ändernder gesellschaftlicher Verhältnisse, die ein gesteigertes Krisenbewusstsein mit sich brachten. Darüber hinaus wuchs das Interesse an der jüdischen Geschichte vor allem in Osteuropa, wodurch auch Narrative von Gewalt, wie beispielsweise die Chmielnicki-Pogrome erstmals umfassend dargestellt wurden.

49 Nach Ravitzky, Zionism, 195.

50 Ebd., 196.

51 Die Parallelen zum Christentum wie zu Sabbatai Zwi sind hier offensichtlich. Vgl. David Berger, The Rebbe, the Messiah, and the Scandal of Orthodox Indifference, London 2001. Benny Kraut, Salvation or Destruction? The Meaning and Consequences of Lubavitch Messianism. The Rebbe, the Messiah, and the Scandal of Orthodox Indifference, by David Berger, London 2001, in: Shofar 20, 4 (2002), 96–105; David Berger, The Fragility of Religious Doctrine. Accounting for Orthodox Acquiescence in the Belief of a Second Coming, in: Modern Judaism 22 (2002), 103–114.

Jemand könne auch als Messias identifiziert werden, obwohl er in einer unerlösten Welt gestorben sei. Nach Tod und Bestattung harre man seiner Wiederkunft.[52]

Aus Sicht der klassischen Orthodoxie sind plakative Sätze wie »Yechi Adonenu Morenu we-Rabbenu Melech Ha-Maschiach le-olam wa-ed!« (»Es lebe unser Herr, Lehrer und Rabbi, der König Messias, für ewig!«) Götzendienst.[53] Eine derartige Verwendung einer personalen Messiasvorstellung bewegt sich an der absoluten Peripherie des Judentums. Vielleicht wird deshalb Chabad Lubawitsch manchmal mit Verweis auf einen Kommentar von Rabbiner Eliezer Schach (1898–2001) scherzhaft als die Religion bezeichnet, die dem Judentum am nächsten stehe.

52 »A specific descendant of King David may be identified with certainty as the Messiah even though he died in an unredeemed world. The criteria always deemed necessary for a confident identification of the Messiah – the temporal redemption of the Jewish people, a rebuilt Temple, peace and prosperity, the universal recognition of the God of Israel – are null and void. [...] The messianic faith of Judaism allows for the following scenario: God will finally send the true Messiah to embark upon his redemptive mission. The long-awaited redeemer will declare that all preparations for the redemption have been completed and announce without qualification that the fulfillment is absolutely imminent. He will begin the process of gathering the dispersed of Israel to the Holy Land. He will proclaim himself a prophet, point clearly to his messianic status, and declare that the only remaining task is to greet him as Messiah. And then he will die and be buried without redeeming the world. To put the matter more succinctly, the true Messiah's redemptive mission, publicly proclaimed and vigorously pursued, will be interrupted by death and burial and then consummated through a Second Coming.« Berger, Indifference, 103.

53 Elaine Rose Glickman, The Messiah and the Jews – Three Thousand Years of Tradition, Belief and Hope, Woodstock 2013, 104–107.

4. Die Universalisierung der Messiasvorstellung nach der Emanzipation

Die Französische Revolution von 1789 bis 1799 erschütterte die europäische Gesellschaft bis in die Tiefen ihrer Existenz. Neue philosophische und wissenschaftliche Ansätze stellten das alte System grundlegend infrage. Dies betraf das Christentum im gleichen Maße wie das Judentum.[54] Unter dem Eindruck der Verbindung der protestantischen Theologie mit der Aufklärung und der Schriften Gotthold Ephraim Lessings (1729–1781) setzte ein Umdenken ein, das auch das System traditioneller talmudischer Gelehrsamkeit und nichtakademischer Ausbildung für das Rabbinat hinterfragte. Insbesondere die Anhänger der jüdischen Aufklärung (*Haskala*), die *Maskilim,* bemühten sich um eine zeitgemäße Neudefinition im Zusammenhang mit dem Streben nach gesellschaftlicher Anerkennung. Der Schriftsteller, Übersetzer und Buchhändler Saul Ascher (1767–1822) schließlich versuchte mit der Interpretation des Judentums als Religion, ihren Angehörigen neue Möglichkeiten als Minderheit innerhalb der Mehrheitsgesellschaft zu eröffnen, gleichzeitig aber alle Juden wieder an die Gemeinschaft zu binden. Mit dem Sanhedrin, der 1806 in Paris einberufen worden war, forderte Napoleon die Loyalität der Juden als französische Bürger ein. Teilhabe und Teilnahme im Nationalstaat sind aber nicht in Einklang zu bringen mit der Sehnsucht nach dem Wiederaufbau Jerusalems, der Wie-

54 Edward Breuer, Haskalah and History. The Emergence of a Modern Jewish Historical Consciousness (review: Shmuel Feiner and David Jan Sorkin (Hg.), New Perspectives on the Haskalah, Oxford 2004), in: Jewish Quarterly Review 94.1 (2004), 206.

dererrichtung des Königtums aus dem Hause David und der Sammlung des jüdischen Volkes in Eretz Israel – Vorstellungen, die im traditionellen Achtzehnbittengebet mit der Ankunft des Messias verbunden sind (→ Kap. II.4). Israel Jacobson (1768–1828), der im napoleonischen Modellstaat Westphalen Präsident des Konsistoriums der Israeliten war, versuchte »den Kern von der Schale zu sondern [...] und wesentliche Einrichtungen und Bräuche zu modifizieren, sobald die geläuterte Vernunft selbige als unnütz oder schädlich darstellt«.[55]

Mit diesem Anliegen ist Jacobson nicht alleine. Saul Ascher verwendet als Erster die Bezeichnung »orthodoxer Jude« für jemanden, der »sich jeder Veränderung oder Reform des traditionellen, halachischen Judentums widersetzt«.[56] Dies aber lasse die Religion erstarren und erfordere eine Reform des Judentums. In seinem Werk *Leviathan oder über Religion in Rücksicht des Judentums* von 1792 hinterfragte Ascher das jüdische Ritualgesetz und erklärte z. B. die Speiseregeln für obsolet. Dagegen behielt er jedoch in seinen 14 Glaubensgrundsätzen den Messiasgedanken als tragendes Konzept bei: »Wir hoffen Erlösung durch seinen Messias in diesem Leben oder in unserm Grabe mit denen, die er in der Auferstehung würdig achten wird.«[57]

Der Mathematiker, Philosoph und Pädagoge Lazarus Bendavid (1762–1836) erklärte dagegen,

55 Zitiert nach Hartmut Bomhoff, Israel Jacobson. Wegbereiter jüdischer Emanzipation, Berlin 2010, 33.

56 Christoph Schulte, Die jüdische Aufklärung. Philosophie, Religion, Geschichte, München 2002, 188.

57 Saul Ascher, Leviathan, in: Renate Best, Saul Ascher. Ausgewählte Werke. Deutsch-jüdische Autoren des 19. Jahrhunderts. Schriften zu Staat, Nation, Gesellschaft, Köln, Weimar, Wien 2010, 179.

> *dass die Erwartung eines Messias keinen wesentlichen Glaubensartikel der Juden ausmache. Kein Mensch verarge […] es daher dem Juden, wenn er seinen Messias darin findet, dass gute Fürsten ihn Ihren übrigen Bürgern gleich gestellt, und ihm die Hoffnung vergönnt haben, mit der Erfüllung aller Bürgerpflichten, auch alle Bürgerrechte zu erlangen.*[58]

Die Frage nach dem Messias und dem Messianismus wurde mit der Gleichstellung der Juden in den europäischen Nationalstaaten zu einem Problem. Der Seidenfabrikant David Friedländer (1750–1834) ging den ersten radikalen Schritt. »Er sah die Notwendigkeit, die Liturgie aller Elemente zu entkleiden, welche die Juden als Fremde kennzeichneten. […] Außerdem konnte der moderne Jude nicht ernsthaft für seine Rückkehr nach Jerusalem, für den Wiederaufbau des alten Tempels und dessen Opferdienst beten.«[59]

Mit diesem Ruf nach Veränderungen blieb David Friedländer nicht alleine. Unter dem Prediger und Pädagogen Eduard Kley (1789–1867) wurde 1817 der Neue israelitische Tempelverein gegründet. Das Hamburger Tempelgebetbuch folgt dem sefardischen Ritus und war die erste umfassende Reformlitur-

58 Lazarus Bendavid, Über den Glauben der Juden an einen künftigen Messias (Nach Maimonides und den Kabbalisten), 2. Teil, in: Zeitschrift für die Wissenschaft des Judenthums 1 (1823), 224 f.

59 Michael A. Meyer, Antwort auf die Moderne. Geschichte der Reformbewegung im Judentum, Wien 2000, 77; Stefan C. Reif, Judaism and Hebrew Prayer. New Perspectives on Jewish Liturgical History, Cambridge, New York 1993, 280. Vgl. David Friedländer, Ueber die durch die neue Organisation der Judenschaften in den preußischen Staaten nothwendig gewordene Umbildung 1) ihres Gottesdienstes in den Synagogen, 2) ihrer Unterrichts-Anstalten und deren Lehrgegenstände und 3) ihres Erziehungwesens überhaupt. Ein Wort zu seiner Zeit. Neudr. der Ausgabe von 1812, Berlin 1934.

gie. Es zeichnet sich durch Streichung oder Universalisierung messianischer Passagen aus: In der zweiten Benediktion des Schma wird aus »Und geleite uns aufrecht in unser Land« jetzt »Führe uns deinen Segen zu in allen Theilen der Erde«.[60] Abraham Geiger (1810–1874) vermerkte dazu in einer Schrift über den Hamburger Tempelstreit von 1819:

> *Nun ist aber in dem Gebetbuche des Tempels keineswegs eine durchgreifende Aenderung vorgenommen, sondern höchstens der Inhalt hie und da in etwas abweichenden Nuancen ausgedrückt, selbst die in der verdammenden »Bekanntmachung« hervorgehobenen Punkte von der Erlösung, der Ankunft des Messias und Auferstehung – welche übrigens nirgends als wesentlicher Bestandteil des Gebetes bezeichnet werden – an den meisten Orten ganz unverändert beibehalten, an andern nur etwas modifiziert.*[61]

Auch in der Berliner Reformgemeinde wurde zunächst nur vorsichtig Liturgie verändert.[62] »Das Wort Erlöser, in Bezug auf den Messias, wurde mit der unpersönlicheren »Erlösung« wiedergegeben.«[63]

60 Klaus Herrmann, Liberale Gebetbücher von 1817 bis 1929, in: Liturgie als Theologie, hg. v. Walter Homolka, Berlin 2005, 72.

61 Abraham Geiger, Der Hamburger Tempelstreit 1842, in: ders., Nachgelassene Schriften. Herausgegeben von Ludwig Geiger, Breslau 1885, 113–196, hier: 127.

62 Geiger, Tempelstreit, 113–196; Jakob J. Petuchowski, Prayerbook Reform in Europe. The Liturgy of European Liberal and Reform Judaism, New York 1968, 45.

63 Meyer, Moderne, 84. Zu dieser Veränderung der Messiaserwartung seit den 1840er Jahren siehe George Y. Kohler (Hg.), Der jüdische Messianismus im Zeitalter der Emanzipation – Reinterpretationen zwischen davidischem Königtum und endzeitlichem Sozialismus, Berlin 2013.

Mit der rechtlichen Gleichstellung wurde die Hoffnung auf einen personalen Messias und die Wiederherstellung Israels obsolet. Geigers Haltung zu einer Rückkehr ist eindeutig:

> *Die Wiederherstellung der alten Zustände – das war die sehnsüchtige Erwartung für die Zukunft, das ist sie nicht mehr. Wir verlangen nicht wieder nach Palästina zurück, wollen nicht eine besondere Volkstümlichkeit darstellen, nicht einen eigenen Staat gründen, wir erkennen vielmehr in allen Gauen der Erde die große Heimat, lieben das uns zuertheilte Vaterland mit aller Seeleninnigkeit, blickend vertrauend der großen Verheißung entgegen, dass voll die Erde werde von der Erkenntnis Gottes […].*[64]

Von den 1840er-Jahren an erfährt die Idee des Messias eine allgemeine Entpersonalisierung. Der Einzelne gewinnt an Bedeutung, die Subjektivierung der messianischen Aufgabe wird fest in der jüdischen Theologie verankert. Aus dem Messias wird die Idee des Messianismus, einer messianischen Zeit, die die Zukunftsorientierung des Judentums betont und das Judentum in seiner Mission seiner Geschichtlichkeit enthebt.

Die Debatten spiegeln sich auch in den Gebetbüchern der Zeit wider; Jakob Petuchowski hat nachgezeichnet, wie insbesondere im Achtzehnbittengebet (*Amida*) die traditionelle Gebetsformel in der 10. Benediktion »Und führe uns in Frieden von den vier Enden der Welt und geleite uns aufrecht in unser

64 Abraham Geiger, Unser Gottesdienst. Eine Frage, die dringend Lösung verlangt, Breslau 1868, 17.

Land« modifiziert wurde, um die Hoffnung auf die Rückkehr ins Land der Väter zu entkräften: In *Die Deutsche Synagoge* von 1817 etwa wurde »in unser Land« zu »zur ewigen Glückseligkeit« abstrahiert.[65]

Samuel Hirsch (1815–1889) hinterfragte als Rabbiner in Dessau in seinen Predigten das überkommene Messiasbild: »Wenn Alles voll ist von Gotteserkenntnis, was kann dann noch ihm zu leisten bleiben? […] Ja, nur das eine bleibt uns noch zu thun, zu erforschen, was denn der persönliche Messias uns ist.«[66] Hirsch wanderte 1866 in die USA aus und wurde in Philadelphia zu einem bedeutenden Vertreter der *Classical Reform*.

Auch Rabbiner Salomon Formstecher (1808–1889) sprach nicht mehr primär von einer Wiederherstellung jüdischer Souveränität, sondern von der Vervollkommnung und Veredlung des Menschen.[67] Rein materielle Vorstellungen von der Wiederauferstehung und Unsterblichkeit der Seele wie auch eine mystische Verklärung des Zukunft schreibt er dem heidnischen Glauben zu, während das Judentum als rationalistische Religion diese Elemente nicht kennt, sie aber in ihrer Entwicklungsstufe als Naturreligion assimiliert.[68] Abraham Geiger betonte als den Kern der messianischen Botschaft den Universalismus, nicht den über die Jahrhunderte beschworenen

65 Petuchowski, Prayerbook, 216ff.

66 Samuel Hirsch, Die *Messiaslehre* der Juden. In Kanzelvorträgen zur Erbauung denkender Leser, Berlin 1843, 97.

67 Salomon Formstecher, Die Religion des Geistes. Eine wissenschaftliche Darstellung nach seinem Charakter, Entwicklungsgange und Berufe in der Menschheit, Frankfurt am Main 1841.

68 Karl Erich Grözinger, Jüdisches Denken. Band. 3: Von der Religionskritik der Renaissance zu Orthodoxie und Reform im 19. Jahrhundert, Frankfurt am Main 2009, 559.

Nationalismus.[69] Allerdings sei die Phase des Nationalismus essenziell für die Entwicklung, sodass das Christentum nur einen falsch verstandenen Universalismus propagiere. Zunehmend trat in der Wissenschaft des Judentums der Aspekt der fortschrittlichen Prozesshaftigkeit in den Vordergrund; der Glaube an ein neues Zeitalter wird bestimmend für eine ganze Epoche:

> *Das Wunder wird sein, dass die Ekstase dauern, die Ruhe ewig sein wird. Gerade diese Fassung berührt die erhabenste Tiefe menschlichen Leids. Nicht, dass wir Reinheit nicht erlangen können, wie es das Christentum meint, ist der Schmerz – nein, dass wir nicht imstande sind, sie dauern zu lassen, das ist die große und einzige und wahrhaft abgründige Tragik. Sie zu lösen ist des Judentums Messiashoffnung.*[70]

Damit war ein weiterer Schritt hin zu einer Universalisierung der messianischen Idee vollzogen. Die mystischen Elemente wichen einer allgemeinen Utopie einer messianischen Zeit, die zu erlangen die Mission des jüdischen Volkes sei und die der ganzen Menschheit zugutekommen werde. Die von Maimonides beschworene Souveränität des jüdischen Volkes als Vorbedingung wurde ersetzt durch die Erlangung der Bürgerrechte in den Ländern der nunmehr positiv gedeuteten Diaspora.

---

69 David Biale, Gershom Scholem on Jewish Messianism, in: Essential Papers on Messianic Movements and Personalities in Jewish History, hg. v. Marc Saperstein, New York 1992, 523.

70 Elfriede Bergel-Gronemann, Der Messiasgedanke, in: Der Jude 5 (1921–22), 271.

Meilensteine in der theologischen Fundierung der Reformbewegung waren die Rabbinerkonferenzen 1843–1846 in Braunschweig, Frankfurt am Main und Breslau, 1869 und 1885 in Philadelphia und Pittsburgh, da hier neue theologische Vorstellungen allgemeine Gültigkeit erlangten. Die Rabbinerkonferenzen von Philadelphia und Pittsburgh setzten neue Maßstäbe für ein zeitgemäßes Judentum. Dazu erklärten die Initiatoren: »Wir erkennen die Annäherung an eine Verwirklichung der großen messianischen Hoffnung Israels an, nämlich die Errichtung einer Welt der Wahrheit, Gerechtigkeit und des Friedens unter allen Menschen.«[71] Als aufgeklärte Betergemeinschaft gab es für sie keine Notwendigkeit für eine Rückkehr in das Land der Väter, einen Wiederaufbau des Tempels und eine Wiedereinrichtung des Tempeldienstes unter den Nachkommen Aarons.[72] Dies hatte in ähnlicher Weise schon Rabbbiner Samuel Holdheim formuliert: Das Zeremonialgesetz in der gegenwärtigen Zeit beizubehalten, käme einer Verzögerung der messianischen Epoche gleich, es aufzugeben würde indes bedeuten, dass ein universalistisches Beispiel gegeben würde.[73]

Die Aufgabe partikularistischer Vorstellungen stieß ebenso wie die historisch-kritische Methode bei der Exegese religiöser Schriften auf vehemente Ablehnung vonseiten der sich konsolidierenden Orthodoxie. Einen »Sturm der Neu-Orthodoxie« nannte Geiger den Wiener Prozess von 1864 gegen

71 »We recognize, in the modern era of universal culture of heart and intellect, the approaching of the realization of Israel's great Messianic hope for the establishment of the kingdom of truth, justice, and peace among all men.«

72 Vgl. http://ccarnet.org/rabbis-speak/platforms/declaration-principles/ (letztmalig abgerufen am 04.08.2021).

73 Samuel Holdheim, Das Ceremonialgesetz im Messiasreich, Schwerin 1845, 42.

den Publizisten Leopold Kompert und die Anwürfe gegen die moderaten Rabbiner Isaak Mannheimer und Lazar Horwitz wegen Gotteslästerung durch eine Allianz von orthodoxen ungarischen Rabbinern, katholischer Kirche und Staatsanwaltschaft. Kompert hatte im *Jahrbuch für Israeliten* (1863/64) den Aufsatz »Die Verjüngung des jüdischen Stammes« von Heinrich Graetz veröffentlicht, in dem der bemerkte, dass sich die Verkündigungen des Deuterojesajas unmöglich auf einen persönlichen Messias, sondern nur auf das ganze Volk Israel beziehen könnten«, und so vermeintlich »die Messiaslehre der orthodoxen jüdischen Kirche geschmäht, verspottet und herabgewürdigt«.[74]

5. Die Rückkehr aus dem Exil und Sammlung im Land Israel

Die Frage nach dem Messias im Spannungsfeld von Bedrückung und Hoffnung stellte sich selbstverständlich nicht nur für Erneuerungsbewegungen, sondern auch für das traditionsgebundene rabbinische Judentum. So befand Rabbiner Tuvja HaCohen (1652–1729): »Es geziemt sich für jeden Angehörigen des mosaischen Glaubens […], an das Kommen des Messias zu glauben, weil die Tora gebietet, an die Worte des Propheten zu glauben […] und die Propheten prophezei-

74 Vgl. Abraham Geiger, Der Sturm der Neu-Orthodoxie gegen Mannheimer und Horwitz, in: Jüdische Zeitschrift für Wissenschaft und Leben (1864), 267 ff; Josef Meisl, Graetz und das nationale Judentum (zum 100. Geburtstag, 31. Oktober 1917), in: Der Jude 7 (1917–18), 471–478.

ten das Kommen des Messias.«[75] Man konnte sich aber auch im rabbinischen Denken nicht der Einflüsse kabbalistischen Denkens erwehren. So sprach der Prager Talmudist Judah Löw (1512/1525–1609) vom Messias als einem übernatürlichen Wesen.[76] Die messianischen Vorstellungen betonten immer restaurative Elemente wie intensivierte Anstrengungen zur Besiedlung des Landes Israel und der dauerhaften jüdischen Präsenz dort.

Mit der rechtlichen Emanzipation, der Verbürgerlichung und der jüdischen Reformbewegung im Zuge der jüdischen Aufklärung sah sich das traditionelle Judentum in Mitteleuropa zu Beginn des 19. Jahrhunderts vor eine Vielzahl von Herausforderungen gestellt. Die Teilhabe an der Gesellschaft in der Diaspora musste mit den Vorstellungen einer Wiederherstellung des Königtums Davids durch den Messias in Einklang gebracht werden. Auf Grundlage von Talmud und Midrasch wurde die messianische Zeit als ein den Menschen ereilendes Ereignis verstanden, das ähnlich wundertätig in Erfüllung gehen werde wie die Befreiung aus Ägypten.[77] Dennoch gab es immer wieder Bemühungen zur Besiedlung des Landes, die eine konkrete Hoffnung auf die Ankunft des Messias in sich bargen. Die erste organisierte chassidische Einwanderung fand 1764 statt und wurde von Schülern des Baal Schem Tov angeführt. Sie siedelten sich in Tiberias, Safed, Hebron und Jerusalem an und begründeten so die Tradition der vier Heiligen Städte des Judentums. Die Stärkung des Jischuw, der jüdischen Ansiedlung

75 Zitiert nach Grözinger, Judentum, 88.

76 Ebd.

77 Arie Morgenstern, Messianic Concepts and Settlement in the Land of Israel, in: Essential Papers on Messianic Movements and Personalities in Jewish History, hg. v. Marc Saperstein, New York 1992, 434.

in Eretz Israel, war auch Ausdruck messianischer Aktivitäten unter den Schülern des Wilnaer Gaon (Elija ben Salomon Salman, 1720–1797), den Peruschim, die 1808 eine Gemeinde in Jerusalem begründeten;[78] weitere Einwanderer folgten 1840, als man für das jüdische Jahr 5600 die Ankunft des Messias erhoffte. Die gezielte Ansiedlung osteuropäischer Juden mithilfe der finanziellen Unterstützung des jüdischen Philanthropen und Unternehmers Sir Moses Montefiore (1784–1885) erfüllte neben dem Gebot der Zedaka auch das jüdischer Präsenz in Eretz Israel: »Derjenige, welcher auch nur eine kleine Gabe den Armen gibt, ist würdig, die Schechina zu sehen.«[79]

War die Ansiedlung in dem Land der Väter über Jahrhunderte ein Randphänomen, begannen kleine protozionistische Gruppen im Zuge der Herausbildung moderner Nationalstaaten und unter deren gesellschaftlichem Druck zur Assimilation in der Rückkehr nach Eretz Israel eine Lösung der Probleme ihrer Diasporaexistenz zu sehen. Wie stark diese Hoffnung auf eine Wiedererrichtung jüdischer Souveränität in einem eigenen Staat mit religiösen, messianischen Hoffnungen verbunden war, zeigt sich in den Schriften von Moses Hess (1812–1875): »Jeder Jude hat den Stoff zu einem Messias […].«[80] Für Hess ist das Fehlen der Unsterblichkeit des jüdischen Volkes in den Schriften darauf zurückzuführen, dass die jüdische Nation zum Zeitpunkt ihrer Verschriftlichung noch existierte. Eben jene Unsterblichkeit aber sei eng mit dem Glauben an einen national-humanitären Messias ver-

78 Ebd.

79 Zitiert nach Walter Homolka (Hg.), Die Lehren des Judentums nach den Quellen. Bd. 1, München 1999, 1.

80 Moses Hess, Rom und Jerusalem, Leipzig 1899, 2.

bunden.[81] Hess betont in seinem zweiten Brief seiner Schrift *Rom und Jerusalem*, dass das Judentum eine »aktive Erkenntnis [ist], welche mit der jüdischen Nationalität organisch verwachsen ist«.[82]

Kritik erfuhren die Protozionisten vonseiten der Orthodoxie wie den Reformern gleichermaßen. Hatten die Reformer eine Transformation der messianischen Idee hin zu einer Fortschrittsidee im Sinn, die die intellektuellen und moralischen Perspektiven der Menschen als Moment aktiver Teilhabe an der Erlösung eröffneten, ging es den Zionisten zunächst allein um eine politische Emanzipation. Die Einrichtung eines jüdischen Staates sahen Vertreter des Reformjudentums als nicht vereinbar mit ihrer universalistischen Idee des Messianismus; die Orthodoxie ihrerseits erblickte in dem Ziel der Gründung eines Nationalstaates einen »ketzerischen Verrat am messianischen Glauben«.[83] Bereits kurze Zeit nach der Konsolidierung der zionistischen Bewegung (1897) wurden aber orthodox-jüdische Stimmen laut, die die Bedeutung der Neubesiedlung des Landes Israel als Möglichkeit zur Herbeiführung der messianischen Zeit propagierten. Abraham Jizchak Kook (1865–1935), der erste aschkenasische Oberrabbiner während der britischen Mandatszeit im damaligen Palästina, griff die These von der Ansiedlung als Vorbereitung auf Gottes Eingreifen auf und rechtfertigte orthodox-jüdische Aktivitäten,[84] die sich in die allgemeine zionistische Bewegung einreihten. Kook zufolge bedient sich Gott sogar weltlicher Kräfte des Bösen, um

81 Ebd., 6.
82 Ebd., 5.
83 Werblowsky, Messiaserwartung, 124.
84 Ebd, 125. Rabbiner Kook gilt als einer der geistigen Väter der »Gush Emunim«-Bewegung, die die Besiedlung des biblischen Eretz Israel als Voraussetzung für die Ankunft des Messias propagieren.

eine materielle Grundlage für die geistige Erlösung zu schaffen, und er verglich diesen Prozess mit dem Keltern von Wein.[85] 1906 schrieb er:

Hand in Hand mit der allmählich größer werdenden Macht der materiellen Erlösung, die im Herzen der neuen Siedlung verborgen ist, muss es ein Wachstum der Spiritualität geben, die in der Folge als großartiges Licht erscheinen wird, das Zion und alle, die es suchen, erleuchtet.[86]

6. Die Messiasidee im späten 19. und frühen 20. Jahrhundert

Verlieren wir nur unseren messianischen Optimismus nicht. Dann werden die bösen Geister wieder verschwinden, die schöpferische Kulturkraft unserer jungen Religion wird gewiss zur allgemeinen Erkenntnis und Anerkennung kommen – als Fortschritt zum Guten.[87]

85 Vgl. Abraham Isaac Ha-Cohen Kook, Hazon ha-Geula, Jerusalem 1941, 140 f.

86 Brief (10.11.1906), in: Rav A. I. Kook, Selected Letters. Übersetzt und kommentiert von Tzi Feldman, Jerusalem 1986, 98-107; zitiert nach: Schalom Ben-Chorin und Verena Lenzen, Lust an der Erkenntnis. Jüdische Theologie im 20. Jahrhundert, München 1988, 25.

87 Hermann Cohen, Kantische Philosophie und Judentum, (1910), in: ders., Werke, Bd. 15, Kleinere Werke und Schriften IV, 1907–1912, bearb. und eingel. von Hartwig Wiedebach, Hildesheim 2009, 345.

In einem ersten Schritt erklärt Hermann Cohen (1842–1918),[88] dass der jüdische Messianismus der Idee des Eschatologischen entbehrt. »Der Messianismus wird erst dann völlig verstanden werden, wenn vom Begriff der messianischen Zukunft jeder Jenseitssinn abgetrennt sein wird.«[89] Die Geschichte sei ein steter Fortschritt hin zur Versöhnung der Menschen vor dem ein-einzigen Gott. Durch die Versöhnung könnten die Widersprüche der Vergangenheit und Gegenwart überwunden und die Erlösung vollzogen werden. »Die Würde des Menschen wird nicht schlechthin in dem Individuum begründet, sondern in der Idee der Menschheit.«[90] Damit unterschieden sich die Juden von allen anderen Religionen, die das goldene Zeitalter in der Vergangenheit sähen. Der eschatologische Glaube des Christentums sei somit im Gegensatz zum Messianismus eine Abwärtsentwicklung.[91] Den Juden, in ihrer historischen Funktion als Gottesknechte, Außenseiter, obliege es, durch ihr Leiden Mitleid und Menschenliebe zu erwecken und damit alle Menschen zu Mitmenschen zu machen.[92] »Hier wird die Idee der Menschheit, welche innerhalb des Prophetismus der Messias darstellt, scharf und klar geschieden von der Person eines Menschen, sei sie nun eine geschichtliche oder nur eine Per-

88 Cohen entwickelte seine theologischen Ideen in Abgrenzung einerseits zu Kant, andererseits als Antwort auf Heinrich von Treitschke nach seiner »Rückkehr« zum Judentum. Dies ließ ihn zu der Annahme kommen, dass es eine Zweckidentität zwischen deutschem Nationalismus und jüdischem Messianismus gebe. Damit sei auch ein jüdischer Nationalstaat überflüssig, da die Zukunft der Juden in Deutschland liege. Biale, Scholem, 525.

89 Hermann Cohen, Soziale Ethik im Judentum, Frankfurt am Main [3]1914, 125.

90 Hermann Cohen, Religion der Vernunft aus den Quellen des Judentums. Wiesbaden 1988, 57.

91 Vgl. Leo Trepp, Jüdisches Denken im 20. Jahrhundert von Hermann Cohen bis Abraham Heschel, in: Günter Mayer und Hermann Greive: Das Judentum, Stuttgart 1994, 337 f.

92 Ebd., 238.

son des Glaubens.«[93] Das ewige Leben erreiche der Einzelne, indem seine Seele im kollektiven Gedächtnis bewahrt würde. Mit dem Wissen, dass das Volk durch die Erwählung Gottes nicht stirbt, erreicht nach Hermann Cohen jeder Einzelne und damit auch die Gemeinschaft ewiges Leben. Das Christentum und das Judentum seien in ihrer historischen Mission aufeinander angewiesen.

Franz Rosenzweig (1886–1929) wiederum interpretiert den jüdischen Messianismus in seinem Werk *Stern der Erlösung* auf Grundlage der Sinaioffenbarung und des Bundes Israels mit Gott, der die Juden die Wahrheit erkennen ließ.[94] Es ist der Konflikt zwischen einer politischen Verendlichung und der Auffassung von einem metahistorischen Judentum, der seinen Begriff der Erlösung und damit verbunden den des Messianischen prägt.[95] »Aus dem feurigen Kern des Sterns schießen die Strahlen. Sie suchen sich ihren Weg durch die lange Nacht der Zeiten. Es muß ein ewiger Weg sein, kein zeitlicher, ob er gleich durch die Zeit führt.«[96] Der Versuch, die Erlösung herbeizuführen, wie es der Zionismus versucht, gefährde das Judentum in seiner Existenz, denn nur in der *Galut* (Exil) habe es seine wahre Stärke bewiesen, hatte es die Möglichkeit zur Erneuerung, die ihm in einem neuen Zentrum genommen werden würde.[97] Der Weg zur Erlösung führe über die Liebe und durch sie zum Zusammenschluss der Menschen. Das Judentum, das bereits am Ziel ist, den Glaubenskrieg hinter

93 Hermann Cohen, Die religiösen Bewegungen der Gegenwart. Ein Vortrag, Leipzig 1914, 12.

94 Elke Dubbels, Figuren des Messianischen in Schriften deutsch-jüdischer Intellektueller 1900–1933, Berlin, Boston 2011, 3.

95 Franz Rosenzweig, Der Stern der Erlösung, Frankfurt am Main 1988, 347 f.

96 Ebd., 374.

97 Trepp, 20. Jahrhundert, 244.

sich gelassen und den Staat überwunden habe, lebe es den Nationen vor.[98] Eine besondere Bedeutung für den Erhalt in der staatenlosen Existenz komme der Liturgie als Medium der Selbstvergewisserung der Juden zu. Durch sie werde es sich seiner Ewigkeit im Kreislauf des Jahres immer wieder bewusst.[99]

Auch Martin Buber sieht im Messianismus weniger ein apokalyptisches Ereignis.[100] Sein Konzept basiert in wesentlichen Elementen auf den theologischen Grundlagen des Chassidismus, in der »Lehre von der gottunmittelbaren und darin weltzugewandten Gemeinschaft«.[101] Er ergänzt diese aber durch für ihn zentrale restaurative Elemente. In der Idee eines jüdischen Staates sieht er einen wichtigen Teil der Erlösung, denn »die Gemeinschaft aus Freiwilligen« in Palästina solle der »ganzen Welt Exempel und Initial« sein.[102] Diese Erlösung stellt für Buber keineswegs den Endpunkt der Geschichte dar, sondern ist Teil eines steten Prozesses, in dem jeder Einzelne in seinem irdischen Leben seinen Beitrag dazu leistet.[103] In der hohen jüdischen Beteiligung in der sozialistischen Bewegung und der Begeisterung für den Zionismus sah er einen Beweis dafür, dass der Messianismus im Judentum ein starkes Element bildet. Beiden Bewegungen gemeinsam war die Tatsache, dass der Mensch zum Akteur wurde, der die

98 Rosenzweig, Stern, 368.

99 Ebd., 369. Hier spielt auch seine Annahme eine Rolle, dass die einzelnen Generationen zwar unabhängig voneinander an der Erlösung arbeiteten, dennoch aber durch das kollektive Gedächtnis miteinander verbunden seien.

100 Was aber für Buber ein legitimer Aspekt ist, der bereits mit der Rückkehr zum Judentum im Chassidismus neutralisiert wird. Biale, Scholem, 540.

101 Paul Schwarzenau, Das Messiasproblem bei Martin Buber. Eine Studie zur Geschichte des Judentums, Berlin 1997, 16

102 Dubbels, Figuren, 384.

103 Biale, Scholem, 526.

Aufgabe des Messias – die Veränderung – selbst herbeiführen könne.[104]

Die Tatsache der öffentlichen Erlösung, die Gershom Scholem[105] für den jüdischen Messianismus betont, steht ganz in der Tradition deutsch-jüdischen Denkens (Buber, Rosenzweig, Cohen). Wie auch seine Zeitgenossen glaubt er an die Prozesshaftigkeit jüdischer Erlösung, wie sie im Christentum abgelehnt wird, wo es sich bei der Erlösung mit dem Bekenntnis zu Jesus als ein im spirituellen Bereich vollziehendes Ereignis handelt.[106] Mit seiner Forschung zum Sabbatianismus und Chassidismus versucht er, die Apokalyptik für das Judentum zu rehabilitieren. Seine Auffassung hat ihre Wurzeln durchaus im jüdischen Denken. Durch revolutionäre Ausbrüche, die eben jenen apokalyptischen Mythen entspringen, werden historische Veränderungen katalysiert.[107] Das »destruktive Moment«[108] zwinge zur steten Revision der jüdischen Tradition. Hieraus gewinne der Messianismus seine Bedeutung. »Die Größe der messianischen Idee entspricht der unendlichen Schwäche der jüdischen Geschichte, die im Exil zum Einsatz auf der geschichtlichen Ebene nicht bereit war.«[109] Es sei ein »Leben im Aufschub«, das die Juden im Exil führen, »in welchem nichts in endgültiger Weise getan und vollzogen werden

104 Mit diesem Problem haben sich verschiedene israelische Historiker beschäftigt, wie beispielsweise Abba Hillel Silver, A History of Messianic Speculations in Israel, New York 1927; Joseph Klausner, The Messianic Idea in Israel. From its Beginning to the Completion of the Mishna, London 1956; A. Z. Aescoly, Jewish Messianic Movements, Jerusalem 1956.

105 Gershom Scholem, Zum Verständnis der messianischen Idee im Judentum, in: ders.: Judaica, Frankfurt am Main 1963, 7–74.

106 Ebd., 7. Liebes, Myth, 94.

107 Biale, Scholem, 527.

108 Dubbels, Figuren, 405.

109 Scholem, Verständnis, 73.

kann«.[110] Mit der Reform und der Säkularisierung des Gesetzes sei dem Judentum der Nährboden für diese Entwicklung entzogen worden.[111] Weil der Messianismus so schwach geworden sei, sei er folgerichtig durch den Zionismus ersetzt worden.

Rabbiner Leo Baeck (1873–1956) beschreibt die Messiasvorstellung und Bedeutung des Exils in der jüdischen Religion ganz anders:

> *Es ist ein Erwarten; der Begriff des Hoffens wäre dafür ein zu schwacher, denn es ist hier nicht ein Wünschen und Meinen nur, sondern ein Wissen, der Glaube dessen, der an seine Tat und seinen Weg, den Gott ihm bestimmt hat, glaubt. Von Gott gesendet zu sein und Gott zu erwarten, so weiß es hier die Frömmigkeit. Die Spannung zwischen diesem beiden und die Einheit von diesem beiden, das ist die Zukunft, wie sie im Judentum erfahren wird, das Messianische, das ihm sein eigen ist.*[112]

Nach Auffassung Baecks ist die Aufgabe dem Menschen zwar hingestellt, er sei dazu berufen, »und es bleibt ihm doch versagt, denn [...] das Große, die Aufgabe, die Gott ihm stellt, zieht über sein Erdendasein hinaus«.[113] Ein Blick in das »Land der Verheißung« werde ihm gewährt, aber sein Leben habe er auf der Erde zu führen. Es sei sein Dienst an der Menschheit, die länger währe als das Leben des Einzelnen. »Sie wird das erreichen, wozu der Mensch gesendet ist und was er erwartet; das Gebot, das an ihn immer neu ergeht, [...] kann in ihr sich

110 Ebd., 74.
111 Biale, Scholem, 536.
112 Leo Baeck, Das Wesen des Judentums, Köln 1960, 252.
113 Ebd., 253.

vollenden.«[114] Sendung und Verheißung würden von Generation zu Generation weitergegeben. Es sei aber das Individuum, das sich dieser Aufgabe stellen müsse, und damit erlange es einen Anteil an der Unendlichkeit. Wenn es bei Baeck eine Utopie gibt, so ist es die Vollendung des Guten auf Erden, denn »es hat keine wirksamen Handlungen, die den Himmel zur Erde herniederbringen sollen«.[115]

Eine Brücke zwischen der deutschen Philosophie und der amerikanischen Theologie schlug Rabbiner Samuel S. Cohon (1888–1959), für den sich Religion im sozialen Leben manifestierte. Da die Verbrüderung der Menschheit bereits in der Tora als Ziel definiert sei, seien der Bund und die Auserwählung des jüdischen Volkes nicht Ausdruck einer Besonderheit, sondern Aufgabe und Verpflichtung zur Verbreitung der Wahrheit im Dienste Gottes.[116] Der Messianismus sei die Essenz jüdischen Optimismus, resultierend aus der Hoffnung auf »den endgültigen Triumph der Gerechtigkeit über die Bosheit, der Liebe über den Hass und der gesellschaftlichen Harmonie über das Chaos«.[117] Befreie man die Idee des Messianismus von allen legendären Formen und poetischer Fantasie, so bleibe der Kern der messianischen Idee, der in der geistigen und moralischen Regeneration der Menschheit und der Schaffung einer neuen sozialen Ordnung bestehe.[118] Mit der Legendenbildung um die Gestalt des Messias habe das Judentum dem Christentum ins Leben verholfen. Durch die jüdische Geschichte hindurch hätten aber immer wieder Gelehrte die visionären Vorstellun-

114 Ebd., 253.
115 Ebd., 5.
116 Ebd., 232.
117 Samuel S. Cohon, Judaism. A Way of Life, New York 1962, 226.
118 Ebd., 227.

gen aus dem Reich der Träume kritisiert.[119] Sich auf Hermann Cohen stützend, sieht Cohon die Erlösung in dieser Welt. Die Errichtung des Königreiches des Allmächtigen komme in der Perfektionierung der Menschheit zum Ausdruck. Die Hoffnung sei auf die Zukunft gerichtet, die nicht nur die Erlösung für Israel bringen wird, sondern für die Menschheit. Selbst Rückschläge, erklärt er einem bedingungslosen Fortschrittsglauben folgend, könnten die Weiterentwicklung des Menschen nicht aufhalten.[120] »Eine ideale Gesellschaftsordnung muss nicht für immer eine visionäre Utopie bleiben. Der Glaube an den Menschen und an Gott begründet den Glauben an die endgültige Verwirklichung des Reiches Gottes auf Erden.«[121]

7. Die Messiaskonzeption nach der Schoa

Seit der Machtergreifung der Nationalsozialisten Ende Januar 1933 und deren dramatischen Auswirkungen auf die jüdische Gemeinschaft zeichneten sich zunächst vorsichtige, später immer deutlichere Veränderungen in der jüdischen Theologie ab. Die Anliegen der klassischen Reform des 19. Jahrhunderts hin zu einer Universalisierung des Judentums wichen einer eher partikularistischen Agenda und führten auch zu einer Revision früherer Einwände gegenüber dem Zionismus. Selbst in der jüdischen Reformbewegung in den USA wurde nun das Bedürfnis nach einem jüdischen Nationalstaat lauter. Dass dieses Element wieder mit aufgenommen wurde, hinderte die Verfasser der *Columbus Platform* 1937 nicht daran, an der Vorstellung einer

119 Ebd., 228.
120 Ebd., 230.
121 Ebd., 233.

Kooperation aller Menschen bei der Errichtung des Königreichs Gottes festzuhalten. Das universelle Streben nach Gerechtigkeit, Wahrheit und Frieden bildete die Grundlage für die Hoffnung auf Entstehung einer universalen Menschheit. »Wir betrachten es als unsere historische Aufgabe, mit allen Menschen an der Errichtung des Reiches Gottes, der universellen Brüderlichkeit, der Gerechtigkeit, der Wahrheit und des Friedens auf Erden mitzuwirken. Dies ist unser messianisches Ziel.«[122] Die NS-Politik machte zwar die Gefährdung jüdischer Existenz in der Diaspora bewusst, doch restaurative Ideen blieben weiterhin im Hintergrund.[123] Dies änderte sich nach der Schoa, nachdem das ganze Ausmaß der Vernichtung bekannt geworden war. Die Gründung des Staates Israel 1948 wurde nicht nur als politische Notwendigkeit propagiert; zunehmend wurde auch in liberalen Kreisen das Bedürfnis nach einem spirituellen und kulturellen Zentrum in Israel immer deutlicher. Die Gründung des Staates 1948 war erfüllt von der Sehnsucht nach der messianischen Zeit. »Israel ist in der Tat durch seine Stärke ein Symbol für das Ende der jüdischen Passivität und der mangelnden Kraft, sich gegen Vernichtung zu wehren; es stellt eine offene Tür für Juden dar, die den Schlüssel zu ihrer Sicherheit enthält.«[124]

Rabbiner Emil Fackenheim (1916–2003) und Rabbiner Ignaz Maybaum (1897–1976) sind zwei typische Protagonisten dafür, dass der Fortschrittsglaube des Judentums auch durch die Schoa nicht erschüttert werden konnte. Die Essenz jüdischen Selbstverständnisses, so Fackenheim, besteht aus dem Gebot,

---

122 http://ccarnet.org/rabbis-speak/platforms/declaration-principles/ (letztmalig abgerufen am 04.08.2021).

123 Ebd.

124 Arthur Hertzberg, Judaism and the Land of Israel, in: Jacob Neusner, Understanding Jewish Theology. Classical Issues and Modern Perspectives, New York 1973, 76.

Gottes Willen auf Erden standhaft durchzusetzen. »Der Jude von heute kann aushalten, weil er aushalten muss, und er muss aushalten, weil es ihm aufgetragen ist, auszuhalten.«[125] Hoffnung wird bei Fackenheim angesichts der absoluten Vernichtung zum 614. Gebot: »Wir sind dazu beauftragt zu hoffen.«[126]

Die Skepsis des liberalen Judentums gegenüber der rabbinischen Vorstellung von einer kommenden Welt bleibt ihm unverständlich, denn der Vorstellung einer kommenden Welt sei eine Entwicklung dorthin inhärent; ohne ein »Danach« könne es auch keine diesseitige Entwicklung geben.

Rabbiner Ignaz Maybaum, ein Schüler Rosenzweigs, erklärte hingegen, dass jüdischer Messianismus Bewegung sei: »Der Mensch muß von einem Augenblick zum anderen auf den Wandel vorbereitet sein. Wir können nicht wissen, was Gott von uns unter den neuen Bedingungen eines neuen Tages verlangen wird […].«[127] Im Gegensatz zum Christentum kenne das Judentum keinen Dualismus von Religion und Welt; dies ermögliche ein aktives Handeln, das seinen Ausdruck in Rechtschaffenheit und Barmherzigkeit finde – in der diesseitigen Welt – auf »dass Esau das werden wird, was Jakob ist«.[128] Die Idee des jüdischen Messianismus findet sich bei Maybaum in dem Glauben, dass Gott am Ende gewinnen werde und Kultur, Fortschritt, Humanität und Zivilisation in der gesamten Menschheit aufgegangen sein würden. Den Juden obliege es als Träger der kulturellen Werte, den Fortschritt der Menschheit zu fördern.

---

125 Emil L. Fackenheim, God's Presence in History. Jewish Affirmations and Philosophical Reflections, New York 1970, 92.

126 Fackenheim, Presence (s. Anm. 125), 88. Vgl. Emil Fackenheim, Jewish Return into History, New York 1978, 23.

127 Friedrich Lotter, Rabbiner Ignatz Maybaum. Leben und Lehre, Die Grundlagen jüdischer Diasporaexistenz, Berlin 2010, 137.

128 Ebd., 143.

Die Gründung des Staates Israel 1948 hatte weit mehr als nur symbolischen Charakter, dennoch führte sie lediglich zu einer pragmatischen Politik des Erhalts und der Konsolidierung,[129] konnte aber keinen erkennbaren Schritt in Richtung eines messianischen Zeitalters für sich und die Menschheit behaupten. Die bewaffneten Auseinandersetzungen mit den arabischen Nachbarstaaten führten jedoch zu einer ideologischen Radikalisierung der politischen Eliten sowie der religiösen Blöcke Israels und der Diaspora.[130] Dabei formierte sich zunächst die Ultraorthodoxie neu, die den Staat Israel als »religiös neutrales Phänomen«[131] erklärte, der keine Bedeutung für die Juden in ihrer Beziehung zu Gott und Tora habe.[132]

Der Begründer des Rekonstruktionismus, Mordecai M. Kaplan (1881–1983), maß dem Staat Israel jedoch hohe religiöse Bedeutung für die Existenz des Volkes Israel bei. Für Kaplan war der Messianismus in der Geschichte ein wichtiges Moment für den Erhalt des Judentums, da ihn die Gewissheit einer privilegierten Position aus dem Bund mit Gott heraus vor Zweifeln schützte. In der Moderne aber werde dieser obsolet: »Diese Vorstellungen sind für ihn fast unverständlich geworden.« Die Welt unterliege einer Kraft, gleich einem Magneten, der alles in Richtung Perfektion anziehe: »Diese Kraft selbst

129 Eliezer Schweid, Jewish Messianism. Metamorphoses of an Idea, in: Essential Papers on Messianic Movements and Personalities in Jewish History, hg. v. Marc Saperstein, New York 1992, 54.

130 Ebd., 55.

131 Eliezer Ravitzky, Forcing the End. Zionism and the State of Israel as Antimessianic Undertakings, in: Jonathan Frankel (ed.), Jews and Messianism in the Modern Era, New York, Oxford 1991, 44; auch wenn es sich hier um eine eher geringe Zahl von Anhängern handelt, ist ihr Einfluss vor allem in Kreisen der Ultraorthodoxie nicht zu unterschätzen.

132 Zu den einzelnen Richtungen des modernen Judentums vgl.: Walter Homolka, Das Judentum hat viele Gesichter. Die Strömungen im modernen Judentum, Bergisch Gladbach 2006, passim.

ist Gott.«[133] Gott selbst ist der Erlöser, der das Volk Israel in seinem Bund mit ihm einem Endzeitideal entgegenführt, das alle Züge des messianischen Zeitalters in sich trägt.

Der Rekonstruktionismus hat das Anliegen, die »traditionellen Strömungen« des Judentums zu überwinden und eine Zukunft jenseits von Orthodoxie und Liberalismus zu zeigen. Ein anderer Vertreter dieses Bemühens war der aus München stammende israelische Religionswissenschaftler Schalom Ben-Chorin. Seiner Ansicht nach spannt sich die jüdische Geschichte zwischen den Polen Offenbarung und Erlösung. In beiden Begriffen entdeckte Ben-Chorin die gesamte Daseinshülle. Die Nähe zu Gott sei gleichbleibend, denn in dem Maße, in dem sich die Menschheit von der Offenbarung entfernt, nähere sie sich gleichzeitig der Erlösung an.[134] Im Gegensatz zum Christentum denke das Judentum eine kollektivistische Erlösung, nicht die individuelle. Die messianische Idee gewinne ihre Bedeutung wesentlich aus ihrer psychologischen Kraft, der Aufforderung an den Einzelnen zum Handeln.[135]

Der ungetrübte positive Fortschrittsgedanke wurde einer Revision unterzogen, restaurative Elemente gewannen wieder an Bedeutung. In konservativen Kreisen war die Gründung des Staates Israel nicht nur eine politische Notwendigkeit, sondern die Erfüllung einer religiösen Hoffnung.

So hob der konservative Rabbiner Arthur Hertzberg (1921–2006) hervor, dass der Zionismus keineswegs ein Nationalismus wie jeder andere, sondern sich der Erwähltheit und

133 »These conceptions have become almost unintelligible to him« und »This power itself is God«, Mordecai Kaplan, Judaism as a Civilization. Towards a Reconstruction of American-Jewish Life, New York 1957, 511.

134 Schalom Ben-Chorin, Jenseits von Orthodoxie und Liberalismus. Versuch über die jüdische Glaubenslage der Gegenwart, Tübingen 1991, 49.

135 Ben-Chorin, Jüdischer Glaube, 297.

Heiligkeit des Volkes bewusst sei. Die Frage nach dem Messianischen ergebe sich aus der Auserwählung, dennoch sei sie stärker als nur eine Hoffnung auf eine kommende Welt.

Darüber hinaus gab es nach wie vor Stimmen, die das Konzept eines personalen Messias für weiterhin tragfähig hielten – wenn auch in symbolischer Form.[136] Der Rabbiner und Religionsphilosoph Steven S. Schwarzschild (1924–1989) übte grundlegende Kritik am Prozess der Universalisierung und Entpersonalisierung der messianischen Idee:

> *Aus dem religiösen wie aus dem nichtreligiösen Existentialismus haben wir gelernt, dass die gesamte moralische Realität, im Unterschied zur Natur oder zur Mathematik, die Realität der Person ist. Der Mensch, die Person, ist der Locus der Ethik, nicht Zeitalter, Ideen oder Kräfte. Das messianische Zeitalter ist eine Utopie; der Messias ist eine konkrete, wenn auch zukünftige Realität.*[137]

Schwarzschild sieht im jüdischen Messianismus eine ethische Bewegung, die an Kraft verlöre, löste man sie von der Gestalt des Messias. Nur ein personaler Messias unterstreiche die Bedeutung des Individuums. Seine Kritik gilt der Universalisierung des utopischen Messianismus ebenso wie dem Zionis-

136 Steven S. Schwarzschild, The Personal Messiah-Toward the Restoration of a Discarded Doctrine, in: Faith and Reason. Essays in Judaism, hg. v. Robert Gordis and Ruth B. Waxman, New York 1973, 229–241.

137 »We have learned from religious as well as non-religious existentialism, that all moral reality, as distinguished from nature or mathematics, is the reality of person. Man, the person, is the locus of ethics, not ages, ideas, or forces. The messianic age is a utopia; the Messiah is a concrete, though future, reality.« Ebd., 239.

mus, der als national-messianische Bewegung gleichfalls die Wichtigkeit des Einzelnen schwäche: Denn die Betonung der Bedeutung des Landes lasse das ethische Handeln des Einzelnen in den Hintergrund treten. Die höchst symbolische Funktion eines personalen Messias sei, den Menschen vor Augen zu führen, dass das Streben irdischen Lebens der Perfektion dienen solle.

Auch für den jüdischen Religionssoziologen Will Herberg (1901–1977) ist der Messianismus integraler Bestandteil der jüdischen Tradition. Da die Idee aber überaus abstrakt sei, bedürfe es einer symbolischen Persönlichkeit – des Messias. Durch ihn erhalte das Leben auf Erden ein Narrativ mit sinnstiftender Funktion.[138] Bedeutung allerdings bekommt die Erzählung erst mit dem Bund zwischen Gott und den Juden, der der eigentliche Katalysator des Erlösungsprozesses sei. Der Prozess der Erlösung werde erst dann abgeschlossen sein, wenn er sich auf die gesamte Menschheit erstrecke, und erst mit seiner Beendigung werde er den Menschen auch erkennbar.

> *Aber dass sie da sind und wirken, das wissen wir, denn durch sie werden wir erhalten, die Zeit wird erlöst, und die Welt wird dem großen Tag entgegengeführt, an dem der »Friede Gottes« hier unten wie im Himmel herrschen wird.*[139]

---

138 Will Herberg, Judaism and Modern Man. An Interpretation of Jewish Religion, New York 1951, 281 f.

139 Ebd., 281: »But that they are there and at work, this we do know, for it is by them that we are sustained, the time is redeemed, and the world driven forward to that great day when the ›peace of God‹ will reign here below as it does in heaven.«

Neil Gillman (1933–2017), konservativer Rabbiner, sieht im Judentum eine Konzentration auf das Hier und Jetzt, die stärker sei als der Blick in eine eschatologische Zukunft. Er führt dies auf die Funktion der Halacha zurück, die die Struktur für das Alltagsleben vorgebe: »Ich habe den Eindruck, dass das Judentum diese Eschatologie im Hier und Jetzt verwirklicht hat.«[140] Diese solle als Alltagserfahrung verstanden werden.

> *Die jüdische Eschatologie ist »wahr«, weil sie mich lehrt, dass mein individuelles Leben in der Geschichte und in der Gesellschaft unendlich wertvoll ist, dass mein Körper integraler Bestandteil meines Selbstverständnisses ist, dass ich dafür verantwortlich bin, wer ich bin und was ich tue, dass meine eigene Erfüllung ohne die gleichzeitige Erfüllung meines Volkes und der gesamten Menschheit nicht denkbar ist.*[141]

Der menschliche Faktor sei die Essenz der jüdischen Vision. Es sei der mythische Aspekt, der die Wissenschaft und Religion in der Gegenwart einander näherbringe, indem beide versuchen, die sichtbare Welt mit der unsichtbaren zu erklären. Der Mythos stimuliere die Hoffnung, die das Leben bestimme. Denn ihre Wahrheit liege in der Fähigkeit, die verborgene Dimension der Bedeutung des Lebens zu offenbaren, sich mit seinen

---

140 Neil Gillman, How Will it All End? Eschatology in Science and Religion, in: Cross Currents 1 (2007), 47: »My sense is that Judaism has this realized eschatology in the here and now.«

141 Neil Gillman, Sacred Fragments. Recovering Theology for the Modern Jew, Philadelphia 1990, 271 f.: »Jewish eschatology is ›true‹ because it teaches me that my individual life in history and society is infinitely valuable, that my body is integral to my sense of self; that I am accountable for who I am and what I do; that my own fulfillment is inconceivable without the simultaneous fulfillment of my people and of all humanity.«

Emotionen auseinanderzusetzen, »uns zu inspirieren, auf bestimmte Weise zu handeln und bestimmte Ziele anzustreben«.[142]

Eugene B. Borowitz (1924–2016) geht auf die chassidische Geschichte zurück, wenn er seine Erwartung an die messianische Zeit beschreibt: «Sollte Ihnen jemand sagen, dass der Messias erschienen ist, möchte ich Sie bitten, nicht gleich die entsprechenden Bibeltexte zu studieren, so wertvoll das auch sein mag, sondern zum Fenster zu gehen und zu sehen, was in der Welt vor sich geht.«[143] Die Diskussion über den jüdischen Messianismus werde seiner Ansicht nach laut überdeckt von christlicher Rhetorik und von den christlichen Auffassungen zu Seelenheil (*salvation*; hebr. *jeschu'a*) und Erlösung (*redemption*; hebr. *ge'ula*). Mit der Rückübersetzung in die jüdische Tradition dringe damit etwas nicht Authentisches in die jüdische Theologie. Die messianische Hoffnung sei allerdings durchaus ein entscheidender Aspekt jüdischen Glaubens, der einerseits der Belebung jüdischer Frömmigkeit diene, andererseits das Überleben durch die Jahrhunderte gesichert habe, nicht zuletzt in Zeiten existenzieller Katastrophen wie des Holocaust.[144] Vor allem in der rabbinischen Literatur zeige sich der Umfang messianischer Ideen – von extremen sozialen Umbrüchen über Naturkatastrophen bis hin zu Herstellung einer universalen, idealen sozialen Ordnung (→ Kap. II). Kritisch merkt Borowitz an, dass die apokalyptischen Elemente mit der Ausgestaltung der messianischen Idee ihren Weg in die rabbinischen Schriften fanden, wobei sie bewusst vage gehalten

---

142 Ebd., 271.

143 Eugene B. Borowitz, Reform Judaism Today, New York 1977, 78: »Should someone tell you that the Messiah has appeared, may I urge you not to start studying the relevant biblical texts, as valuable as that might be; instead go to the window and see what is going on in the world.«

144 Ebd., 68.

wurden, um Spekulationen über das Erscheinen des Messias zu verhindern: »Ich behaupte, dass rabbinische Literatur das Gesetz und nicht die apokalyptische Vision in den Mittelpunkt stellt, weil der jüdische Glaube von der Tora beherrscht wird, die Gott gegeben hat, und nicht von dem Messias, den Gott noch bringen wird.«[145] Die Juden werden wissen, wer der Messias ist, sobald sie ihn sehen: »Solange die Sündhaftigkeit nicht aufhört und das Wohlbefinden nicht überwiegt, wissen die Juden, dass der Messias nicht gekommen ist«.[146] Borowitz ist skeptisch, was das Vermögen der Menschen betrifft, die Menschheit ganz ohne Hilfe zu perfektionieren. »Ich betone die Menschlichkeit des Messias.«[147] Die Neubelebung des Messias schaffe Raum für die Anerkennung der Rolle Gottes in der Geschichte. Es sei die Einsicht des modernen Menschen, dass er der Unterstützung Gottes bedürfe. »Gott als wahren Partner anzunehmen, bedeutet nicht, dass wir das Gefühl der gesunden Selbstständigkeit aufgeben müssen, das wir mit persönlicher Reife verbinden.«[148] Hier spiegelt sich Borowitz' Anliegen, den Bund mit Gott wieder in das Bewusstsein der Gläubigen zu rufen. Das Bekenntnis des Juden zu Gott, der Tora und Israel müsse gegenüber der in den Anfängen des Reformjudentums gestärkten individuellen Autonomie in den Mittelpunkt rücken.

145 Ebd., 76. »I am suggesting that rabbinic literature makes law, not apocalyptic vision, central because Jewish faith is dominated by the Torah God has given, not the Messiah God will yet bring.« Vgl. auch: »We have learned that the survival of the Jewish people is of highest priority and that in carrying out our Jewish responsibilities we help move humanity toward its messianic fulfillment.«

146 Ebd., 81: »Until sinfulness ceases and well-being prevails, Jews know the Messiah had not come.«

147 Ebd., 85: »I emphasize the Messiah's humanity.«

148 Ebd., 86: »Accepting God as true partner does not require us to surrender the sense of healthy self-reliance we identify with personal maturity.«

Der Bund mit Gott als Motiv für die Idee des Messias hat in den letzten Jahrzehnten somit wieder an Bedeutung gewonnen, zum Beispiel auch bei David Hartman (1931–2013). Der israelisch-amerikanische Religionsphilosoph und orthodoxe Rabbiner betonte die Diesseitigkeit, die den jüdischen Messianimus charakterisiere. »Jüdischer Messianismus ist keine jenseitige Kategorie, kein Heilsangebot für den Einzelnen, sondern eine historische Hoffnung auf eine erneuerte Gemeinschaft.«[149] Den Bund Gottes mit dem Volk Israel am Sinai sah er als Übertragung der Verantwortung auf die Menschen, eine Pflicht in der Geschichte zu erfüllen. »Juden haben sich schon immer fragen müssen, welche Erwartungen erfüllt oder enttäuscht werden«,[150] denn der Bund Gottes sei untrennbar mit den Mizwot und dem göttlichen Versprechen verbunden. Das Scheitern der messianischen Bewegungen in der Geschichte sei der Beweis dafür, dass Gott nicht wundertätig interveniert und das Handeln der Menschen gelingen lasse. Gott habe den Menschen mit der Tora ein Werkzeug gegeben, durch das er das menschliche Handeln kontinuierlich beeinflussen konnte. »Schöpfung und Offenbarung führen notwendigerweise zur Erlösung.«[151] Zentral ist für Hartman, dass der Bund die Idee des Messias und der messianischen Zeit überflüssig werden lasse: »Ich behaupte lediglich, dass diese eschatologischen Überzeugungen nicht konstitutiv für den Sinai-Bund sind [...]. Der Bund kann seine Lebendigkeit auch dann bewahren, wenn

149 David Hartman, A Living Covenant. The Innovative Spirit of Traditional Judaism. New York/London 1985, 206: »Jewish messianism is not an otherworldly category, not an offer of salvation to the individual, but a historical hope for a renewed community.«

150 Ebd., 204: »Jews have always had to ask themselves what expectations are fulfilled or disappointed.«

151 Ebd., 256: »Creation and revelation necessarily lead on to redemption.«

diese Überzeugungen nicht zu seiner Unterstützung angeführt werden oder wenn sie eine entmythologisierende Neuinterpretation erfahren.«[152]

Doch die Erosion einer personalen Messiasvorstellung ist seit der Emanzipation unübersehbar. Für die Wende vom 20. ins 21. Jahrhundert gilt das in besonderer Weise. So setzt sich Robert N. Levine in seinem Buch *There Is No Messiah and You're It* (2003) mit verschiedenen historischen Spielarten des Messiasbildes und der messianischen Idee im Rahmen der jüdischen Spiritualität auseinander. Auch in unserer Zeit habe die messianische Idee weiter Bestand, aber weder der Staat Israel noch die USA als heutiges Zentrum der jüdischen Diaspora seien die Erfüllung des messianischen Ideals in dieser Welt. *There's No Messiah – and You're It* (»Es gibt keinen Messias – und du bist es«) ist ein Plädoyer dafür, dass alle Juden durch ihr Handeln die messianische Zeit herbeiführen können. Dabei unterscheide die Tora nicht zwischen rituellem und ethischem Handeln: »Es ist alles messianische Aktivität.«[153]

8. Die Messiasvorstellung heute

Wir haben gesehen: auch in der Moderne behielt also die messianische Idee, sogar die Vorstellung eines personalen Messias, einiges von ihrer früheren Faszinationskraft. Die jüdischen Messiaskonzeptionen der Neuzeit, nicht nur in der

152 Ebd., 257: »I am merely claiming that those eschatological beliefs are not constitutive of the Sinai covenant [...]. The covenant can retain its vitality even when those beliefs are not adduced in its support or when they are given a demythologizing reinterpretation.«

153 Levine, Transformation, 168: »It's all messianic activity.«

Theologie, sondern auch in der Kunst und Literatur, enthalten nationale und universalistische, rationale und apokalyptische, gesetzliche und antinomische, politische, metahistorische und metapolitische Elemente,[154] die sich alle auf die Tradition des jüdischen Volkes und ihre Exegese berufen. Für die jüdische Messiashoffnung unserer Zeit ist eine personale Messiashoffnung jedoch nicht mehr allgemein vorauszusetzen. Im Zentrum steht die Erwartung einer messianischen Zeit.

> *Konstitutiv für alle Gestalten der jüdischen messianischen Erwartung ist in jedem Fall, daß es um eine innerweltliche Verwirklichung des Heils geht. [...] Solange es Ungerechtigkeit, Begierde, Verfolgung und Leid auf Erden gibt, können die messianischen Verheißungen nicht in Erfüllung gegangen sein.*[155]

Umgekehrt gilt: Überall da, wo Hoffnungslosigkeit und ungerechte Behandlung die Menschen dazu veranlasst hatte, sich nach Hilfe und Gottes Eingreifen zu sehnen, war die Vorstellung von einem »Erlöser« nicht weit. Und die Geschichte Europas bot für die jüdischen Gemeinden genügend Krisen, auf einen Messias zu hoffen. Diese Hoffnung wurde jedoch stets enttäuscht. Auf Euphorie folgte Ernüchterung und Verzweiflung. So kommt Zwi Werblowsky zu dem Schluss: »Messianische Bewegungen sind in der historischen Sphäre per definitionem zum Scheitern verurteilt.«[156]

Demgemäß schlägt dem Konzept auch gehöriges Misstrauen entgegen: Wer die Erfahrung gemacht hat, dass Hilfe

154 Dubbels, Figuren, 10.
155 Hahn, Messias-Erwartung, 142.
156 Werblowsky, Messianism, 45.

von außen nicht zu erwarten ist, setzt eher auf das eigene Vermögen.

Eli Lederhendler stellt daher sogar fest, dass die Messiasidee geradezu ihre eigene Verneinung beinhalte.[157]

Leo Baeck beschreibt in seiner Schrift vom *Wesen des Judentums* zwei sich polar gegenüberstehende Religionstypen. Es gebe einen Gegensatz von »klassischer« und »romantischer« Religion, der seine Entsprechung im Spannungsverhältnis von »Geheimnis« und »Gebot« finde. Wo lässt sich nun die Idee des jüdischen Messianismus einordnen? Die Antwort ist für die Gegenwart ebenso eindeutig, wie sie Baeck zu Beginn des 20. Jahrhunderts gab: beim Geheimnis, bei der Euphorie und Ekstase. Nach Baeck trägt im Judentum der von Gott durch das Gesetz berufene Mensch die wesentliche Verantwortung für das Gelingen der Schöpfung. Diese Vorstellung konnte sich mit der Emanzipation des Judentums im 19. Jahrhundert entfalten und verband sich mit dem Rationalismus im Denken Kants und Hegels. Es wurde somit im modernen Judentum möglich, die nationalen Untertöne der Messiasidee als Ziel der Wiedergewinnung von Eigenstaatlichkeit zu entschärfen und die Vorstellung der Vollendung von Gottes Schöpfung durch das Wirken des Messias auf das ganze Volk Israel zu übertragen. Dazu kann schon auf talmudisches Material zurückgegriffen werden, wenn in bSanhedrin 98a die Rede davon ist, dass allgemeine Gesetzeskonformität die Ankunft des Messias geradezu herbeizwingen werde (→ Kap.II.2.3). In der Neuzeit steht somit die Hoffnung auf eine »messianische

157 Eli Lederhendler, Interpreting Messianic Rethoric in the Russian Haskalah and Early Zionism, in: Jews and Messianism in the Modern Era. Metaphor and Meaning, hg. v. Jonathan Frankel, Oxford, New York 1991, 14.

Zeit allgemeiner Gotteserkenntnis und Menschenliebe«[158] im Vordergrund. Die eigene Verantwortung des Menschen, die Notwendigkeit für ethisches Handeln, ersetzt die Hoffnung auf wundertätige Erlösung in der Moderne, ohne das Ziel einer gerechteren Welt in Frieden aus den Augen zu verlieren. Rabbiner Max Dienemann (1875–1939) macht dies geradezu zum Kriterium für das Judentum:

> *Fromm sein heißt im Christentum, die Erlösungsbedürftigkeit spüren und nach der Erlösung sich sehnen. Alle Frömmigkeit beginnt für den Juden damit, dass er sich in dem Gefühl festigt, mit der Kraft zum sittlichen Tun begabt zu sein und dieser Kraft entsprechend leben zu müssen.*[159]

Rabbiner Josef Eschelbacher (1848–1916) hat über dieses messianische Zeitalter in Abgrenzung zum Christentum seiner Zeit formuliert: »Dieses [messianische] Reich, das Wellhausen als ›die Gemeinschaft der nach der Gerechtigkeit Gottes trachtenden Seelen‹ interpretiert, ist mit Jesus ebenso wenig gekommen, wie dasjenige, auf das die Juden hoffen.«[160]

So zentral im Judentum heute die Vorstellung von der Berufung des einzelnen Menschen zur sittlichen Eigenverantwortlichkeit ist, so auffällig ist auch, dass dafür in der aktuellen jüdischen Theologie immer weniger die Zielformulierung verwendet wird, »das messianische Zeitalter herbeizuführen«.

158 Kaufmann Kohler, Grundriss einer systematischen Theologie des Judentums auf geschichtlicher Grundlage, Leipzig 1910, 291.

159 Max Dienemann, Frömmigkeit in Judentum und Christentum, in: Der Jude, Sonderheft, Berlin/Wien 1925–27, 34.

160 Joseph Eschelbacher, Das Judentum im Urteile der modernen protestantischen Theologie, Leipzig 1907, 51.

Vielmehr spricht man seit der amerikanischen Bürgerrechtsbewegung der Fünfziger- und Sechzigerjahre des 20. Jahrhunderts davon, an der »Heilung der Welt« (*tikkun olam*) mitzuwirken.

Dieser Begriff kommt bereits seit der Mischna vor, bei Maimonides im 12. Jahrhundert und ist seit dem 14. Jahrhundert Teil des *Alenu*-Gebets am Ende eines jüdischen Gottesdienstes. Auch in der lurianischen Kabbala sind wir ihm bereits begegnet, und der Prager Rabbiner Judah Löw (1520–1609) verwendet ihn. Dabei durchläuft *tikkun olam* aber auch immer wieder einen Bedeutungswandel. Das Konzept des *tikkun olam* basiert auf den drei zentralen biblischen Säulen sozialen Lebens – der *zedaka* im Sinne von Gerechtigkeit, dem *mischpat* im Sinne einer sozialen Rechtsprechung und der *chesed*, der Güte. Die Einhaltung und Durchsetzung dieser ethischen Grundlagen des Zusammenlebens dient der Verbesserung der Welt auf dem Weg zu einer idealen (jüdischen) Gesellschaft. Mittlerweile hat sich der *Tikkun olam*-Begriff so durchgesetzt, dass sich damit jegliches zivilgesellschaftliches und soziales Engagement jüdischer Gemeinden und Einzelpersonen beschreiben und theologisch einordnen lässt.[161] Damit ist die utopische Messiasvorstellung in der jüdischen Theologie der Moderne nach ihrer letzten Hochphase während des deutschen Rationalismus mittlerweile als Deutungsmuster sehr an die Peripherie gerückt. Kaum jemand verwendet die Vorstellung vom messianischen Zeitalter, wenn er über die Notwendigkeit spricht, an der Vervollkommnung von Gottes Schöpfung mitzuarbeiten. Besitzt die messianische Utopie einen universalen

161 Zum Konzept des *tikkun olam* in der jüdischen Theologie vgl.: Elliot N. Dorff, The Way Into Tikkun Olam, Woodstock 2005, 7–20; ders., The Jewish Approach to Repairing the World (Tikkun Olam). A Brief Introduction for Christians, Woodstock 2008.

Unterton, so unterstreicht der *Tikkun olam*-Begriff die partikularistische Ausrichtung des heutigen Judentums.

Wo sich die Vorstellung eines personalen Messias und gar eine Naherwartung seines Kommens gehalten hat (z. B. in Teilen von Chabad Lubawitsch), führt sie geradezu aus dem Judentum heraus. »Da der Akzent vom Ursprung her auf dem Reich Gottes, nicht auf dem Messias lag, konnte eine neuere Entwicklung im Judentum auf den personhaften Messias verzichten.«[162] Der Zionismus ist wiederum die säkulare Antwort auf die Hoffnung nach der Sammlung aller Juden in einem eigenen Land und hat damit den restaurativen Messianismus vollkommen überlagert.

Die Hoffnung auf eine einzelne Erlösergestalt verträgt sich für viele Juden heute als mystische Vorstellung nicht (mehr) mit dem Anspruch des Judentums, zwischen Gott und den Menschen keinen Mittler oder Vertreter treten zu lassen. Auf dem Weltkongress für freies Christentum und religiösen Fortschritt sprach Hermann Cohen 1910 unter dem Titel »Die Bedeutung des Judentums für den religiösen Fortschritt« und sagte:

> *[...] alle Anknüpfung der Religion aber an eine Person setzt sie der Gefahr des Mythos aus. Denn der Grundsinn des Mythos ist die Personifikation alles Unpersönlichen. Darin bewährt sich die Unterscheidung, welche das Judentum überall vom Mythos an sich durchzuführen sucht, dass sie die höchste Tat, die sie von Gott erwarten kann, die Vereinigung seiner Kinder in Eintracht und Treue, durchaus nicht von einer Person erwartet.*[163]

162 Ben-Chorin, Jüdischer Glaube, 288.
163 Hermann Cohen, Jüdische Schriften (hg. von Bruno Strauss). Bd. 1, Berlin 1924, 18–35.

So bleibt die jüdische Aussage zum Messiaskonzept heute vage. Rabbiner Louis Jacobs betont, dass der Mensch nur wenig von der kommenden Welt und ihrer Entstehung weiß, was ihn zu dem Schluss kommen lässt:

> *[...] Wir bekräftigen unseren Glauben, dass Gott eines Tages eingreifen wird, dass keine gute Tat umsonst ist, dass das menschliche Drama hier auf der Erde irgendwie seine Erfüllung finden wird, dass es richtig ist, dass wir uns nach Gottes direktem Eingreifen sehnen und dafür beten. Mehr als das können wir nicht sagen. Wir müssen es Gott überlassen, der allein alle Geheimnisse kennt.*[164]

---

164 Louis Jacobs, A Jewish Theology, New York 1974, 300: »[...] we affirm our belief that God will one day intervene, that no good deed goes to waste, that the human drama will somehow find its fulfillment here on earth, that we do right to long and pray for God's direct intervention. More than this we cannot say. We must leave it in God who alone knows all secrets.«
Eine Vorform dieses Textes ist erschienen in der BThZ 31.1 (2014).

Nachwort: Am Messias scheiden sich die Geister – christliche Reflexionen

Christlicher und jüdischer Messianismus schöpfen bis heute aus denselben Quellen. Die Idee des Messianischen ist alt, tief eingewoben in die Geschichte des Judentums. Und ganz ohne Zweifel bildete die Vorstellung eines kommenden Messias ja auch nach dem Tod Jesu, als die sich bildenden Gemeinden versuchten, die Bedeutung der Person Jesu zu erschließen, eine bevorzugte Kategorie. So wurde das Konzept des Messias – erlaubte es doch, Inkarnations- und Erlösungsvorstellungen zu verknüpfen – grundlegend für die allmähliche Entstehung des allerdings auch von Anfang an nur im Plural existierenden Christentums. Im jüdischen Religionskontext hingegen blieb eine deutlich höhere Flexibilität, mit der Idee des Messianismus umzugehen. Was aber bedeutet es für das jüdisch-christliche Gespräch, wenn sich das Christentum in der Entfaltung seiner soteriologischen Glaubensüberzeugungen auf die Person Jesu konzentriert, die mit dem aus dem Geschlecht Davids erwarteten Messias identifiziert wird, und sich im Judentum die Idee des Messianischen dahingehend wandelt, dass das Reich Gottes in dieser Welt durch eine gemeinsam praktizierte Ethik entsteht und so Diesseits und Jenseits verschmelzen? Das von Juni Hoppe, Daniel Krochmalnik und Walter Homolka vorgelegte Buch *Der Messias kommt nicht* zeigt jedenfalls, dass in der aktuellen Ausprägung die jüdischen und christlichen Vorstellungen bezogen auf das Messianische nicht viel miteinander zu tun haben. Dies gilt jedenfalls für die Ausprägungen des Jüdischen, auf das die drei Autoren ihre historische Rekonstruktion zulaufen lassen. Deshalb könne ein für den Dialog zentrales systematisches Argument, die Vorstellung eines Messias, auch keine Brücke zwischen Judentum und Christentum darstellen. Was dies für den Dialog zwischen Judentum und Christentum, auch wenn diese natürlich keine einheitlichen Größen sind, bedeutet, muss neu bedacht werden. Denn es steht die Frage an, ob in der Perspektive einer christlichen Theologie, die seit den ersten Jahrhunderten um die Frage *Wer war dieser Jesus aus Nazareth?* ringt und deshalb eine Christologie entwickelt hat, die Vorstellung eines Messias, der gekommen ist, gänzlich aufgegeben werden kann. Die Differenz wird deshalb bleiben, wie die nachfolgenden Überlegungen zeigen. Gleichzeitig sind aber aus dieser Problemkonstellation auch für die Zukunft des Christentums theologische Einsichten zu gewinnen, die ohnehin dringend anstehende Korrekturen an dessen dogmatischer Ausgestaltung nochmals anmahnen.

Wiederentdeckung des Judeseins Jesu

Anzumerken ist freilich zunächst einmal, dass das Festhalten an einer bleibenden Differenz nicht die Gemeinsamkeiten infrage stellen soll, die mühsam genug in den letzten Jahrhunderten gewonnen wurden. Dabei sollte auch nicht vergessen werden, dass der Impuls, das Judesein Jesu strikt zu betonen, von jüdischen Religionsintellektuellen gesetzt wurde. Es ist ein berührendes und theologisch aufrüttelndes Gedächtnis, das der 2018 verstorbene israelische Schriftsteller Amos Oz in *Jesus und Judas. Ein Zwischenruf* seinem Großonkel Joseph Klausner gestiftet hat. Oz erinnert daran, dass er als Schüler einer traditionellen orthodoxen Schule in Jerusalem zusammen mit den anderen dazu angehalten worden sei, »jedes Mal«, wenn sie »an einer Kirche oder einem Kreuz vorübergingen, die Augen abzuwenden und in die entgegengesetzte Richtung zu schauen«. Schließlich hätten die Juden »seit Jahrhunderten, ja seit Jahrtausenden wegen dieses Menschen gelitten«. Sein gelehrter Großonkel hingegen, der zwei Bücher zum historischen Jesus verfasst hatte und deshalb sowohl von Juden als auch von Christen scharf kritisiert wurde, habe ihn ermahnt: »Wann immer«, so erinnert sich Oz an die Worte seines Großonkels, »du eine Kirche oder ein Kreuz siehst, sieh ganz genau hin, denn Jesus war einer von uns, einer unserer großen Lehrer, einer unserer bedeutendsten Moralisten, einer unserer größten Visionäre.« Oz sei, so seine Erinnerung, »geschockt« gewesen, als er dies gehört habe.[1]

Inzwischen hat die historische Forschung auf breiter Basis klargestellt, dass das Selbstverständnis Jesu ein durch und durch jüdisches gewesen ist und er sehr entschieden ein bestimmtes, in der Geschichte Israels gewachsenes Gottesverständnis vertreten und sich deshalb scharf in die Debatten

1 Amos Oz, Jesus und Judas. Ein Zwischenruf. Ins Deutsche übersetzt von Susanne Naumann. Mit einem Nachwort von Rabbiner Homolka, Ostfildern 2018. Dieses Nachwort bildet die Fortsetzung eines Gesprächs, das in dem gemeinsam mit Walter Homolka verfassten Buch: Christologie auf dem Prüfstand. Jesus der Jude – Christus der Erlöser, Freiburg 2019, zum ersten Mal in die Öffentlichkeit getragen wurde.

seiner Zeit um den Gott Israels eingemischt hat. Und niemand, der oder die auch nur einigermaßen in der religionshistorisch gebildeten *scientific community* ernst genommen wird, bestreitet heute noch, dass das Selbstverständnis Jesu ein durch und durch jüdisches gewesen ist und dass es diesem Jesus aus Nazareth um eine nochmalige Korrektur dessen ging, worin der wahre Gottesdienst besteht. Weil, um es im biblischen Mythos zu sagen, mit dem Auszug aus dem Paradies das Erkennen anhob und der Mensch sich nicht mehr selbstverständlich war, gab es auch Streit um den wahren Gott. Gott ist immer auch ein Kulturwort. Wer über Gott spricht, will die sozialen Gegebenheiten und die Kulturwelt seiner Zeit gestalten. Auch der Jude Jesus wollte dies. Er stritt darum, was dem wahren Gott entspricht. Wenn es Jesus angemessene sakrale Räume gibt, und die gibt es ungezählt, dann existieren diese als erniedrigte, gedemütigte und unter repressiver Gewalt leidende Menschen. Eine dem Juden Jesus entsprechende Praxis, eine Praxis der Option für die Ausgebeuteten und in ihrer Lebenssehnsucht aufs Abstellgleis Gedrückten, ist deshalb der erste Gottesdienst, weil der geglaubte Gott keine Versklavung von Menschen durch andere Menschen und repressive politische Regimes erlaubt, sondern Freiheit, möglichst große Gerechtigkeit in den sozialen Verhältnissen und ein möglichst erfülltes Leben will. Und dieser Gott will auch, dass zumal denen mit Barmherzigkeit und Fürsorge begegnet wird, die selbst keine Kraft mehr haben, ihr Leben zu gestalten. Die Gottesbotschaft Jesu und seine mit dieser einhergehende Praxis wollen die Menschen unter dem Segen Gottes sammeln; dieser Segen darf jedoch nicht in einer privatisierenden, individualistisch-frömmelnden Weise missverstanden werden. Selbstverständlich dürfen auch eigene Bedürfnisse sein; und selbstverständlich darf auch der eigene Tod als Skandal erlebt werden. Aber eben nur so lange, wie die Geschundenen der Geschichte nicht vergessen werden. Spätestens mit dem 2. Jahrhundert vor unserer Zeitrechnung kennt Israels Glaube, aus dem heraus Jesus lebte, die Vorstellung einer »rettenden Gerechtigkeit« (Jürgen Habermas), die um die Geschlagenen der Geschichte besorgt ist und für die deshalb der Name Gott steht, da Menschen aufgrund ihres nun begrenzten Handlungsvermögens immer nur partielle Gerechtigkeit schaffen und nicht über die Todesgrenze hinaus handeln können. Menschen können eine Freiheitssehnsucht leben, sich und allen anderen Menschen diese Sehnsucht als normativ gerechtfertigt zugestehen. Aber sie sind immer bereits vergesellschaftet und damit eingebunden in Verhältnisse, die vermachtet sind. Als Mensch zu handeln, bedeutet auch, eigene Grenzen wahrzunehmen und anzuerkennen. Auch Jesus konnte nur als Mensch handeln. Dabei versteht er sich nach allem, was historisch über ihn erreichbar ist, zugleich als der, der die immer bereits wirksame Initiative Gottes, wie sie schon lange vor ihm bezeugt wurde, konkret erfahrbar – ja mehr noch: Wirklichkeit für andere Menschen werden lässt. Wobei dieses Zur-Wirklichkeit-Kommen Gottes in der Welt sich selbstverständlich immer dann ereignet, wenn Menschen sich so einander begegnen, wie es der Gott des Exodus will. Doch auch er konnte dies nur in einer symbolischen, stets endlich bleibenden Weise tun. Der Tod bildete für ihn, wie für jeden anderen Menschen, eine unüberwindbare Grenze. Auch er konnte nur hoffen.

Es sind theologische Debatten um eine dem Gott Israels angemessene Praxis, in die Jesus tätig eingreift. Aber die Debatten seiner Zeit waren nicht neu. Sie wurden schon in den Jahrhunderten vor ihm mit Härte geführt, wie sich dies in den Schriften des von Christen sogenannten Alten Testaments widerspiegelt.

In diesen Debatten werden moralische Impulse freigesetzt; zugleich wird die Idee eines ethischen Universalismus geboren, die historisch betrachtet enorm wirksam geworden ist. Und auch wird die Einsicht gewonnen, unvertretbar ein Individuum sein zu dürfen, sich nun aber selbst auch positionieren zu müssen, wenn Ungerechtigkeit als Ungerechtigkeit identifiziert wird. Sicherlich lassen sich diese aufbrechenden Impulse auch an anderer Stelle beobachten. Aber das Judentum hat hier einen Impuls gesetzt, der in seiner historischen Wirksamkeit überhaupt nicht unterschätzt werden darf. Er ist auch noch in einer pluralen gesellschaftlichen Moderne wirksam, die zwar die Vorstellung einer unbedingten Würde aller Menschen vertritt, in der aber der Gottglaube selbst als motivierende Quelle solidarischen Handelns für viele Menschen versiegt ist. Soweit wir wissen, hat der Jude Jesus ganz aus dem Glauben an diesen Gott gelebt. Dies wird in den Evangelientexten immer wieder herausgestellt. Und er hat dafür einen hohen Preis gezahlt. Weil er entschieden einen Gott lehrte, der an der Seite der Marginalisierten steht, ja nicht nur das: weil er mit seiner gewinnenden, Gottes Güte ausstrahlenden Nähe Menschen konkret aufrichtete, er sich darüber mit dem religiös-politischem Establishment seiner Zeit anlegte und es deswegen zu Unruhen kam, machte die römische Besatzungsmacht kurzen Prozess mit ihm. An inhaltlichen religiösen Auseinandersetzungen waren die Römer nicht interessiert. Es sollte Ruhe herrschen. Ein Messiasanwärter war auch der römischen Besatzungsmacht hoch suspekt. Nicht deshalb, weil sie das Eintreffen eines göttlichen Messias befürchteten. Die Römer praktizierten ihre eigene Götterwelt. Aber realpolitisch orientiert, wie sie waren, nahmen auch sie natürlich wahr, dass es die Hoffnung auf eine politisch-messianische Figur in der von ihnen besetzten Provinz gab. Wer Identifikationsfigur für umstürzlerische Unruhen werden konnte, erregte deshalb Verdacht. Deshalb ließen sie ihn zur Abschreckung den grauenhaften Sklaventod am Kreuz sterben.

Vom Juden Jesus zum Messias und einem bleibenden Zeitindex

Das Gemeinsame zwischen Judentum und Christentum ist entschieden zu betonen. Zugleich ist mit Nachdruck festzuhalten, dass dann, wenn aus christlich-theologischer Perspektive – und ja auch umgekehrt! – eine Differenz markiert wird, dies Gemeinsame deshalb nicht verloren gehen darf, weil der von Jesus verkündigte Gott kein anderer Gott als der Gott Israels war. Jesus war Jude, und das Judesein Jesu darf auch in einer Christologie nicht verloren gehen. Es ist banal zu betonen, dass Jesus sich nicht als Christ verstanden hat, und selbstverständlich haben sich auch die Menschen, die nach seiner Hinrichtung zum Glauben daran fanden, dass Gott den zu Tode Gefolterten zu neuem Leben auferweckt habe, sich zunächst als Juden verstanden. Aber sehr früh hat eben auch ein Nachdenken darüber eingesetzt, ob der Person Jesu eine besondere heilsgeschichtliche Bedeutung zukommt. Die gedanklichen Prozesse sind extrem verwickelt abgelaufen,[2] und bis heute lässt sich ja selbst in innertheologischen Zirkeln beobachten, dass diese keineswegs durch die Lehrentscheidungen in der alten Kirche zur Ruhe gekommen sind. Es wäre vermessen, die-

2 Vgl. Markus Vinzent, Offener Anfang. Die Entstehung des Christentums im 2. Jahrhundert, Freiburg 2019; Kathy Ehrensperger, Die »Paul within Judaism«-Perspektive, in: Evangelische Theologie 80 (2020), 455–464.

se hier rekonstruieren zu wollen. Deshalb erinnere ich nur an das Ergebnis, dass Jesus schließlich über Konzilsentscheidungen als der menschgewordene göttliche, ewige Logos definiert wurde. Die bereits, wie dieses Buch zeigt, vorjesuanischen Umarbeitungen an der Vorstellung eines kommenden Messias zu einem kommenden messianischen Zeitalter, sind hier nicht aufgenommen worden.

Zu sehen ist aber zunächst einmal, dass sich hinter dieser Identifikation eine lange Diskussionsgeschichte und am Ende eine kirchliche Entscheidung verbergen.[3] Und zwar eine, die durchaus auch hätte anders ausfallen können und die in ihrer ganzen Unsicherheit dem Menschen des 21. Jahrhunderts, der um die Kontingenz von historischen Prozessen wissen kann, erst recht klar sein sollte. Denn nicht nur ist ja längst nicht gewiss, ob der freie, geschichtsfähige und allmächtige Gott überhaupt existiert. Die Möglichkeit, dass die Welt auch »aus Versehen« (Hans Blumenberg) existieren könnte, lässt sich seit geraumer Zeit nicht mehr ausschließen. Nur weil der Mensch als (möglicherweise nur zufällig so existierendes?) Vernunftwesen genötigt ist, danach zu fragen, warum die Welt existiert und nicht viel mehr nicht existiert, muss noch kein Gott-Subjekt existieren, das diese Welt aus dem Nichts geschaffen hat und ihr bleibend zugewandt ist. Doch selbst wenn dieser Gott existieren sollte, er zudem tatsächlich so menscheninteressiert ist, wie es die Theologen Israels bereits lange vor unserer Zeitrechnung behauptet hatten, so ist nicht zu beweisen, dass er dem Menschen in menschlicher Gestalt nahekommen wollte, wie es die christliche Theologie behauptet. Eine Christologie,

3 Vgl. Helmut Hoping, Jesus aus Galiläa. Messias und Sohne Gottes, Freiburg 2019, 175 ff.

die voraussetzt, dass Gott in einmaliger Weise Mensch geworden ist, lebt demnach von mehreren Setzungen. Es kann zwar auch nicht ausgeschlossen werden, dass ein sich durch absolute Freiheit auszeichnender Gott existiert, der sich selbst in die Geschichte inkarniert hat, aber eine abschließende Gewissheit ist nicht zu erreichen. Umso wichtiger ist es, sich über die Gründe klar zu werden, die Menschen motiviert haben, nach dem Tod Jesu dieses Bekenntnis zu riskieren und dies bis heute zu tun. Dabei lohnt es sich, eine eigene biografische Prägung durch theologische Konzepte wie Sündenfall und Neuanstoß einer Heilsordnung durch Gott selbst beiseitezuschieben, wie sie bis heute bei den allermeisten christlich sozialisierten Menschen vorherrscht. Manchmal versteht man zu schnell oder auch gar nicht, weil man meint, bereits verstanden zu haben. Weder der historische Jesus noch seine ersten Anhänger, die ihn als Messias bekannten, kannten einen Fall Adams, der durch einen Gottmenschen gesühnt werden musste. Die Wiederentdeckung des Juden Jesus und der Pluralität der jüdischen Messiasvorstellungen des ersten Jahrhunderts unserer Zeitrechnung kann christlich-theologisch heilsam sein.

In jüngster Zeit hat Ansgar Wucherpfennig nicht nur auf die Pluralität eucharistischen Gedenkens Jesu in der frühen ecclesia (was schlicht zunächst einmal Sammlung derer heißt, die sich in einer lebendigen Gemeinschaft mit dem auferstandenen Jesus glauben) hingewiesen,[4] sondern auch nochmals an den Kern dessen erinnert, was hier überhaupt gefeiert wird. Wer glaubt, dass Jesus lebt, kann auch glauben, dass er auch weiterhin in seine Mahlgemeinschaft einlädt und hier präsent ist.

4 Ansgar Wucherpfennig, Wie hat Jesus Eucharistie gewollt? Ein Blick zurück nach vorn, Ostfildern 2021, 109.

So wie er selbst zeit seines Lebens, jüdische Riten des Brotbrechens und Weinsegnens praktizierend, in die Gemeinschaft eingeladen hat. Die nachösterlichen Gemeinden nehmen diese Praktiken auf, und: Sie halten so »ein Mahl der Freiheit ohne einen herrscherlichen Druck wie den, dem die Christen in ihrer Umwelt ausgesetzt waren«.[5] Es ist die versammelte Gemeinde, die Mahl feiert und die *als* diese und Christus in ihrer Mitte wissende Gemeinde sakramentaler Natur ist. Was nichts anderes bedeutet, als dass Gottes Wille bezogen auf das soziale Zusammenleben sich bereits jetzt durchzusetzen beginnt, Menschen ein Leben ihren Bedürfnissen gemäß leben können und darin geachtet sind, und dass alles insofern ein gutes Ende nehmen wird, als Gott selbst schließlich alle Menschen bei sich versammeln wird. Es ist die urjüdische Vorstellung einer Sammlung des Volkes Israels im Himmlischen Jerusalem, die im dankbaren Gedenken an Jesus und dem Glauben an seine Gegenwart wirksam ist. Jesus war Jude, und deshalb hat er auch die Verheißungen Gottes gelehrt und mit den Menschen seiner Zeit geteilt, die auch schon vor ihm geglaubt worden waren. An die Auferstehung Jesu zu glauben (!) bedeutet dann, dass Gott selbst ein Zeichen gesetzt hat – ein Zeichen, dass sich die bereits lange vor Jesus geglaubten Verheißungen, dass es eine Zeit geben wird, in der Milch und Honig fließen werden, erfüllen werden. Gott ist es, der dem Tod ein Nein entgegensetzt und neues Leben schafft. Und so, wie er diese Verheißung bereits am gekreuzigten Jesus erfüllt hat, so wird er sie, so der Glaube, an allen Menschen erfüllen. Wenn der jüdische Gelehrte Hermann Cohen von einem dem Judentum

5 Ebd., 37.

»angestammten«, »messianische(n) Optimismus«[6] spricht, so behauptet das Christentum einen zusätzlichen Grund dieser Hoffnung: dass der Gott Israels diesen im Handeln am Gekreuzigten bewahrheitet hat. Aber auch wenn Gott selbst in der Geschichte in der Person des Juden Jesus darum geworben haben sollte, an dieser Hoffung festzuhalten, so ist die Geschichte ganz offensichtlich keineswegs erlöst. So wie Jesus grauenhaft gestorben ist, sterben Menschen bis heute einen fürchterlichen oder auch vereinsamten Tod. Die Frage nach dem *Warum überhaupt?* und damit das Theodizeeproblem bohren weiter. Das Gedächtnismahl Jesu zu begehen bedeutet deshalb immer auch, den Gott Jesu daran zu erinnern, dass die Welt gerade nicht erlöst ist. Gefeiert wird eine Hoffnung, die sich festmacht in dem, von dem theologisch gesagt wird, dass er sie bis ins Äußerste hinein und damit bis in die eigene Selbsthingabe gelebt hat. Wenn er der Messias gewesen sein sollte, dann kein herrschaftlicher. Es ist ein am Ende selbst ohnmächtiger, von Gewalt entstellter und nur noch auf Gott hoffen könnender Mensch gewesen, von dem gleichwohl bis heute unzählige Christ:innen behaupten, er sei der Messias gewesen.

An diesem Punkt bricht dann die Differenz zum Judentum auf. Die Autoren dieses Buches zeigen, wie die messianische Hoffnung auf eine Zeitenwende, die sich auch biblisch keineswegs einmütig auf das Kommen einer bestimmten Person ausrichtete, schließlich immer deutlicher entpersonalisiert wird: Wenn Menschen das Gute tun, so bricht die messianische Zeit und damit das Reich Gottes an. Selbstverständlich gibt es auch

6 Hermann Cohen, Innere Beziehungen der Kantischen Philosophie zum Judentum (1910), in: Hermann Cohens Jüdische Schriften. Mit einer Einleitung von Franz Rosenzweig, hg. v. Bruno Strauß, Berlin 1924, 284–305, hier 304.

im heutigen Judentum eine starke Pluralität. Es gibt auch die, die weiterhin auf das Kommen des Messias warten. Andere hingegen identifizieren die erhoffte messianische Zeit mit einer Zeit, in der die Ungerechtigkeit zumindest eingedämmt ist. Sicherlich war es auch eine enttäuschte Erwartung, die den Umbau der Messiaserwartung angetrieben hat. Wo bleibt Gott? Ist er nicht maßlos in seinem Sich-Verschweigen angesichts der Katastrophen, die sich in seiner Schöpfung abspielen? Hat sich sein Kredit, ganz bestimmt aber der Kredit einer personalisierten Messiashoffnung verbraucht? Das hier nun vorgelegte Buch zeichnet nach, wie die historisch entwickelte Hoffnung auf einen Messiaserlöser, der ein Reich des Friedens und der Gerechtigkeit stiftet, jedenfalls in den jüdischen Milieus, in denen die Idee von moderner Liberalität mit dem jüdischen Glauben verbunden wird, ersetzt wird durch eine sozialisierte messianische Utopie. Christlich-theologisch muss keine Bastion gegen eine Idee von Liberalität entwickelt werden, die das Recht auf Selbstbestimmung als ihren normativen Kern kennt.

Unabhängig davon, ob der Messiastitel benutzt wird oder nicht, stellt sich in der christlichen Theologie ein ganz anderes Problem. Entscheidend ist, ob auch im 21. Jahrhundert und künftig daran festgehalten werden soll, dass Gott *selbst* (!) sich in der Lebensgeschichte Jesu und damit als der Jude aus Nazareth geoffenbart, er menschliches Fleisch angenommen hat. Solange an dieser Vorstellung festgehalten wird, ist – wenn der Messiastitel verwendet werden soll – zu sagen: *Der Messias ist gekommen.* Allerdings hat eine an dieser Aussage festhaltende Theologie massive Probleme, deren Sinngehalt und soteriologische Qualität auch heute noch festzuhalten. Denn wer christlich glaubt und auch nur einigermaßen sensibel für die Leidensgeschichte der Welt ist, wird vor die gleichen Fragen gestellt, die die Autoren dieses Buches als einen der Gründe dafür ausgemacht haben, dass die Vorstellung des Kommens eines personalen Messias immer mehr zurückgedrängt wurde. Nochmals: Das Theodizeeproblem drängt, und dies gerade in einer christlichen Theologie. Müsste der Gott, dem dem Dogma gemäß nicht einmal eine biologische Jungfrauengeburt unmöglich sein soll, wenn er willens dazu ist (der Evangelientext kennt eine solche Geburt freilich nicht),[7] nicht zumindest dann eingreifen, wenn das Leiden überhandnimmt? Hat er sich nicht zu stark begrenzt, wenn er die biologische Evolution ihren Gang nehmen und Geschichte ausschließlich durch Menschen machen lässt?

Das Exodus-Geschehen hat selbstverständlich nicht so stattgefunden, wie es die biblische Erzählung schildert. Hier wird Zukunft erzählt, um den Glauben an einen schließlich doch noch aus politischer Unterdrückung befreienden Gott zu befördern. Und auch bleibe ich skeptisch, ob Jesus medizinische Wunder bewirkt hat. Er hat Menschen so aufgerichtet, dass sie wieder zu sich stehen konnten und nicht auch noch darunter litten, dass sie ihre bedrückende Situation als Strafe Gottes für eine Sünde hielten. Ansonsten wird auch er nur dazu hat ermutigen können, daran zu glauben, dass alles noch gut werden wird. Und diese, im Glauben der Christen menschliche Gestalt gewordene Hoffnung lässt bereits jetzt die Schöpfung wieder als gut erleben. Nicht als sehr gut, aber als gut und lebenswert. Dafür steht der Wein. Und das Brot steht dafür, dass Gottes

7 Vgl. Ingo Broer, »Empfangen aus heiligem Geist« (Mt 1,18). Die Kindheitsgeschichte des Matthäus als Glaubenszeugnis und christologisches Programm, in: Jesus im Glaubenszeugnis des Neuen Testaments. Exegetische Reflexionen zum 100. Geburtstag von Anton Vögtle, hg. v. Lorenz Oberlinner/Ferdinand R. Prostmeier, Freiburg 2015, 1–22.

Segen geteilt werden soll und genug Segen für alle da ist. Es kommt nur darauf an, sich mit diesem Segen beschenken lassen zu wollen. Wenn beim jüdischen Religionsphilosophen Hermann Cohen, der die Idee des Messianismus und die unbedingte ethische Verantwortung des Einzelnen wie kein anderer in der Moderne mit einem ethischen Universalismus verbunden hat, wie er bei Immanuel Kant zu studieren ist, zu lesen ist, oder wie es bei Emmanuel Levinas heißt: Gott bedeute »vielleicht nichts anderes als dieser permanente Widerstand gegenüber einer Konstruktion der Geschichte, die unsere Tränen gerechtfertigt erscheinen«[8] lasse, so ist dem nichts hinzuzufügen. Die zusätzlich auf einer Interpretation der Person Jesu beruhende Konstruktion des Christentums besteht darin, dass das Widerstandswort Gott Fleisch angenommen hat. Aber es ist ein *Glaube*, der dies behauptet. Nur sollte klar bleiben, dass dieser Glaube nicht davon entbinden kann, den Messianismus eines auf die Bedürfnisse der anderen Menschen verpflichteten Ethos Wirklichkeit werden zu lassen. Spätestens in dem Moment, da die christliche Theologie meinte, aufgrund der abgründigen Sündhaftigkeit des Menschen skeptisch gegenüber der Freiheit des Menschen werden und alles der Gnade Gottes überlassen zu müssen, verriet sie nicht nur den humanisierenden Freiheitsimpuls, den der Glaube Israels freisetzte. Sondern sie ließ auch übersehen, dass dieser Glaube nicht zu haben ist ohne die Idee eines Messianismus, die nichts anderes darstellt als einen an den Menschen gerichteten ethischen Imperativ im Namen des Exodus-Gottes.

8 Emmanuel Levinas, Vier Talmud-Vorlesungen. Aus dem Französischen von Frank Miething, Frankfurt am Main 1993 (1968), 38.

Notwendige Korrekturen an theologischen Weichenstellungen

Wenn sich christlich-theologisches Denken konsequent von der Einsicht leiten lässt, dass Jesus Jude war, es im Glauben Israels um eine Gott angemessene Ethik und die Freude am Leben geht, dann führt dies notwendig zu rigorosen Umbauarbeiten an einer konventionellen theologischen Dogmatik und auch der Christologie. Bis heute findet die Frage *Warum ist Gott Mensch geworden?* ihre Antwort bei Augustinus, der als der Erfinder der Erbsünde gelten darf. In Adam ist der Mensch von Gott abgefallen, die Straffolgen gehen auf die gesamte Menschheit über. Und Gott musste nun Mensch werden, um sich angesichts dieser unfasslichen Sünde mit der Menschheit versöhnen zu können. Es war der Gottmensch, der die notwendige Sühneleistung erbringen musste. Wird Jesus wiederentdeckt als der Jude aus Nazareth, der wie andere auch gegen das religiöse und politische Establishment anging, um deutlich zu machen, dass niemand von Gott vergessen ist, gleichzeitig aber die an diesen Gott Glaubenden auch zur eigenen Umkehr und zur gesellschaftlichen politischen Praxis aufgerufen sind, um die Verhältnisse gerechter und so besser zu machen, dann verfällt diese Dogmatik der Absurdität. Jesus kommt unter die Räder, und er wollte seinen Tod nicht. Er hat ihn in Kauf genommen, um bis ins Äußerste hinein deutlich zu machen, dass Gott so für den Menschen da sein will, wie er ihn gelehrt und mit anderen Menschen gelebt hatte, und Gott nicht so ist, wie die meinen, die rigoristisch auf einen Moralkodex fixiert sind und darüber unzählige Menschen an ihren Sehnsüchten haben ersticken lassen.

Die bisherigen Überlegungen haben eine jüdische und eine christologische, von Ostererfahrungen ausgehende Sicht Jesu über ein beiden Sichtweisen unterstelltes Konzept einer universalistischen Ethik angenähert, wie es im Exodusglauben mindestens angelegt ist. Dabei wurde die bleibende Differenz zwischen diesen Sichtweisen nicht verschwiegen, und ich muss auch nochmals darauf hinweisen: Keine Interpretation wird sich voreschatologisch endgültig gegen die andere als wahr erweisen können, weil *eingesehen* ist, dass es sich um Interpretationen handelt. Dies gilt jedenfalls bis auf Weiteres. Sollten zwingende Gründe für eine der Interpretationen aufgeboten werden können, so würde sich der Sachverhalt neu darstellen. Aber ich gebe zu, dass ich diesbezüglich nicht nur skeptisch, sondern auch froh bin. Denn andernfalls bliebe aus christlicher Sicht letztlich nur ein Grund, der erklären könnte, warum Juden bis heute zwar zu der Überzeugung gelangen, dass Jesus einer der ihren ist, nicht aber zum Glauben daran, dass in ihm der erwartete Messias beziehungsweise der Christus gekommen sei, gelangen: Es wäre dann von mangelnder Einsicht beziehungsweise von Verweigerung zu sprechen, das wahre Personsein Jesu anzuerkennen. Theologisch spricht man hier von Sünde. Keinen anderen Geist atmet die alte Karfreitagsfürbitte. In der deutschen Übersetzung des *Missale Romanum* (1570) von Anselm Schott aus dem Jahr 1884 hieß es entsprechend, lasset »uns beten für die treulosen Juden, daß Gott, unser Herr, wegnehme den Schleier von ihren Herzen, auf daß auch sie erkennen unseren Herrn Jesus Christus«. Die bei den anderen Karfreitagsfürbitten vorgeschriebene Kniebeuge entfiel hier. Die fatalen Folgen dieser Theologie wurden bereits angedeutet.

Welche Konsequenzen ergeben sich theologisch aus dem bisher Ausgeführten? Grundsätzlich ist zunächst zu fragen, ob eine bereits vorjesuanisch sich etablierende universalistische Ethik nicht die Gesprächsgrundlage für jeden und damit auch für den jüdisch-christlichen Dialog abgeben muss. Ein moralisches Bewusstsein, das die unbedingte Würde eines jeden anderen Menschen kennt, wird keine andere akzeptieren. Deshalb darf auch nur ein Gott akzeptiert werden, der diese anerkennt. Der Konflikt der Interpretationen um die Person Jesu reduziert sich dann jedoch auf den Punkt, ob der Glaube der Christen denn tatsächlich stimmt, dass er der erwartete Messias sei, in dem Gott selbst Mensch geworden ist. Der bereits in vorjesuanischen Zeiten in Gebrauch gekommene Messiasbegriff, der zumindest teilweise eine klare politische Erwartungshaltung ausdrückte, war einer der historisch gewordenen und zudem plural gebrauchten Begriffe, die diesen Glauben für die nachösterlichen Gemeinden erschließen wollten. Man griff auf bereits vorliegende Konzepte zurück, um die Bedeutung der Person Jesu zu erschließen, und transformierte dadurch zugleich deren bis dahin mit diesen Begriffskonzepten verbundenen Bedeutungsgehalt. Dass Gott sich in einem grausam zu Tode gebrachten Menschen als Messias zur Erscheinung gebracht haben könnte, entsprach jedenfalls nicht den Erwartungen der jüdischen Mehrheitsgesellschaft. Und diese Botschaft irritiert ja auch bis heute. Eine wie auch immer zu begründende objektive Evidenz, dass der Jude aus Nazareth Gottes Eintreten in die Geschichte selbst war, lässt sich nicht herstellen. Dafür, nicht daran glauben zu können, lässt sich eine Vielzahl von Gründen aufführen. Gott selbst hätte dann, wenn dieser Glaube an die Selbstoffenbarung Gottes in Gestalt einer singulären Inkarnation tatsächlich der Bedeutung der Person Jesu entsprechen sollte, den Zweifel an seiner Menschwerdung provoziert. Mit einer nachhaltigen Verweigerung des ersterwählten Volkes zu rechnen, dies nicht wahrhaben zu wollen, entfällt deshalb. Überhaupt ist bis heute in der christlichen Theologie die spätestens seit Augustinus wirksame Vorstellung, alle Menschen seien in einer ihnen als Verhängnis anzulastenden Weise »Kinder Adams«,[9] nicht nur intellektuell nicht nachvollziehbar, sondern hat sich verheerend auch im Verhältnis zum Judentum ausgewirkt. Das theologische Konstrukt, dass alle Menschen durch die Straffolgen der Sünde Adams belastet sind und nur durch das Kreuz Jesu gesühnt werden können, sie deshalb zum Glauben daran kommen müssen, muss fallen gelassen werden. Bereits die Frage, ob denn Jesus auch für die Sünde der in Auschwitz ermordeten jüdischen Säuglinge und Kinder gestorben ist, sollte hinreichen, um die Absurdität eines solchen theologischen Denkens herauszustellen. Aber es ist schon aus Gründen der historischen Gerechtigkeit daran zu erinnern, dass es in den vielen Jahrhunderten der christlichen Theologie kein unschuldiges Leiden gab. Wenn, dann waren es Außenseiter und dann zumal nicht aus der Theologie, die darauf bestanden und die in den Kirchensystemen etablierte Theologie einer Kritik unterzogen. Intellektuelle Inkonsistenzen, weil man sich nicht entschieden traut, von dieser etablierten Theologie Abschied zu nehmen, lassen sich bis heute beobachten. Eine christliche Theologie, die leidsensibel sein will, sollte auch intellektuell konsequent sein. Auch die christliche Theologie des 20. und 21. Jahrhunderts ist noch viel zu stark gefangen in klassischen, stereotyp wiederholten Denkfiguren, die ihren Ausgang bei einer Hybris des Menschen nehmen. Die Christologie baut darauf auf.

Wenn aber die Menschwerdung Gottes nicht mehr auf einer hybristheoretischen Auslegung der Paradieserzählung

---

9 Augustinus, Confessiones – Bekenntnisse. Lateinisch/Deutsch. Übersetzt, hg. und kommentiert von Kurt Flasch und Burkhard Mojsisch. Mit einer Einleitung von Kurt Flasch, Stuttgart 2012, 53.

aufbauen kann, wenn also vom Sohn Gottes nicht mehr als von dem gesprochen werden kann, der die für Gott selbst notwendige Sühneleistung erbracht hat, damit dieser sich mit der Menschheit versöhnen kann, wenn sich gleichzeitig aber die Vorstellung eines Messias erübrigt hat, weil der geschichtliche Prozess einen solchen längst verlangt hätte –, warum ist Gott dann Mensch geworden, wenn es denn stimmt? Gibt es eine alternative Möglichkeit der Ausdeutung? Jüdische Theologie kann sich aus dieser Frage heraushalten, aber sie wird beobachten, welche Ausdeutungen versucht werden. Eine christliche Theologie muss versuchen, ein Deutungsangebot zu geben. Sie sollte den Gedanken riskieren, dass er dies deshalb tat, weil er als Mensch darum streiten wollte, wer er für den Menschen sein wollte – und er sich so einmischen wollte in den Konflikt um den wahren Gott. Und dass ihm so auch nichts fremd geblieben ist, was Menschen in ihrer Biografie an Schönem und Lust, aber auch an Schmerz widerfahren kann. Dieser Jude wollte nicht am Kreuz sterben. Aber er ist diesem Schicksal auch nicht ausgewichen. Ob der jüdische Religionsgelehrte Joseph Klausner sich auf eine solche Neuorientierung der Christologie einlassen könnte, die Jesus konsequent zunächst einmal als einen Menschen des Judentums begreift, ohne darüber zu verschweigen, dass der christliche Glaube mehr behauptet, als es das Judentum jemals können wird? Möglicherweise würde er vieldeutig lächeln.

Wie dem auch sei, es gilt, genau diese Spannung der Differenz als Teil eines lebendigen Gesprächs zwischen Juden und Christen wahrzunehmen. Es wird dadurch nicht infrage gestellt, sondern im Respekt vor der Differenz und in kritischer Auseinandersetzung wird Gemeinsamkeit gerade gestärkt.

Danksagung

Unser besonderer Dank gilt Prof. Dr. Kathy Ehrensperger (Potsdam) und Dr. German Neundorfer (Herder Verlag) für die umfassende Redaktion sowie Frau Beate Vogt und Herrn Hartmut Bomhoff für ihre redaktionellen Hinweise; sie alle haben wesentlich am Zustandekommen des Buches mitgewirkt. Dr. Helga Völkening (Potsdam) und Rabbiner Netanel Olhoeft (Potsdam) sei für ihre wissenschaftliche Mitarbeit gedankt.

Zu den Autoren

Walter Homolka, B.D., M.Phil., PhD (King's College London), PhD (University of Wales Trinity St. David), D.H.L. (HUC-JIR New York), Dr. h.c. (JTS-University of Jewish Studies Budapest), Rabbiner. Seit 2003 Rektor des Abraham Geiger Kollegs an der Universität Potsdam, seit 2014 Professor für Jüdische Religionsphilosophie der Neuzeit an der School of Jewish Theology Potsdam.

*Juni Hopp*e, B.Sc. in VWL und Diplom Theol. (Humboldt), M.St. (Oxford), Ph.D. (Cambridge), Wissenschaftliche Mitarbeiterin des Abraham Geiger Kollegs an der Universität Potsdam. Seit 2017 führt sie das Editorial Office des Publikationsprojekts *Encyclopedia of Jewish-Christian Relations*.

*Daniel Krochmalni*k, Dr. phil., Dr. theol. h. c., Professor für Jüdische Religion und Philosophie des Altertums und des Mittelalters an der Universität Potsdam und Geschäftsführender Direktor der School of Jewish Theology.

Magnus Striet, Dr. theol. (Münster). Habilitation für das Fach Dogmatik und Dogmengeschichte (Münster). Seit 2004 Professor für Fundamentaltheologie und Philosophische Anthropologie der Theologischen Fakultät der Universität Freiburg und seit 2011 kooptiertes Mitglied der Philosophischen Fakultät. Seit 2021 Mitglied der Nationalen Akademie der Wissenschaften Leopoldina.

Glossar

Aggada, Aggadot
(aram., »Erzählung«, hebr.: *haggada*), nicht-gesetzliche rabbinische Schriften einschließlich Bibelkommentare, Parabeln, Anekdoten.

Aharoniden
Untergruppe der Leviten, des 3. von den 12 Stämmen Israels, die das Priestertum (Kehuna) innehatte. Diese Gruppe führte ihre Abstammung auf den ersten Hohepriester, Aaron, den Bruder von Mose, zurück.

Alenu-Gebet
(hebr., »es ist unsere Pflicht«), Gebet am Ende aller Wochentags-, Schabbat- und Festtagsgottesdienste, das nach seinen Eröffnungsworten »Es ist unsere Pflicht, den Herrscher der Welt zu preisen« benannt ist und einer Zeit entgegenblickt, in der die Menschheit den einen wahrhaftigen Gott anerkennen wird. Dieses ursprünglich zum Neujahrsritual gehörende Gebet ist seit dem Mittelalter Bestandteil des *Siddurs*.

Amida, Achtzehnbittengebet, Achtzehngebet
(hebr., »das Stehen«), das Hauptgebet, das im Morgen-, Mittags- u. Abendgebet traditionell im Stehen erfolgt und 19 (ursprünglich 18) Brachot zählt, deswegen auch *Schmone Esre* oder Achtzehn(bitten)gebet genannt.

Apokryphen

Schriften, die nicht im biblischen Kanon enthalten sind, obwohl sie nach Autor (Pseudepigraphie), Titel und Inhalt einen Anspruch auf Biblizität erheben. Einige Apokryphen sind in der jüdisch-griechischen Übersetzung (Septuaginta) enthalten.

ChaBaD

Akronym für *Chochma, Bina, Da'at* (hebr.: »Weisheit«, »Einsicht«, »Wissen«), Kabbalistische Selbstbezeichnung der Lubawitscher Chassidim, einer heute weltweit tätigen innerjüdischen Missionsbewegung.

Chassidismus

(von hebr. *chassid*, »der Fromme«), jüdischer Pietismus,

a) 12. Jh., »Deutsche Chassidim« (*chassidei aschkenas*), fromme Asketen aus dem Rheinland, die ihre Lehren und Ratschläge im Sefer Chassidim niedergelegt haben.
b) Mitte 18. Jh. von Osteuropa ausgehend, begründet vom Amulett-Schreiber Israel ben Elieser (1699–1760), genannt Baal Schem Tov (»Meister des guten Namens«). Eine volkstümliche Erweckungsbewegung, die in Konflikt mit der Orthodoxie geriet. Die charismatischen Führer dieser Bewegung (*Zaddikim*) bildeten Dynastien und Höfe, die nach ihren osteuropäischen Standorten benannt werden (Lubawitsch, Belz, Wischnitz etc.)

Diaspora

(griech., »Zerstreuung«), die Ausbreitung der Juden außerhalb des Landes Jisrael. Der hebräische Begriff dafür ist »Exil« (*galut, gola*).

Emanzipation

In Bezug auf das Judentum: Seit Ende des 18 Jh. europäische Gesetze zur bürgerlichen Gleichstellung der Juden, 1790 in Frankreich, 1812 in Preußen. Das preußische Emanzipationsedikt wurde nach den Befreiungskriegen wieder eingeschränkt und erst mit der Reichsgründung vollständig in Kraft gesetzt, aber erst in der Weimarer Verfassung umgesetzt. Nach 1933 wurde die Emanzipation der Juden sukzessive zurückgenommen.

Eschatologie

(griech., »das Letzte/Ende«), Lehre von prophetischen Endzeitvorstellungen.

Frankismus

Eine Bewegung, benannt nach Jakob Joseph Frank (1726 bis 1791). Ableger des Sabbatianismus.

Galut

(hebr., »Verbannung«), Bezeichnung für das Exil,

a) Das Babylonische Exil nach der Zerstörung des Ersten Tempels (589–538 v. u. Z.)
b) Das Exil nach der Zerstörung des Zweiten Tempels (70 u. Z. bis 1948)

Gemara

(aram., »das Erlernte«, auch »das Vollendete«), überwiegend aramäischsprachige Erläuterungen zur Mischna durch die Amoräer (»Sprecher«, »Interpreten«); etwa 3000 palästinische und babylonische Gesetzeslehrer, deren Diskussionen die beiden Talmude ausmachen; engere Bezeichnung für den Talmud.

Halacha

(hebr., »Lebenswandel«, von *halach*, »gehen«), der normative Teil der mündlichen Lehre im Gegensatz zur Aggada; das jüdische Religionsgesetz. Die *halachot oder hilchot* (Pl.) sind die einzelnen im Talmud verstreuten verbindlichen Religionsgesetze, die von den Dezisoren in Kodizes vereinigt wurden; etwa die *halachot gedolot* (große Halachot) im 9. Jh. u. Z. und in der Mischne Tora von Maimonides. Als *halacha deoraita* bezeichnet man ein biblisches Gesetz, als *halacha derabbanan* ein rabbinisches. Als *Halacha le-Mosche mi-Sinai* bezeichnet man traditionelle Gesetze, die Mose mündlich am Sinai mitgeteilt worden seien und oft Ausführungsbestimmungen betreffen, die in der Schrift fehlen. *Halacha l'maaseh* meint praktische Halacha im Gegensatz zur Halachot, die nur noch theoretisch gelten wie etwa Opfergebote.

Haskala

(von hebr. *sechel*, »Verstand«): Jüdische Aufklärung des 18. Jh. in Mitteleuropa, zu deren bekanntesten Vertretern die Aufklärer (*maskilim*) Moses Mendelssohn und David Friedländer gehören.

Hasmonäer

Priestergeschlecht, das sich gegen die Fremdherrschaft der Seleukiden und die hellenisierte Oberschicht in Jerusalem siegreich erhob (s. Makkabäer) und die Dynastie dieses Namens begründete (165–63 v. u. Z.).

Jigdal

(hebr., »gepriesen«), Hymnus, der auf den 13 Glaubensartikeln des Maimonides beruht, wohl aus dem 14. Jh. stammt und heute in vielen Gemeinden fakultativ vor Anfang und nach Ende des vorgeschriebenen Gottesdienstes angestimmt wird, aber nicht den Charakter eines verbindlichen Credos hat.

Jobel(jahr)
Erlassjahr, das 50. Jahr nach sieben Siebtjahren, in denen traditionell nicht gesät und geerntet werden darf, verkauftes Land zu seinen ursprünglichen Eigentümern zurückkehrt und Sklaven freigelassen werden (Lev 25,8–31). Davon ist das Wort »Jubiläum« abgeleitet.

Kabbala
(hebr., »das Empfangene«), Bezeichnung für die esoterischen Lehren des Judentums. Es bezeichnet insbesondere die jüdische Mystik, die sich seit dem 12. Jh. u. Z. entwickelt hat und theosophische und theurgische Lehren und Praktiken umfasst. Die »Bibel« der Kabbalisten ist das »Buch Sohar«. Gershom Scholem und seine Schule haben die Hauptströmungen der jüdischen Mystik erforscht. Die chassidische Doktrin ist eine Popularisierung der Kabbala.

Kaddisch
(aram., »Heiligung«), Gebet zum Lobpreis Gottes, das einer Zeit des Friedens entgegensieht, in der Gottes Name von allen geheiligt werden wird, und das am Ende von Wochentags-, Schabbat- und Festtagsgottesdiensten gesagt wird. Tradionell wird der erste Teil des Kaddischs, *Chazi Kaddisch*, auch vor dem Barchu, nach der Amida und vor der Mussaf-Amida gesprochen. Man spricht das Kaddisch-Gebet auch im ersten Jahr nach dem Tod eines Angehörigen im Schabbatgottesdienst zu dessen Gedenken.

Königspsalmen
Psalmgruppe, die die gemeinsame Thematik von (Gott als) König, seine Thronbesteigung, Würde und Amtsführung behandelt.

Makkabäer
Priestergeschlecht aus Modi'in (s. »Hasmonäer«). Der Name leitet sich vom aram. »Makkaba« (Hammer) ab, Beiname des Kriegshelden Judas Makkabäus.

Midrasch
(hebr., »Forschung, Deutung«), die regelgeleitete rabbinische Schriftauslegung. Neben dem Talmud ein Hauptbestandteil der nachbiblischen anonymen jüdischen Literatur; Sammlung der Auslegungen, poetischen Erweiterungen und homiletischen Erklärungen von Tannaiten und Amoräern zur Bibel. Der halachische Midrasch folgt den 7 hermeneutischen Regeln Hillels bzw. den 13 Regeln Rabbi Jischmaels. Der aggadische Midrasch folgt einem breiteren Auslegungskanon, den 32 Regeln des Rabbi Elieser ben Josse HaGlili. Der Niederschlag dieser Auslegung findet sich hauptsächlich im Midrasch Rabba (Großer Midrasch) zu den 5 Büchern Mose und den 5 Rollen aus den biblischen »Schriften«, die im Gottesdienst vorgelesen werden, sowie in weiteren mittelalterlichen Midraschsammlungen (Jalqut Schimoni).

Mischna
(hebr., »Wiederholung, Lehre«), Kanon der »mündlichen Lehre« des Judentums. Diese Sammlung wurde im 2. Jh. von Jehuda ha-Nassi redigiert; das gesamte Gesetz ist in sechs Ordnungen (»Sedarim«) und 63 Traktaten angeordnet und in

klarer, hebräischer Sprache verfasst. Die Mischna wird in der Gemara diskutiert und bildet mit ihr zusammen den Talmud.

Mischne Tora

Kodifizierung des jüdischen religionsgesetzlichen Regelwerks durch Maimonides (1135–1204).

Mischpat

(hebr., »Recht«), Rechtsprechung durch den Richter (»Schofet«); gemeinhin gilt *choq* als das geschriebene Gesetz und *mischpat* als das ungeschriebene Gesetz.

Mizwa, Mizwot

(hebr., »Gebot«). Das jüdische Religionsgesetz umfasst 613 Gebote, die auf die Tora zurückgehen, davon 248 Gebote im engeren Sinne (»Du sollst!«, *mitzwot asseh* genannt) und 365 Verbote (»Du sollst nicht!«, *mitzwot lo ta'asseh*). Unterschieden wird zwischen Geboten gegenüber Gott und gegenüber dem Mitmenschen. Die Aufzählung und der Nachweis der Gebote machen eine besondere Literaturgattung aus, so das *sefer ha'mitzwot*, »Buch der Gebote«, auf Arabisch von Maimonides; s*efer mitzwot gadol* von Mose aus Coucy. Die Erfüllung eines Gebots wird ebenfalls *mitzwa* genannt; umgangssprachlich ist eine *mitzwa* auch einfach eine gute Tat.

Oniaden

Priesterdynastie im 3./2. Jh. v. u. Z., die auf den Priester Onias I. zurückgehen.

Qumran
1947 entdeckter Höhlenkomplex nordwestlich des Toten Meeres, der vermutlich zur Siedlung einer abgesondert lebenden religiösen Gemeinschaft gehörte. Bedeutsam wegen der dort entdeckten umfangreichen Handschriften (Bibelmanuskripte, Ordensregeln etc.). Sie haben das Studium der religiösen Bewegungen in der Zeitenwende und der Entstehung des masoretischen Bibeltextes revolutioniert.

Rabbinen
Deutsche Pluralbildung von *rabbi*, Titel ordinierter Amoräer in Palästina (*raw* oder *mar* in Babylonien); Gelehrtentitel seit der Generation nach Hillel (Mt 23). Die Rabbinen legten die Tora in Halacha und Aggada aus und lehrten an den Akademien.

Sanhedrin
(griech. *synhedrion*, »Sitzung«), Bezeichnung des jüdischen Ältestenrats in Jerusalem in der griechisch-römischen Zeit; traditioneller Ursprung sind die 70 Ältesten der Mose-Zeit (Num 11,16); Vorgängerinstitution war die »große Versammlung« (*knesset gedola*) der Esra-Zeit. Das Sanhedrin bestand aus dem Hohepriester als Vorsitzendem, dem Aw Bet Din (Leiter des Gerichtshofes) als dessen Stellvertreter sowie aus 70 Priestern und Laien; in seine Kompetenz fielen die allgemeine und die religiöse Gerichtsbarkeit. Das Sanhedrin wurde nach dem Fall Jerusalems durch die Römer aufgelöst; später bestand bis zum Übergang der geistlichen Hegemonie an Babylonien in Jawne ein neues geistliches Sanhedrin unter Vorsitz des Patriarchen (*nassi*).

Septuaginta
(griech., »siebzig«; Abkürzung: LXX), Bezeichnung für die Übertragung der Hebräischen Bibel in das Griechische, die im 3. Jh. v. u. Z. in Alexandrien geschaffen wurde. Einer Legende zufolge übersetzten 72 jüdische Gelehrte den Text unabhängig voneinander in 72 Tagen und wichen nicht voneinander ab. Damit sollte die Inspiriertheit der Septuaginta bewiesen werden. Die jüdisch-hellenistische Entstehungslegende hat auch Eingang in den Talmud gefunden.

Siddur
(von hebr. *seder*, »Ordnung«), das Gebetbuch für die Wochentage und für Schabbat.

Sofer
(hebr., »der Schreiber«), zunächst ein Schriftgelehrter wie der biblische Esra. Die *Soferim* (Pl.) haben einige Schriftkorrekturen eingeführt; im Neuen Testament stehen sie für die Schrift und Gesetzeskundigen, heute allgemein Schreiber von Torarollen, Tefillin und Mesusot.

Talmud
(hebr., »Belehrung, Studium«), neben der Hebräischen Bibel das Hauptwerk des Judentums, in dem die Mischna diskutiert wird. Der Talmud liegt in zwei großen Ausgaben vor: Nach Umfang und inhaltlichem Gewicht ist der *Talmud Bavli*, der Babylonische Talmud, das bedeutendere Werk. Er entstand in Sura und Pumbedita im persischen Exil und gilt als Kanon schlechthin, anders als der weniger umfangreiche *Talmud Jeruschalmi*, der in Palästina entstand und daher Palästinischer oder Jerusalemer Talmud genannt wird. Der Talmud wurde zwischen dem 5. und

8. Jh. abgeschlossen. Anders als die einheitliche Mischna weichen die Fassungen der Gemara in der babylonischen und der palästinischen Talmudausgabe voneinander ab. Der Babylonische Talmud wurde noch um mittelalterliche Kommentare, insbesondere von Rabbi Schlomo ben Jizchak (genannt »Raschi«), ergänzt. Die ständige Fortentwicklung der Tradition durch Diskussionen, Kommentare und Analysen prägt den durchgängig dialektischen Stil des Talmuds. Das bevorzugte Mittel der Darstellung ist der Dialog zwischen verschiedenen rabbinischen Lehrmeinungen, der am Ende zu einer Entscheidung führt und den maßgeblichen Stand der Tradition wiedergibt.

Tikkun, *tikkun olam*
(hebr., »Reparatur«, »Korrektur«, »Verbesserung der Welt«). Konzept der Weltverbesserung auf der Grundlage von Recht (*Mischpat*), Gerechtigkeit (*Zedaka*) und Güte (C*hesed*).

Tora
(hebr., »Weisung«), Bezeichnung für den Pentateuch, die fünf Bücher Mose. Für den gottesdienstlichen Gebrauch auf einer Pergamentrolle geschrieben und im Toraschrein (*Aron ha'qodesch*) verwahrt. Im weiteren Sinn der Inbegriff der gesamten göttlichen Offenbarung, einschließlich der mündlichen Erläuterungen (*Tora sche'be'alpe*), die nach traditionellem Verständnis in der Mischna und im Talmud aufbewahrt sind.

Tosefta
(aram., »Hinzufügung, Ergänzung»«), Kodifizierung von mündlichen Lehren, die nicht in der Mischna aufgenommen worden sind; insgesamt eine nicht kanonisierte Parallel-Überlieferung zur Mischna.

Zaddik
(hebr., »Gerechter«), rabbinisches Ideal der Werkgerechtigkeit und moralischer Exzellenz. Vgl. dazu »Chassid«, der mehr tut, als das Gesetz verlangt, und sich weniger erlaubt, als das Gesetz gestattet.

Zedaka
(hebr., »Gerechtigkeit«), Wohltätigkeit, im weitesten Sinn das karitative System, etwa zur Unterstützung Bedürftiger oder Finanzierung von Schulen.

Bibliographie

Aescoly, A. Z., Jewish Messianic Movements, Jerusalem 1956.

Albertini, Francesca Y., Die Konzeption des Messias bei Maimonides und die frühmittelalterliche islamische Philosophie (= Studia Judaica, 44), Berlin, New York 2009.

Altmann, Alexander, Ibn Bajja on Man's Ultimate Felicity (1965), in: ders., Studies in Religious Philosophy, London 1969, 72–107.

Ascher, Saul, Leviathan, in: Renate Best, Saul Ascher. Ausgewählte Werke. Deutsch-jüdische Autoren des 19. Jahrhunderts. Schriften zu Staat, Nation, Gesellschaft, Köln, Weimar, Wien 2010, 179.

Augustinus, Confessiones – Bekenntnisse. Lateinisch/Deutsch. Übersetzt, hg. und kommentiert von Kurt Flasch und Burkhard Mojsisch. Mit einer Einleitung von Kurt Flasch, Stuttgart 2012.

Avi-Yonah, Michael, Geschichte der Juden im Zeitalter des Talmud, in den Tagen von Rom und Byzanz, Berlin 1962.

Avicenna, Die Metaphysik Avicennas (al-Ilahijjat min Kitab asch-Schifa' I-X), dt. Üb. von M. Horten, Halle u. New York 1907.

Baeck, Leo, Das Wesen des Judentums, 4. Aufl. 1926, Werke, hg. v. Friedlander und Klappert, Band 1, Gütersloh 1998.

Baeck, Leo, Das Wesen des Judentums, Köln 1960.

Baldermann, Ingo, Ernst Dassmann, Ottmar Fuchs u. a. (Hgg.), Jahrbuch für biblische Theologie 8: Der Messias, Neukirchen-Vluyn 1993.

Ben-Chorin, Schalom, Jenseits von Orthodoxie und Liberalismus. Versuch über die jüdische Glaubenslage der Gegenwart, Tübingen 1991.

Ben-Chorin, Schalom, Jüdischer Glaube. Strukturen einer Theologie des Judentums anhand des Maimonidischen Credo, Tübingen ^{2}1979.

Bendavid, Lazarus, Über den Glauben der Juden an einen künftigen Messias (Nach Maimonides und den Kabbalisten), 2. Teil, in: Zeitschrift für die Wissenschaft des Judenthums 1 (1823), 224 f.

Bergel-Gronemann, Elfriede, Der Messiasgedanke, in: Der Jude 5 (1921–22), 271.

Berger, David, The Fragility of Religious Doctrine. Accounting for Orthodox Acquiescence in the Belief of a Second Coming, in: Modern Judaism 22 (2002), 103–114.

Berger, David, The Rebbe, the Messiah, and the Scandal of Orthodox Indifference, London 2001.

Biale, David, Gershom Scholem on Jewish Messianism, in: Essential

Papers on Messianic Movements and Personalities in Jewish History, hg. v. Marc Saperstein, New York 1992, 523.

Blenkinsopp, Joseph, A History of Prophecy in Israel, Louisville 1996.

Bloch, Ernst, Die Deutschen Juden und Palästina, 17.4.1918.

Bomhoff, Hartmut, Israel Jacobson. Wegbereiter jüdischer Emanzipation, Berlin 2010.

Borowitz, Eugene B., Reform Judaism Today, New York 1977.

Boyarin, Daniel, Der Menschensohn in 1. Henoch und 4. Esra, Berliner Theologische Zeitschrift 31.1 (2014), 41–63.

Breuer, Edward, Haskalah and History. The Emergence of a Modern Jewish Historical Consciousness (review: Shmuel Feiner and David Jan Sorkin (Hg.), New Perspectives on the Haskalah. Oxford 2004), in: Jewish Quarterly Review 94.1 (2004), 206.

Broer, Ingo, »Empfangen aus heiligem Geist« (Mt 1,18). Die Kindheitsgeschichte des Matthäus als Glaubenszeugnis und christologisches Programm, in: Jesus im Glaubenszeugnis des Neuen Testaments. Exegetische Reflexionen zum 100. Geburtstag von Anton Vögtle, hg. v. Lorenz Oberlinner/Ferdinand R. Prostmeier, Freiburg 2015, 1–22.

Buber, Martin, Die Erzählungen der Chassidim, Zürich [12]1996.

Charlesworth, James H. (Hg.), The Messiah, Minneapolis 1992.

Charlesworth, James H., Hermann Lichtenberger, and Gerbern S. Oegema (Hgg.), Qumran-Messianism. Studies on the Messianic Expectations in the Dead Sea Scrolls, Tübingen 1998.

Cohen, Hermann, Kantische Philosophie und Judentum (1910), in: ders., Werke, Bd. 15, Kleinere Werke und Schriften IV, 1907–1912, bearb. und eingel. von Hartwig Wiedebach, Hildesheim 2009.

Cohen, Hermann, Innere Beziehungen der Kantischen Philosophie zum Judentum (1910), in: Hermann Cohens Jüdische Schriften. Mit einer Einleitung von Franz Rosenzweig, hg. v. Bruno Strauß, Berlin 1924, 284–305.

Cohen, Hermann, Jüdische Schriften (hg. von Bruno Strauss). Bd. 1, Berlin 1924.

Cohen, Hermann, Das Gottesreich, in: Soziale Ethik im Judentum, Verband der deutschen Juden, Frankfurt am Main 1914, 120–127.

Cohen, Hermann, Die religiösen Bewegungen der Gegenwart. Ein Vortrag, Leipzig 1914.

Cohen, Hermann, Religion der Vernunft aus den Quellen des Judentums. Wiesbaden 1988.

Cohen, Hermann, Soziale Ethik im Judentum, Frankfurt am Main [3]1914.

Cohen, Martin S. (Hg.), The Observant Life. The Wisdom of Conservative Judaism for Contemporary Jews, New York 2012.

Cohon, Samuel S., Judaism. A Way of Life, New York 1962.

Collins, John J., Messianism in the Maccabean Period, in Judaisms and Their Messiahs at the Turn of the Christian Era, hg. v. Jakob Neusner, William Scott Green, Ernest S. Frerichs, Cambridge 1987, 97–110.

Collins, John J., The Scepter and the Star: Messianism in Light of the Dead Sea Scrolls, New York [2]2010.

Dan, Joseph, Messias/Messianismus. 2. Mittelalter und Neuzeit, in: RGG4, Bd. 5, Tübingen 2002, 1149.

Davidowicz, Klaus Samuel, Einleitung, in: Along the Road to Esau. Studies on Jakob Frank and Frankism, hg. v. Roberta Ascarelli und Klaus Samuel Davidowicz, Arezzo 2011, 1.

Dienemann, Max, Frömmigkeit in Judentum und Christentum, in: Der Jude, Sonderheft, Berlin/Wien 1925–27.

Dinur, Benzion, The Origins of Hasidism and Its Social and Messianic Foundations, in: Essential Papers on Hassidism. Origins to Present, hg. v. Gershon David Hundert, New York 1991, 86–172.

Dorff, Elliot N., The Jewish Approach to Repairing the World (Tikkun Olam). A Brief Introduction for Christians, Woodstock 2008.

Dorff, Elliot N., The Way Into Tikkun Olam, Woodstock 2005.

Drory, Joseph, The Early Decades of Ayyubid Rule, in: Perspectives on Maimonides. Philosophical and Historical Studies, hg. v. Joel L. Kraemer, Oxford 1991, 295–302.

Dubbels, Elke, Figuren des Messianischen in Schriften deutsch-jüdischer Intellektueller 1900–1933, Berlin, Boston 2011.

Dubnow, Simon, The Beginnings. The Baal Shem Tov (Besht) and the Center in Podolia, in: Essential Papers on Hasidism. Origins to Present, hg. v. Gershon Hundert, New York 1991, 37.

Eco, Umberto, Die unendliche Liste, übers. v. Barbara Kleiner, München 2009.

Ehrensperger, Kathy, Die »Paul within Judaism«-Perspektive, in: Evangelische Theologie 80 (2020), 455–464.

Elbogen, Ismar, Der jüdische Gottesdienst in seiner geschichtlichen Entwicklung, Leipzig 1913.

Elman, Yaakov, Rightousness as Its Own Reward. An Inquiry of the Theologies of the Stam, in Proceedings of the American Academy of Jewish Research, Bd. 57 (1990/91), 35–67.

Eschelbacher, Joseph, Das Judentum im Urteile der modernen protestantischen Theologie, Leipzig 1907.

Evans, Craig A., Jesus and His Contemporaries: Comparative Studies, Leiden 1995.

Fackenheim, Emil L., God's Presence in History. Jewish Affirmations and Philosophical Reflections, New York 1970.

Fackenheim, Emil L., Jewish Return into History, New York 1978.

Fenton, Paul B., La »Hitbodedut« chez les permiers qabbalistes en orient et chez les soufis, in: Prière. mystique et judaïsme (Colloque de Strasbourg 10-12 September 1984), hg. v. R. Goetschel, Paris 1987, 133–157.

Fenton, Paul B., Maimonides und die Maimonideische Schule der Exegese im Osten: Philosophische und mystische Exegese, in: Die Philosophische Aktualität der Jüdischen Tradition, hg. v. W. Stegmaier, Frankfurt a. M. 2000, 150–187.

Fitzmyer, Joseph A., The One Who Is to Come, Grand Rapids 2007.

Formstecher, Salomon, Die Religion des Geistes. Eine wissenschaftliche Darstellung nach seinem Charakter, Entwicklungsgange und Berufe in der Menschheit, Frankfurt am Main 1841.

Friedländer, David, Ueber die durch die neue Organisation der Judenschaften in den preußischen Staaten nothwendig gewordene Umbildung 1) ihres Gottesdienstes in den Synagogen, 2) ihrer Unterrichts-Anstalten und deren Lehrgegenstände und 3) ihres Erziehungwesens überhaupt. Ein Wort zu seiner Zeit – Neudr. der Ausgabe von 1812, Berlin 1934.

Gaon, Saadia, Sefer HaEmunot WeHadeot (arab.-hebr.), hg. v. Josef Qafich, Jerusalem 1973, dtsch. Julius Fürst, Glaubenslehre und Philosophie, Leipzig 1845, Nachdruck Hildesheim, New York 1970.

Geiger, Abraham, Der Hamburger Tempelstreit 1842, in: ders., Nachgelassene Schriften. hg. v. Ludwig Geiger, Breslau 1885, 113–196.

Geiger, Abraham, Der Sturm der Neu-Orthodoxie gegen Mannheimer und Horwitz, in: Jüdische Zeitschrift für Wissenschaft und Leben (1864), 267 ff.

Geiger, Abraham, Unser Gottesdienst. Eine Frage, die dringend Lösung verlangt, Breslau 1868.

Gillman, Neil, How Will it All End? Eschatology in Science and Religion, in: Cross Currents 1 (2007), 47.

Gillman, Neil, Sacred Fragments. Recovering Theology for the Modern Jew, Philadelphia 1990.

Glickman, R. Elaine Rose, The Messiah and the Jews. Three Thousend Years of Tradition, Belief and Hope, Woodstock, Vermont 2013.

Goitein, Shlomo Dov, Moses Maimonides, Man of Action. A Revision of the Master's Biography in Light of the Geniza Documents, in: Hommage à George Vajda, hg. v. G. Nahon, Ch. Touati, Louvain 1980, 154–167.

Goldin, Judah, A Philosophical Session in a Tannaite Academy, Traditio 21 (1965), 1–21.

Gordis, Robert (Hg.), Emet ve-Emunah. Statement of Principles of Conservative Judaism, New York 1988.

Green, Arthur, Nahman of Bratslav's Messianic Striving, in: Essential Papers on Messianic Movements and Personalities in Jewish History, hg. v. Marc Saperstein, New York 1992, 389–432.

Green, Arthur, Tormented Master. A Life of Rabbi Nahman of Bratslav, Woodstock 1992.

Green, William Scott, Introduction: Messiah in Judaism: Rethinking the Question, in Judaisms and Their Messiahs at the Turn of the Christian Era, hg. v. Jakob Neusner, William Scott Green, Ernest S. Frerichs, Cambridge 1987, 1–13.

Gressmann, Hugo, Der Messias, Göttingen 1929.

Grözinger, Karl Erich, Jüdisches Denken. Band 2: Von der mittelalterlichen Kabbala zum Hasidismus, Frankfurt am Main 2005.

Grözinger, Karl Erich, Jüdisches Denken. Band. 3: Von der Religionskritik der Renaissance zu Orthodoxie und Reform im 19. Jahrhundert, Frankfurt am Main 2009.

Hadas-Lebel, Mireille, Jérusalem contre Rome, Paris 1990.

Hahn, Ferdinand, Jüdische und christliche Messias-Erwartung, in: Das Ende der Tage & die Gegenwart des Heils. Begegnungen mit dem Neuen Testament & seiner Umwelt, hg. v. Michael Becker und Wolfgang Fenske, Leiden 1999.

Halbertal, Moshe, Maimonides. Life and Thought, engl. Üb. v. J. Linsider, Princeton, Oxford 2007.

Hameln, Glückel von, Memoiren. Übersetzung aus dem Jiddischen. Privatdruck. Verlag von Dr. Stefan Meyer und Dr. Wilhelm Pappenheim, Wien 1910.

Hartman, David, A Living Covenant. The Innovative Spirit of Traditional Judaism. New York/London 1985.

Hayoun, Maurice R., La Philosophie et la Théologie der Moïse de Narbonne, Tübingen 1989.

Herberg, Will, Judaism and Modern Man. An Interpretation of Jewish Religion, New York 1951.

Herrmann, Klaus, Liberale Gebetbücher von 1817 bis 1929, in: Liturgie als Theologie, hg. v. Walter Homolka, Berlin 2005.

Hertzberg, Arthur, Judaism and the Land of Israel, in: Understanding Jewish Theology. Classical Issues and Modern Perspectives, hg. v. Jacob Neusner, New York 1973, 76.

Heschel, Abraham J., Maimonides. Eine Biographie (1935), Neuausgabe v. F. Hansen u. F. Rosen, Neukirchen-Vluyn 1992.

Hess, Moses, Rom und Jerusalem, die letzte Nationalitätsfrage. Briefe und Noten, Leipzig 1899; auch in Horst Lademacher (Hg.), Ausgewählte Schriften, Wiesbaden 1962.

Hirsch, Jan Jonathan, Messianismus in Zeiten progressiver Weltgeschichte. Das Reformjudentum und die messianische Idee im Lichte geschichtsphilosophischer Konzepte des 19. Jahrhunderts, Potsdam 2018 (ungedruckte Masterarbeit).

Hirsch, Samuel, Die Messiaslehre der Juden. In Kanzelvorträgen zur Erbauung denkender Leser, Berlin 1843.

Holdheim, Samuel, Das Ceremonialgesetz im Messiasreich, Schwerin 1845.

Holm-Nielsen, Svend (Hg.), Die Psalmen Salomos, Gütersloh 1977.

Homolka, Walter, Jonathan Magonet (Hgg.), Das jüdische Gebetbuch. Gebete für Schabbat und Wochentage, Berlin 2004.

Homolka, Walter, Magnus Striet, Christologie auf dem Prüfstand. Jesus der Jude – Christus der Erlöser, Freiburg 2019.

Homolka, Walter (Hg.), Die Lehren des Judentums nach den Quellen. Bd.1, München 1999.

Homolka, Walter, Das Judentum hat viele Gesichter. Die Strömungen im modernen Judentum, Bergisch Gladbach 2006.

Homolka, Walter, Liturgie als Theologie: Das Gebet als Zentrum im jüdischen Denken, Berlin 2005.

Hoping, Helmut, Jesus aus Galiläa. Messias und Sohne Gottes, Freiburg 2019.

Ibn Al-Fayyumi, Nethanel, The Bustan al Ukul, The Garden oft he Wisdom, David (judeoarb.), engl. Üb. David Levine (Columbia University Oriental Studies Vol. VI), New York 1908.

Idel, Moshe, Messianic Mystics, New Haven/London 1988.

Jacobs, Louis, A Jewish Theology, New York 1974, 300.

Jacobs, Louis, The Sugya on Sufferings in B. Berakhot 5a, in: Studies in aggadah, targum and Jewish liturgy in memory of Joseph Heinemann, hg. v. Jakob J. Petuchowski und Ezra Fleischer, Jerusalem 1981, 32–44.

Jacobs, Louis, Was ist jüdische Theologie? In: Lust an der Erkenntnis. Jüdische Theologie im 20. Jahrhundert. Ein Lesebuch, hg. v. Schalom Ben-Chorin und Verena Lenzen, München 1988, 426 f.

Kaplan, Mordecai, Judaism as a Civilization. Towards a Reconstruction of American-Jewish Life, New York 1957.

Karetnyk, Bryan, The Books of Jacob by Olga Tokarczuk – a messianic marvel, Financial Times London, 2. Dezember 2021.

Klausner, Joseph, The Messianic Idea in Israel: From Its Beginning to the Completion of the Mishnah, New York 1955/London 1956.

Koenen, Gerd, Utopie der Säuberung: Was war der Kommunismus?, Berlin 1998.

Kohler, George Y. (Hg.), Der jüdische Messianismus im Zeitalter der Emanzipation – Reinterpretationen zwischen davidischem Königtum und endzeitlichem Sozialismus, Berlin 2013.

Kohler, Kaufmann, Grundriss einer systematischen Theologie des Judentums auf geschichtlicher Grundlage, Leipzig 1910.

Kook, Abraham Isaac Ha-Cohen, Hazon ha-Geula, Jerusalem 1941.

Kook, Rav A. I., Selected Letters. Translated and annotated by Tzi Feldman, Jerusalem 1986, 98–107; zitiert nach: Schalom Ben-Chorin und Verena Lenzen, Lust an der Erkenntnis. Jüdische Theologie im 20. Jahrhundert, München 1988, 25.

Kraut, Benny, Salvation or Destruction? The Meaning and Consequences of Lubavitch Messianism. The Rebbe, the Messiah, and the Scandal of Orthodox Indifference, by David Berger, London 2001, in: Shofar 20, 4 (2002), 96–105.

Krochmalnik, Daniel, Der Gottesknecht, in: Wort und Antwort. Hefte der Dominikanischen Zeitschrift für Glauben und Gesellschaft 59 (Heft 4), Berlin 2018, 163–169.

Krochmalnik, Daniel, Raschi zum leidenden Gottesknecht, in: Das Wormser Passionsspiel. Versuch, die großen Bilder zu lesen, hg. v. Volker Gallé, Klaus Wolf, Ralf Rothenbusch, Worms 2013, 215–238.

Krochmalnik, Daniel, Was dürfen wir hoffen. Jüdische Eschatologie nach Moses Maimonides, in: Hoffnung über den Tod hinaus. Eschatologie im interreligiösen Lernen und Lehren, hg. v. Katja Boehme, Heidelberg 2015, 17–33.

Lederhendler, Eli, Interpreting Messianic Rethoric in the Russian Haskalah and Early Zionism, in: Jews and Messianism in the Modern Era. Metaphor and Meaning, hg. v. Jonathan Frankel, Oxford, New York 1991.

Lenowitz, Harris, The Jewish Messiahs. From Galilee to Crown Heights, New York 1998.

Levin, Christoph, Die Verheißung des neuen Bundes in ihrem theologiegeschichtlichen Zusammenhang ausgelegt, Göttingen 1985.

Levinas, Emmanuel, Vier Talmud-Vorlesungen. Aus dem Französischen von Frank Miething, Frankfurt am Main 1993 (1968).

Levine, Robert N., There is no Messiah and You're It. The Stunning Transformation of Judaism's Most Provocative Idea, Woodstock 2003.

Levinson, Nathan Peter, Der Messias, Stuttgart 1994.

Liebes, Yehuda, Studies in Jewish Myth and Jewish Messianism, Albany 1993.

Lotter, Friedrich, Rabbiner Ignatz Maybaum. Leben und Lehre, Die Grundlagen jüdischer Diasporaexistenz, Berlin 2010.

Löwy, Michael, Erlösung und Utopie. Jüdischer Messianismus und libertäres Denken. Eine Wahlverwandschaft (Paris 1988), Berlin 1997.

Maciejko, Pawel, The Mixed Multitude. Jacob Frank and the Frankist Movement, 1755–1816, Philadelphia 2011.

Maier, Johann, Judentum von A bis Z, Freiburg 2001.

Maimonides, Moses, Mischneh Torah, Editio princeps, Rom 5240 (1480), Nachdruck Jerusalem 1954/5.

Maimonides, Moses, Mischne tora. Sefer ha madda, Buch des Denkens (Hilchot Mamrim 1–4 und Hilchot Melachim). Aus dem Hebräischen übersetzt von Rainer Wenzel, frommann-holzboog Verlag, Stuttgart-Bad Cannstatt (voraussichtlich 2022).

Maimonides, David, Doctor ad solitudinem et ductor ad simplictatem, (Mekize Nirdamim) Jerusalem 1987 (Hebräisch).

Maimonides, Logik, Maimonides' Treatise on Logic (Makalah Fi-Sina'at Al-Mantik). The Original Arabic and Three Hebrew Translations, hg. u. engl. Üb. von Israel Efros (Hg.), New York 1938.

Maimonides, Moses, Iggrot HaRambam (Letters and Essays of Moses Maimonides), hg. u. üb. v. Isaac Shailat, 2 Bände, Ma'ale Adumim 1988.

Marx, Dalia, Durch das Jüdische Jahr, Berlin 2021.

McBee Roberts, Jimmy Jack, The Old Testament's Contribution to Messianic Expectations, in: The Messiah: Developments in Earliest Judaism and Christianity, hg. v. James H. Charlesworth, Minneapolis 1992, 39–51.

Meir, Jonatan, In the Footsteps of the Messiah: A collection of sources from the beginning of the development of the Sabbatian faith, published from manuscripts by Gershom Scholem, Jerusalem, Berlin, 2021.

Meisl, Josef, Graetz und das nationale Judentum (zum 100. Geburtstag, 31. Oktober 1917), in: Der Jude 7 (1917–18), 471–478.

Meyer, Michael A., Antwort auf die Moderne. Geschichte der Reformbewegung im Judentum, Wien 2000.

Morgenstern, Arie, Messianic Concepts and Settlement in the Land of Israel, in: Essential Papers on Messianic Movements and Personalities in Jewish History, hg. v. Marc Saperstein, New York 1992, 434.

Mowinckel, Sigmund, He That Cometh: The Messiah Concept in the Old Testament and Later Judaism, Grand Rapids 2005.

Moïse von Narbonne bei Munk, Mélanges de philosophie juive et arabe, Paris 1859.

Neusner, Jacob, From Theology to Ideology, in: ders., Collected Writings, Paris 1967, 14.

Neusner, Jacob, Judaism as Philosophy. The Method and message of the Mishnah, Baltimore and London 1991.

Neusner, Jacob, Talmud. How the Talmud Works, Leiden 2002.

Neusner, Jacob, William Scott Green, Ernest S. Frerichs (Hgg.), Judaisms and Their Messiahs at the Turn of the Christian Era, Cambridge 1987.

Niewöhner, Friedrich, Veritas sive varietas. Lessings Toleranzpraabel und das Buch von den drei Betrügern, Heidelberg 1988.

Novenson, Matthew V., The Grammar of Messianism. An Ancient Jewish Political Idiom and Its Users, New York 2017.

Osten-Sacken, Peter von der, R. Chaim Z. Rozwaski (Hgg.), Die Welt des jüdischen Gottesdienstes. Feste, Feiern und Gebete (Veröffentlichungen aus dem Institut Kirche und Judentum, Bd. 29), Berlin 2009.

Oz, Amos, Jesus und Judas. Ein Zwischenruf. Ins Deutsche übersetzt von Susanne Naumann. Mit einem Nachwort von Rabbiner Homolka, Ostfildern 2018.

Petuchowski, Jakob J., Die Liturgie als Thema der jüdischen Theologie, in: Liturgie – Ein vergessenes Thema der Theologie?, hg. v. K. Richter, Freiburg 1989, 29–30.

Petuchowski, Jakob J., Liturgiereform im Judentum heute, in: Jüdische Liturgie. Geschichte – Struktur – Wesen, hg. v. Hans H. Henrix, Freiburg i.a. 1986, 119–121.

Petuchowski, Jakob J., Prayerbook Reform in Europe. The Liturgy of European Liberal and Reform Judaism, New York 1968.

Rabinowitz, Mordechai Dow (Hg.), Moses Maimonides, Mischne Tora, 8. Aufl., Jerusalem 1987.

Rapoport-Albert, Ada, Women and the Messianic Heresy of Sabbatai Zevi, 1666–1816, Oxford 2011.

Ratzinger, Joseph, Gnade und Berufung ohne Reue. Anmerkungen zum Traktat »De Iudaeis«, Communio, IkaZ 47 (2018), 387–406.

Ravitzky, Aviezer, Messianism, Zionism, and Jewish Religious Radicalism, Chicago 1996.

Ravitzky, Aviezer, »To the Utmost Human Capacity«: Maimonides on the Days of the Messiah, in: Perspectives on Maimonides. Philosophical and Historical Studies, hg. v. Joel L. Kraemer, Oxford 1991, 221–256.

Ravitzky, Eliezer, Forcing the End. Zionism and the State of Israel as Antimessianic Undertakings, in: Jews and Messianism in the Modern Era, hg. v. Jonathan Frankel, New York, Oxford 1991, 44.

Reif, Stefan C., Judaism and Hebrew Prayer. New Perspectives on Jewish Liturgical History, Cambridge, New York 1993.

Rosenzweig, Franz, Der Stern der Erlösung. Frankfurt am Main 1988.

Rutishauser, Christian M., Jesus von Nazareth und Sabbatai Zwi oder das Scheitern des Messias, Gregorianum 87 (2006), 324–346.

Schäfer, Peter, Mark Cohen (Hgg.), Toward the Millennium: Messianic Expectations from the Bible to Waco, Leiden 1998.

Scholem, Gershom, Zum Verständnis der messianischen Idee im Judentum, in: ders., Judaica, Frankfurt am Main 1963.

Scholem, Gershom, Die Krise der Traditionen im jüdischen Messianismus, in: Tradition und Gegenwart, hg. v. Adolf Portmann/Rudolf Ritsema, Zürich 1970, 9–44.

Scholem, Gershom, Die krypto-jüdische Sekte der Dönme (Sabbatianer) in der Türkei, in: Numen 7 (1960), 93–122.

Scholem, Gershom, Erlösung durch Sünde (Hebr.: 1937), Üb. Michael Brocke, Gershom Scholem Judaica 5, Frankfurt am Main 1992.

Scholem, Gershom, Sabbatai Sevi, the Mystical Messiah (Hebr. 1957), engl. Üb. v. R. J. Z. Werblowsky, Princeton 1973, in Ermangelung der dtsch. Üb. zitieren die franz. Üb. v. Jolivet und Nouss, Lagrasse 1983.

Scholem, Gershom, The Messianic Idea in Judaism and Other Essays on Jewish Spirituality, New York 1971.

Scholem, Gershom, Von der mystischen Gestalt der Gottheit. Studien zu Grundbegriffen der Kabbala, Zürich 1962.

Scholem, Gershom, Zum Verständnis der messianischen Idee im Judentum, Eranos-Jahrbuch 28, Zürich 1960, 193–239 = Judaica 1, hg. v. Gershom Scholem, Frankfurt am Main 1963, 7–74.

Schulte, Christoph, Die jüdische Aufklärung. Philosophie, Religion, Geschichte, München 2002.

Schwarzenau, Paul, Das Messiasproblem bei Martin Buber. Eine Studie zur Geschichte des Judentums, Berlin 1997.

Schwarzfuchs, Simon-Raymond, Les los royales de Maïmonide, Revue des Études Juives 11 (1951), 63–86.

Schwarzschild, Steven S., The Personal Messiah-Toward the Restoration of a Discarded Doctrine, in: Faith and Reason. Essays in

Judaism, hg. v. Robert Gordis und Ruth B. Waxman, New York 1973, 229–241.

Schweid, Eliezer, Jewish Messianism. Metamorphoses of an Idea, in: Essential Papers on Messianic Movements and Personalities in Jewish History, hg. v. Marc Saperstein, New York 1992, 54.

Seeskin, Kenneth, Jewish Messianic Thoughts in an Age of Despair, Cambridge, New York 2012.

Sherwin, Byron L., Faith Finding Meaning. A Theology of Judaism, Oxford 2009.

Silberman, Neil Asher, Die Messias-Macher. Der Aufstand von Qumran und die Schriftrollen vom Toten Meer (übersetzt von K. Miedler und K. Schuler), Bergisch Gladbach 1995.

Silberstein, Laurence J., The Renewal of Jewish Spirituality. Two Views, in: Jewish Spirituality, hg. v. Arthur Green, London 1987, 402–432.

Silver, Abba Hillel, History of Messianic Speculation in Israel. From the First through the Seventeenth Centuries, New York 1927.

Slonimsky, Henry, The Philosophy implicit in the Midrash, in: Hebrew Union College Annual (HUCA) 27 (1956), 235–290.

Stemberger, Günter, Das klassische Judentum. Kultur und Geschichte der rabbinischen Zeit, München 1979.

Stemberger, Günter, Der Talmud. Einführung. Texte. Erläuterung, München, 2. Aufl. 1987.

Stroumsa, Sarah, Maimonides in His World: Portrait of a Mediterranean Thinker, Princeton and Oxford 2009.

Thompson, Thomas L., The Messiah Epithet in the Hebrew Bible, in: Scandinavian Journal of the Old Testament 15.1 (2001), 57–82.

Tokarczuk, Olga, Księgi Jakubowe; Die Jakobsbücher. Aus dem Polnischen von Lisa Palmes und Lothar Quinkenstein, Zürich 2019.

Trepp, Leo, Jüdisches Denken im 20. Jahrhundert von Hermann Cohen bis Abraham Heschel, in: Das Judentum, hg. v. Günter Mayer und Hermann Greive, Stuttgart 1994, 337 f.

Urbach, Ephraim E., The Sages, Their Concepts and Beliefs (orig. Hebr., übers. ins Englische v. I. Abrahms), Jerusalem 1979.

Vinzent, Markus, Offener Anfang. Die Entstehung des Christentums im 2. Jahrhundert, Freiburg 2019.

Voigts, Manfred, Jüdischer und universalistischer Messianismus, in: Politische Religion – religiöse Politik, hg. v. Richard Faber, Würzburg 1997, 75–91.

Werblowsky, R. J. Zwi, Jewish Messianism, in: The Encyclopedia of Religion, Volume 9, hg. v. Mircea Eliade, New York 1987, 472–77.

Werblowsky, R. J. Zwi, Messianism in Jewish History, in: Essential Papers on Messianic Movements and Personalities in Jewish History, hg. v. Marc Saperstein, New York 1992, 39.

Werblowsky, R. J. Zwi, Messiaserwartungen, in: Handbuch zur Geschichte der Juden in Europa, hg. v. J. H. Schoeps, E.-V. Kotowski und H. Wallenborn, Darmstadt 2001, 115–126.

Werblowsky, R. J. Zwi, Messiah and Messianic Movements, The New Encyclopaedia Britannica, Chicago 1976, 11.1017.

Winter, Michael, Saladin's Religious Personnality, Policy and Image, in: Perspectives on Maimonides. Philosophical and Historical Studies, hg. v. Joel L. Kraemer, Oxford 1991.

Wucherpfennig, Ansgar, Wie hat Jesus Eucharistie gewollt? Ein Blick zurück nach vorn, Ostfildern 2021.

Zetterholm, Magnus (Hg.), The Messiah in Early Judaism and Christianity, Minneapolis 2007.

Zobel, Moritz, Gottes Gesalbter. Der Messias und die messianische Zeit in Talmud und Midrasch, Berlin 1938.